龙川县革命老区发展史

龙川县革命老区发展史编委会 编

SPM 南方出版传媒·广东人民出版社
·广州·

图书在版编目（CIP）数据

龙川县革命老区发展史／龙川县革命老区发展史编委会编. —广州：
广东人民出版社，2020.6

（全国革命老区县发展史丛书·广东卷）
ISBN 978-7-218-13933-3

I. ①龙… II. ①龙… III. ①龙川县—地方史 IV. ①K296.54

中国版本图书馆 CIP 数据核字（2019）第 235950 号

LONGCHUAN XIAN GEMING LAOQU FAZHANSHI

龙川县革命老区发展史

龙川县革命老区发展史编委会　编　　　　版权所有　翻印必究

出　版　人：肖风华

责任编辑：胡　萍
责任校对：古海阳
装帧设计：张力平
责任技编：吴彦斌　周星奎

出版发行：广东人民出版社
地　　址：广州市海珠区新港西路 204 号 2 号楼（邮政编码：510300）
电　　话：（020）85716809（总编室）
传　　真：（020）85716872
网　　址：http://www.gdpph.com
印　　刷：广州市浩诚印刷有限公司
开　　本：715mm×995mm　1/16
印　　张：23　插　页：12　字　数：300 千
版　　次：2020 年 6 月第 1 版
印　　次：2020 年 6 月第 1 次印刷
定　　价：88.00 元

如发现印装质量问题，影响阅读，请与出版社（020-85716808）联系调换。
售书热线：（020）85716826

广东省编纂《革命老区县发展史》丛书
指导小组

组　长：陈开枝（广东省老区建设促进会会长）

副组长：林华景（广东省老区建设促进会常务副会长）

　　　　宋宗约（广东省农业农村厅副巡视员、广东省老区
　　　　　　　　建设促进会副会长）

　　　　刘文炎（广东省老区建设促进会副会长）

　　　　郑木胜（广东省老区建设促进会副会长）

　　　　姚泽源（广东省老区建设促进会副会长兼秘书长）

　　　　谭世勋（广东省老区建设促进会副会长）

　　　　廖纪坤（广东省农业农村厅总经济师）

办公室

主　任：姚泽源（兼）

副主任：韦　浩（广东省农业农村厅扶贫协作与老区建设处
　　　　　　　　处长）

　　　　柯绍华（广东省老区建设促进会副秘书长）

　　　　伍依丽（广东省老区建设促进会副秘书长）

《龙川县革命老区发展史》编纂委员会

在举国欢庆新中国成立 70 周年前夕，中国老区建设促进会王健会长请我为《全国革命老区县发展史》丛书作序，作为一名在老区战斗过并得到老区人民生死相助的老兵，回首往事，心潮澎湃，感慨万千，深感义不容辞，欣然应允。

中国革命老区，是以毛泽东为代表的中国共产党人在领导人民推翻帝国主义、封建主义和官僚资本主义三座大山，争取民族独立和人民解放伟大斗争中建立的革命根据地，在这片红色的土地上，诞生了无数可歌可泣的革命英雄儿女，为后人树起了一座不朽的丰碑，她是新中国的摇篮，是党和军队的根。

在艰苦卓绝的战争年代，老区人民把自己的命运与中华民族的命运紧紧地联系在一起，与中国共产党和人民军队的命运紧紧地联系在一起，他们生死相依，患难与共。我曾亲历过战争年代，并得到过老区红哥红嫂的救助，切身感受到发生在身边的一幕幕撼天动地的革命故事，在那极其艰难的条件下，老区人民倾其所有、破家支前，不怕艰难困苦，不怕流血牺牲。"最后一碗米送去做军粮，最后一尺布送去做军装，最后一件老棉袄盖在担架上，最后一个亲骨肉送去上战场"，这是当时伟大的老区人民为建立新中国做出巨大牺牲的真实写照，它将永远镌刻在中国共产党、中国人民解放军、中华人民共和国的历史丰碑上。他们的光辉业绩永载史册，他们的革命精神必将影响一代又一代的革命新人，造就一代又一代的民族脊梁。

在社会主义革命和建设时期，革命老区和老区人民响应党的号召，面对落后的面貌、脆弱的经济、恶劣的生态环境，他们本色不变，精神不丢，自力更生，艰苦奋斗，干一行爱一行。始终坚持"革命理想高于天"，自觉做共产主义远大理想的坚定信仰者和忠实实践者，勇于向恶劣的自然环境和贫穷落后宣战，他们在各条战线上为国建功立业，用平凡的双手创造了一个又一个不平凡的奇迹，彰显了老区人的崇高精神和人格力量。

在改革开放的伟大进程中，老区人民解放思想，勇于创新，发奋图强，攻坚克难，老区的经济社会建设取得了辉煌成就。特别是在改变中国的面貌、中华民族的面貌、中国人民的面貌、中国共产党的面貌的伟大实践中发挥了至关重要的作用。老区人民既是改革开放的参与者，也是改革开放的推动者。

艰苦练意志，危难见精神。老区人民在近百年的革命战争、社会主义建设和改革开放的伟大实践中，孕育形成了伟大的老区精神：爱党信党、坚定不移的理想信念；舍生忘死、无私奉献的博大胸怀；不屈不挠、敢于胜利的英雄气概；自强不息、艰苦奋斗的顽强斗志；求真务实、开拓创新的科学态度；鱼水情深、生死相依的光荣传统。这是党和人民宝贵的精神财富、丰厚的政治资源，是凝心聚力、振奋民族精神的重要法宝，也是社会主义核心价值观的重要内容。

中国老区建设促进会怀着强烈的政治责任感和历史使命感，组织全国各地老促会人员克服困难，尽心竭力编纂《全国革命老区县发展史》丛书，记录老区的光辉历史和辉煌成就，传承红色基因，弘扬老区精神，是功在当代、利及千秋的一件大事。手捧这部丛书的部分书稿，读着书中的故事，倍感亲切，深感这部丛书具有资政、育人、存史的社会功能，有着重要的时代和历史价值。它是不忘初心、牢记使命的源头活水，是赞颂共产党、讴歌老区人民的一部精品力作，是弘扬老区精神、传承红色记忆的丰厚载体，是一项继承优秀传统文化、弘扬革命文化、发展社会主义先进文化，坚定"四个自信"的宏大文化工程。它必将成为一种文化品牌，为各界人士了解老区宣传老区支持老区提供一部有价值的研究史料。希望读者朋友们能从中了解并牢记这些为党和民族的利益不断奉献的老区人民，从中得到教益，汲取人生奋斗的精神动力。

新时代赋予新使命，新起点开启新征程。让我们更加紧密地团结在以习近平同志为核心的党中央周围，坚持以习近平新时代中国特色社会主义思想为指导，增强"四个意识"，坚定"四个自信"，做到"两个维护"，弘扬老区精神，铭记苦难辉煌。为实现"两个一百年"奋斗目标，实现中华民族伟大复兴的中国梦作出新的更大的贡献！

迟浩田

2019 年 4 月 11 日

2017 年 6 月，中国老区建设促进会组织全国各地老促会启动编纂《全国革命老区县发展史》丛书，按照"建立中国共产党、成立中华人民共和国、推进改革开放和中国特色社会主义事业"三大里程碑的历史脉络，系统书写革命老区百年历史，深入挖掘革命老区红色文化资源，这对于充实丰富中国革命史籍宝库、在新时代传承红色基因、弘扬革命精神、强固根本，对于激励人们在新的历史条件下夺取中国特色社会主义伟大胜利，实现中华民族伟大复兴的中国梦具有重要意义。

丛书编纂以习近平新时代中国特色社会主义思想为指导，以《中国共产党历史》《中国共产党的九十年》等重要文献为基本依据，以党的领导为核心，以老区人民为主体，以老区发展为主线，体现历史进程特征，突出时代发展特色，坚持辩证唯物主义和历史唯物主义相统一、历史真实性与内容可读性相统一的原则，书写革命老区从站起来、富起来到强起来的光辉革命史、不懈奋斗史、辉煌成就史，把老区人民的伟大贡献、伟大创造、伟大成就、伟大精神充分展示出来，形成一部具有厚重历史特征和鲜明时代特色的精品力作。这是一部培根铸魂、守正创新，既为历史立言，又为时代服务，字里行间流淌着红色血脉、催生着革命激情的传世之作。丛书的编纂出版将成为讴歌党讴歌人民讴歌时代、传播红色文化、为革命老区和老区人民树碑立传的重要载体。

　　丛书按照编年体与纪事本末体相结合、以编年体为主的编写体例确定框架结构；运用时经事纬、点面结合的方式记述史实；坚持人事结合、以事带人的原则处理人与事的关系；采取夹叙夹议、叙论结合以叙为主的方法展开内容。做到了史料与史论、历史与现实、政治与学术统一，文献性、学术性、知识性相兼容。

　　为编纂好《全国革命老区县发展史》丛书，打造红色文化品牌，中国老区建设促进会认真组织积极协调，提出政治立场鲜明、史料真实准确、思想论述深刻、历史维度厚重、时代特色突出、编写体例规范、篇目布局合理、审读把关严格、出版制作精良的编纂出版总要求，力求达到革命史籍精品的精神高度、思想深度、知识广度、语言力度，增强丛书的权威性和社会影响力。各省（区、市）、市（州、盟）、县（市、区、旗）老促会的同志，以强烈的使命感、责任感和紧迫感，勇于担当，积极作为，认真实施，组织由老促会成员、专家学者等参加的十余万人编纂队伍。编纂工作主体责任在县，省、市组织协调、有力指导、审读把关。各方面人员以高度负责的精神和科学严谨的态度，满腔热情地投入工作，为丛书编纂出版做出了重要贡献。丛书编纂工作还得到了党和国家有关部委、地方各级党委政府及有关部门的大力支持和积极参与，社会各界也给予了热情帮助。中共中央政治局原委员、中央军委原副主席、原国务委员兼国防部长迟浩田上将，对老区人民怀有深厚感情，对革命老区建设发展十分关注，欣然为《全国革命老区县发展史》丛书作总序。

　　丛书由总册和 1 599 部分册（每个革命老区县编纂 1 部分册）组成，共 1 600 册。鉴于丛书所记述的史实内容多、时间跨度长和编纂时间紧，不妥之处，敬请批评指正。

中国老区建设促进会

● 人文、自然风貌 ●

中央苏区县·龙川

广场瑜伽

龙川县城文化广场

老有所乐

龙川县业余体校篮球场

龙川县城风貌

龙川火车站

龙川东江一桥

龙川学宫

霍山风景区玻璃栈道

引资兴建的科龙小区

鹿湖禅寺

霍山全景

青山湖

九龙潭瀑布

枫树坝水电站大坝

上坪金石嶂雾凇景象

佗城苏堤

黄岭古村落一隅

● 领导关怀 ●

2017年5月，广东省老促会会长陈开枝（右三）到龙川绿油农业发展有限公司调研

2017年6月15日，河源市市长叶梅芬（右三）率队到龙川调研

2018年2月28日，河源市委书记丁红都（右二）率队到龙川调研产业园区规划建设工作

2018年8月5日，广东省老促会会长陈开枝（右八）一行在县委书记黄添胜等人陪同下调研龙川鹤市镇中药材种植基地

● 社会建设 ●

深圳宝安（龙川）产业转移工业园一隅

龙川南帆电器有限公司

发展中的深圳宝安（龙川）产业转移工业园

景旺电子科技有限
公司自动光学检测
车间

中建二局广东建设
基地有限公司

龙川现代建筑行业
龙头企业——广东
迈诺工业技术有限
公司

龙川矿泉水有限公司

霍山牌矿泉水生产车间

优质稻谷示范区（黎咀镇）

纽恩泰空气能热水器生产车间

落户于深圳宝安（龙川）产业转移工业园的河源新宝丽装饰材料有限公司

位于深圳宝安（龙川）产业转移工业园的龙川宗德电子科技有限公司

鳗鱼养殖场（佗城镇）

广东省"菜篮子"工程基地
（鹤市镇）

机械化收割稻谷（龙母镇）

珍秀菇种植基地（鹤市镇）

上坪金橘

广东老字号——老隆牛筋糕

桂林茶场（义都镇）

高山茶油（赤光镇）

绿誉火龙果种植基地（丰稔镇）

鳌山蜂蜜（义都镇）

扶贫"双到"特色产品——腐竹、眉豆（铁场镇）

2014 年 9 月 30 日（全国第一个烈士纪念日），龙川县委、县政府在县革命烈士陵园举行龙川县暨老隆镇公祭烈士活动

2016 年 4 月 1 日，龙川在佗城四甲革命烈士纪念碑举行清明祭奠革命先烈活动

绵延岭南，悠悠千年。地处粤东北山区的龙川，是块红色故土，是原中央苏区县，曾为中国革命的胜利作出了巨大牺牲和重要贡献。

龙川人民富有光荣的革命斗争传统。早在大革命时期，黄居仁、黄超凡、黄觉群、邹世骏、黄克等一批先知先觉的龙川知识青年走出山门接受爱国民主思想，传播马克思主义。他们或追随孙中山参加讨袁运动，或赴法勤工俭学接受新思潮，或参加毛泽东主办的广州农民运动讲习所学习，为家乡革命思想的传播、农民运动的开展以及党组织的建立奠定了基础，使龙川成为广东革命活动最活跃的地方之一。土地革命战争时期，龙川人民在党组织领导下，率先发动鹤市武装暴动，打响了武装反抗国民党统治的第一枪，点燃了龙川革命的火种，震撼了东江上游地区。1929年春，为配合毛泽东、朱德率领的井冈山红四军主力南下开辟新的革命根据地，闽粤赣边五兴龙县苏维埃政府在龙川大塘肚成立。政权建立后，苏区政府积极在苏区开展了打土豪、分田地、反"围剿"等革命斗争活动，同时建立了多条地下交通线，给中央苏区腹地输送了大量食盐和军需物资，并对中央红军兵员扩充、干部队伍建设和反"围剿"战斗发挥了重要作用，为中央苏区的建立和发展壮大作出了巨大牺牲及贡献。抗日战争全面爆发后，龙川人民又投入到轰轰烈烈的抗日救亡运动中，或组建各种抗日救亡团体，或举办各类抗日训练班，发动了大批青壮年参加东江纵队开赴前线，参加抗日战斗。解放战争时期，龙川地方游击武装艰苦卓绝地创建游击根据地和开辟解放区，坚持武装斗争，并于1949年5月14日配合中国人民解放军粤赣湘边纵队东江第二支队发动解放老隆战役，使龙川成为广东省最早解放的县。

中华人民共和国成立后，老区人民继续发扬艰苦奋斗的优良传统，投身社会主义经济建设和老区的文化、水利、交通等基础设施建设，大力发展生产。改革开放以来，特别是中共十八大以来，龙川在历届县委、县政府的正确领导和上级老促会的关心支持下，抢抓机遇，力促经济转型，大力发展乡村经济，使老区面貌发生了翻天覆地的变化，经济和社会各项事业得到了快速发展，人民生活水平显著提高。

《龙川县革命老区发展史》的编印出版，无疑是向纪念改革开放40周年和建市30周年献上的一份特殊贺礼。同时，也希望全县老区人民在习近平新时代中国特色社会主义思想指导下，不忘初心，牢记使命，继续努力奋斗，续写新的历史篇章，为建设广东省绿色发展示范区、打造国家历史文化名城、建设现代新城、打造"一带一路"在粤港澳大湾区东北部枢纽节点，努力争取县域经济走在全省前列而不懈奋斗！

是为序。

本书编委会

2019年3月

第一章
龙川县域与革命老区概况

　　龙川是千年古县、中央苏区县，是广东最早建县的四个古邑之一。县境位于广东省东北部，东江和韩江上游。秦始皇三十三年（公元前214年）平定南越始置龙川县，至今已有2200多年建县历史，有"客家古邑，文化名城"之称。全县总面积3081.3平方千米，辖24个镇，315个行政村，2017年末总人口99.23万人。

　　龙川具有光荣的革命斗争传统，是广东较早传播马克思主义、较早开展农民运动、较早建立党组织和苏维埃政权的地区之一，是广东省最早解放的县。在整个新民主主义革命时期，龙川曾为中国革命的胜利作出了巨大牺牲和重要贡献。龙川是著名的革命老区，全县24个镇315个行政村中有革命老区镇18个，有老区村庄（自然村）674个，分布在202个行政村。

第一节 龙川县情概况

龙川县城新貌

一、地理位置

龙川县位于广东省东北部，地处东江、韩江上游。地理位置为东经 115°03′13″～115°35′18″，北纬 23°50′57″～24°47′03″。东与五华、兴宁两县交界，南与东源县毗邻，西与和平县接壤，北与江西省寻乌、定南两县相连。全县自北至南长达 98 千米，东、西宽 48 千米，总面积 3 081.3 平方千米，山地面积 24.8 万公顷，耕地面积共 3.15 万公顷，有"八山一水一分田"之俗称。境内有梅河高速公路，205 国道穿县而过，京九、广梅汕铁路在县城老隆交汇，为南北交通枢纽之一和客货流集散地。县城老隆距离省会广州 300 千米，距离深圳 280 千米，距离河源市区 100 千米。

二、地形地貌

境内群山起伏，南北高，中间低，似马鞍形。地势由西向东倾斜，山岭属南岭余脉，呈狭长带状，且形成北部山区、中部丘陵、南部丘陵兼盆地的地形。山地占全县面积的49.2%，主要分布在北半部；丘陵占总面积的36.5%，主要分布在南半部；谷地平原占14.3%，主要分布在江河冲积地。全县有海拔500米以上山峰43座，海拔1 000米以上的山峰有七目嶂、野猪嶂、金石嶂、大帽山、羊里嶂、火星嶂6座。其中最高峰是位于县境东南部紫市镇与东源县、五华县交界处的七目嶂，海拔1 318米。

三、气候水文

县境属亚热带季风气候，气候温和、雨量充足、夏长冬短、日照时间长、无霜期长、季风明显，农业气候资源丰富，适宜喜温作物和双季稻的种植。由于南北跨度大，且地形多样，气候的季节性和地方性差异明显，农业气象灾害比较频繁，春季的低温阴雨、5—6月的"龙舟水"、夏季高温、秋末的寒露风、隆冬的低温霜冻、春季和秋季的干旱、夏季的局地雷雨大风以及暴雨等气象灾害常给全县工农业生产带来较大的危害。

龙川县境内分珠江水系和韩江水系。属珠江水系的有东江干流及其支流，其中集雨面积在100平方千米以上的支流有安远水、小金水、流田水、沙洲水、黄麻布水、车田河、小庙河7条，属韩江水系的支流有铁场河、鹤市河、桥头水3条。

四、历史沿革

山环水绕的龙川灵气润泽，早有人迹。有史记载，新石器时代龙川已有人类活动。周初，县境属藩服，春秋属南越，战国属楚,号百越。秦始皇三十三年（公元前214年），始皇帝派任嚣、赵佗平定南越，设南海郡置龙川县，赵佗为首任县令（后称帝，为南越国王）。此后曾易名为雷乡、雷江，至南宋绍兴年间复龙川县迄今，为今全国保留最古县名的县份之一。宋代地方行政区划实行都（坊）图制，龙川设10个都（坊），辖36图。明沿袭宋制，全县设6个都（坊），辖8个图。清初沿袭明制，嘉庆年间始实行约堡制，全县设城2个，约（堡）48个。民国初年，全县设11个警察区，辖1个厢、16个堡、36个约（屯）。1930年，全县设7个自治区、6个镇、119个乡；至1939年，全县设5个区、50个乡（镇）、474个保；1947年始，全县设3个区署、39个乡、420个保。

中华人民共和国成立后，废保甲制，实行区乡村制。全县设5个区，辖39个乡（镇），隶属东江行政委员会，1952年属粤东行政专员公署；1956年属惠阳地区专员公署；1959年属韶关地区专员公署；1963年恢复惠阳地区专员公署，龙川属之；1988年设立河源市，龙川属之。

五、人口民族

2016年，全县辖老隆、佗城、义都、黄布、鹤市、紫市、通衢、登云、丰稔、四都、铁场、龙母、田心、黄石、黎咀、车田、赤光、回龙、新田、岩镇、麻布岗、贝岭、细坳、上坪24个镇，315个行政村，42个居委会，1 337个自然村，总人口99.6万人（户籍）。主要以汉族为主，少数民族有畲族、土家族、瑶族、侗族、满族、朝鲜族、布依族、壮族、彝族、苗族、维吾尔族、藏族、回族、蒙古族等17个，均操客家方言。

六、自然资源

龙川地处东江和韩江上游，水力资源丰富，全县水力资源理论蕴藏量41.64万千瓦，其中东江流域38.94万千瓦，韩江流域2.7万千瓦。可开发利用的水力资源29.18万千瓦，其中东江流域28.29万千瓦，韩江流域0.89万千瓦。境内建有广东第二大水力发电厂——枫树坝水电站，装机容量为20万千瓦。县属较大的水力发电站还有枕头寨电厂和位于东江流域黎咀镇的龙潭水电站、黄石镇的稔坑水电站以及在建的苏雷坝电站等。龙川矿产资源丰富，有铁、钨、锰、铜、锡、瓷土等矿产20余种，分布于全县24个镇，其中铁矿储量1500万吨；世界五大名石之一的黑色花岗石储量1500万立方米，钨矿早有开采利用。龙川还有温泉资源4处，分布于佗城、贝岭、车田、上坪4镇。其中位于黎咀梅子坑的天然矿泉，年流量27万吨，含有多种人体所需的矿物质和微量元素，其品质可与法国维希矿泉媲美，是国内稀有的碳酸型天然饮用和医疗矿泉。

属亚热带季风气候的龙川，有充足阳光雨量，故而森林资源丰富。境内有坪山林场、红星林场两个市属林场和一个县属鹤畲林场。龙川植物品种繁多，有木本植物500多种，以优良乡土树种壳斗科（杉、松、樟、山茶、大戟、柿、漆树、蔷薇、金缕梅、杜英、楝、竹科等）为主。陆地野生植物有700多种，主要有山苍子、黄端木、猴耳环、乌药、春花、桃金娘、野牡丹等。龙川野生动物主要有兽类、飞禽类和两栖爬行类，多产于该县细坳、上坪、贝岭、麻布岗、新田、岩镇、黄石等山区。2016年年底，全县林业用地面积23.24万公顷，森林覆盖率73.3%，森林活立木总蓄积749.4万立方米。

七、文化旅游

龙川自古以来为兵家必争之地，据旧志载，龙川"居郡上游，当江赣之冲，为汀潮之障，则固三省咽喉，四周门户"，为"水陆之要道"。旧县治所佗城，是广东省首批历史文化名城，秦至民国期间，均为县或州治所，为县、州政治、经济、文化、军事的中心，素称岭南古城。龙川历史悠久，素有"珠江东水开端，岭南古县第一"和"文化古邑"之称。县内文化积淀深厚，人才辈出。唐朝循州第一个进士韦昌明，宋朝进士王汝砺、刘致一，明、清进士巫三祝、巫荣，以及粤桂湘三省"篮球王"吴德亿，电影剧作家谢逢松，书法家陈荣踞，国画家叶绿野，油画家陈建中和著名作家、文艺评论家萧殷等均为龙川县籍人士。龙川境内文物古迹众多，其中被列为省市重点文物保护单位的有坑子里遗址、正相塔、下塔、龙川学宫、福建会馆、越王井、南越王庙、考棚等18处。龙川杂技、黎咀手擎木偶戏颇负盛名，其中黎咀手擎木偶戏被列入广东省非物质文化遗产名录。龙川山川锦绣，古有嶅湖秋月、嶅峰雪霁、太乙仙岩、东山暮钟、龙潭飞瀑、梅村横舟、龙台晚眺和合溪温泉老八景，现有佗城古韵、霍山雄奇、九龙叠瀑、回龙星火、青龙湖影、小参漫道、鹿湖禅钟、茶山花海新八景。主要旅游景点有佗城景区（广东历史文化名城）、霍山风景区（国家 AAA 级旅游风景区）、九龙潭瀑布、回龙五兴龙县苏维埃政府旧址、枫树坝青山湖、细坳小参古村、鹿湖生态旅游区、龙川油茶基地等。

八、土特产品及荣誉

龙川主要盛产牛筋糕、天然矿泉水、柿饼、茶叶、茶油、竹席、米酒、客家黄酒、香菇、木耳、柑橘、腐竹等土特产，其中老隆牛筋糕已有 300 多年历史，名扬海外。

龙川人杰地灵，物华天宝，曾荣获千年古县、中央苏区县、全国油茶示范县、全国体育工作先进县、全国粮食生产先进县、全民健身活动先进县、全国群众体育先进县、中国空气能产业基地、全国特色农业加工基地、全国飞机播种造林先进县、全省粮油糖高产创建先进县、全国基本农田保护工作先进县、全国义务教育发展基本均衡县、全国电子商务进农村综合示范县、广东省教育强县、广东省卫生县城、广东省林业生态县等多项荣誉称号。

县域革命老区情况

龙川是原中央苏区县，是广东较早传播马克思主义、较早开展农民运动、较早建立党组织和苏维埃政权的地区之一，是广东省最早解放的县，曾为中国革命的胜利作出了巨大牺牲和重要贡献。经1995年广东省政府评划，全县共有革命老区镇21个（时全县设30个镇），占全县乡镇数70%；老区村庄673个，分布在29个镇225个管理区，老区人口41.93万人，占全县总人口52.8%。其中土地革命战争时期113个、全面抗战时期33个、解放战争时期527个。至2017年，全县24个镇315个行政村中有革命老区镇18个，有老区村庄（自然村）674个，分布在202个行政村。

中华人民共和国成立后，老区人民继续发扬艰苦奋斗的优良传统，致力恢复革命老区经济和文化建设，兴修水利、交通等基础设施，发展生产。至改革开放初期，县域老区共兴修河道17.2千米，兴建包括广东第二大水力发电站——枫树坝水电站在内的大中小型水电站90多座，修通老区村庄公路8条、长75千米，维修老区村乡道10条、桥梁31座。

改革开放以来，特别是2000年以后，龙川在县委、县政府的正确领导和上级老促会的关心支持下，抢抓机遇，力促经济转型，大力发展乡村经济，使老区面貌发生了翻天覆地的变化，人民生活水平显著提高。中共十八大以来，在中央扶持老区发展的利好政策下，龙川老区经济社会各项事业得到了快速发展，县域老区经济总量增大，基础设施进一步完善，实现了老区村庄村村通水泥硬底化公路，解决了上学难、用电难等问题。老区村庄环境卫生得到有效整治，村容村貌显著改变。

经济社会发展概况

在国家对革命老区扶持政策的支持下，龙川社会经济稳步增长，产业结构转型升级，第一产业、第二产业和第三产业协同带动经济发展，基础设施得到不断完善，社会各项事业蒸蒸日上，蓬勃发展。至 2017 年，全年完成地区生产总值 148.1 亿元，同比增长 6.5%。其中第一、第二、第三产业增加值分别为 29.7 亿元、38.4 亿元、80 亿元，分别同比增长 4%、6%、7.6%；地方一般公共预算收入、税收收入分别为 6.71 亿元、4.53 亿元，分别同比增长 6.1%、8%；全社会固定资产投资 140 亿元，同比增长 43%；外贸进出口总额 24 亿元，同比增长 5%；城乡居民人均可支配收入 15533 元，同比增长 10%；民营经济增加值占地区生产总值比重达 68.1%。

历史上龙川经济以农为主，盛产水稻、甘薯、木薯、花生、黄豆以及木竹、柴炭、油茶、土纸、松香、川糖、水果等农副产品。明清时期手工业才逐步发展，采矿、冶炼、烧制石灰和陶瓷等已有一定规模。通过东江水运，商品流动范围较大，全县各地遍设圩场，有大小集圩 23 处。

自 20 世纪 90 年代中期起，龙川调整农业产业结构，进行农业综合开发，大力发展特色农业和效益农业，推动耕山种果及农业龙头企业的发展。粮食作物以水稻为主，番薯、玉米、小麦为次；经济作物以黄豆、油茶、花生、药材、茶叶、水果为主，成功培育出"帝一品"金线莲，铁皮石斛，"赵佗"腐竹，"绿誉"火龙果，"金丰"金柑，"东江金秋"蜜橘，"马头寨"猕猴桃，霍山香米，"獒山"义都桂林茶，"圣隆"牛筋糕，"上溪祥发"魔芋粉，"上正"柿饼柿角以及"双峰""上山打油""千家欣""林源""名香世家""绿优原生"茶籽油和"通绿"系列农产品，"南越王"系列农产品，"越王井"系列农产品，"双到"系列农产品，"土巴子"系列农产品等 28 个农业品牌。至 2017 年，全县建有省级现代农业园 1 个、省级农业龙头企业 5 家、市级龙头企业 24 家、农民专业合作社 502 个。水稻综合机械化作业水平达 55.3%，建成水稻高产示范点 29 个。成功创建全国油茶生产基地，油茶种植面积 2.73 万公顷，其中老油茶种植面积 1.2 万公顷，新植油茶面积 1.53 万公顷，新老油茶挂果面积 2.07 万公顷，年产油量 4650 吨以上，年产值 6.5 亿元。全县完成农作物播种面积 4.4 万公顷，粮食总产量 27.53 万吨；全年农业总产值 39.92 亿元，同比增长 3.5%。

工业上，自 2000 年以来，龙川加强工业园区建设，加大招商引资力度，工业经济逐步以外向型经济为主，形成电子、电器、空气能、现代建筑和水电等产业体系。县工业园区建设日趋完善，

深圳宝安（龙川）产业转移工业园一隅

形成由深圳宝安（龙川）产业转移工业园及宝龙、宝塘、梅村、新城工业小区组成的"一园四小区"，总规划面积 34.9 平方千米。至 2017 年，已开发工业用地 7.22 平方千米，引进工业项目98 个，总投资 244.15 亿元。全县实现工业总产值 115.39 亿元，其中规模以上工业企业总产值 103.43 亿元，完成社会工业增加值27.01 亿元。深圳宝安（龙川）产业转移工业园获得"省优秀园区"称号，成为广东省唯一一个连续 5 年考评获得优秀的一般园区，成功承办全市产业发展大会战和全省产业园区提质增效现场会。至 2017 年年底，产业转移工业园共有入园企业 71 家，合同投资总额 172 亿元。71 家企业中 51 家企业建成投（试）产，8 家企业在建，12 家企业筹建。与此同时，龙川积极推动科技创新，新增高新技术企业 3 家，扶持 2 家企业上市，推动 8 家企业开展"机器换人"，完成 14 家工业企业上规模，新增产值 13.45 亿元；申请专利总量 480 件，同比增长 6%，授权专利 295 件，同比增长7%。

第三产业活力持续增强。大力实施旅游旺县战略，至2017 年，环霍山生态旅游度假区首期工程基本完成，高空玻璃栈道、水泥栈道建成并通过第三方验收，即将对外开放；佗城国际旅游小镇、中央苏区留守红军纪念园、丰稔绿誉休闲农业服务区等旅游项目扎实推进。全年旅游接待 371.4 万人次，旅游总收入 31.4 亿元，分别同比增长 11.5%、12%；全社会消费品零售总额 105.36 亿元；进出口总额 3.4 亿美元。此外，文化、教育、科技和环境卫生、社会保障等各项社会事业蓬勃发展。

积土为山，积水为海。龙川历史悠久，厚积薄发，扬帆前行，全县老区人民在习近平新时代中国特色社会主义思想和中共十九大精神指引下，不忘初心，牢记使命，全力构建人文名县、生态优县、交通强县、产业大县，为全面建成小康社会而不懈努力奋斗。

升级改造后的霍山风景区

第二章

土地革命战争时期龙川苏区的创建与发展

　　早在马克思主义在广州悄然传播的时候，一批龙川籍留穗青年学生、工人和工商界人士受新思想、新文化的熏陶，把宣传马克思主义的各种进步书刊和宣传品不断寄回家乡，从而使龙川民众较早地接触到马克思主义。

　　1925 年 10 月，随第二次东征回乡的共产党人黄觉群、曾培霖等，以及国民党人张重耳等 10 多人，奉命留驻龙川县城。黄觉群、张重耳以国民党广东省党部特派员身份，从事领导与开展龙川国民革命运动。同时，随东征军返乡的邹世骏受周恩来指派，以东征军总政治部社会科特派员身份回乡开展工农运动。同年 11 月，黄觉群、黄天泽（在广州手车工会时加入共产党组织）发展黄日初、杨复生（杨福生）、黄鸿良、黄伯隆、邓国章、黄自强、陈增翼、罗一如（女）等加入中国共产党，并于龙川县城戴家祠创立了中共龙川县特别支部委员会（简称"中共龙川特支"），由黄觉群任特支书记，直属中共广东区委领导。此后，在黄觉群等一批共产党人领导下，工农革命运动迅速在全县各地开展起来。

1927年，蒋介石在上海发动"四一二"反革命政变，公然反共，第一次国共合作破裂。为反击国民党右派的进攻，根据中共中央八七会议精神，在中共龙川特支的领导下，1928年春，龙川县建立苏维埃政权，组建工农革命军，发动震撼东江上游的鹤市武装大暴动。龙川人民开始在马克思主义指导下，寻求真理，渴望自由，以革命武装反抗反革命武装的斗争历史，开创了龙川人民建立革命政权的先河，从而揭开了龙川土地革命战争的序幕。

1928年4月，五华、兴宁县组织举行"年关暴动"的领导人汇集龙川霍山，成立中共五兴龙临时委员会，统一领导三县革命斗争活动。1929年春，为配合毛泽东、朱德率江西井冈山红四军主力分兵闽粤赣边扩展，建立革命根据地，五华、兴宁、龙川三县工农代表在大塘肚长塘面召开大会，成立闽粤赣边五兴龙县苏维埃政府；同时，将东江、龙川县游击大队合编为五龙兴县游击大队。闽粤赣边五兴龙县苏区建立后，采取各种措施加强政权建设，开展打土豪、分田地，建立地下交通线，加强根据地与中央苏区腹地的联系，与国民党当局进行殊死斗争，并发展成中央苏区的一部分。

在长达10年的土地革命战争期间，老一辈无产阶级革命家毛泽东、彭德怀、彭湃、林伯渠、古柏等先后踏足龙川，指导龙川苏区人民开展革命斗争，其中红一方面军总前委秘书长古柏曾多次抵龙川指导革命，最后长眠于斯。据不完全统计，龙川人民在土地革命战争时期先后经历大大小小战斗 220 多次，其中，龙川大塘肚村就经历大小战斗 24 次，打退了敌人 5 次较大规模的进攻。全县有近千名工农民众在战争中牺牲，其中，龙川大塘肚村在一年半的时间内就有 140 多人为革命事业献出了宝贵的生命。

第一节

龙川县苏维埃政权与四甲苏区的建立

1927 年年底，参加广州起义撤退至东江地区的黄克，受广东省委派遣，回龙川坚持革命斗争。黄克在家乡四甲与当地共产党员黄自强和农运干部陈济平、陈觉非、陈云侠、戴文达、黄德初等，深入每个村寨走家串户向农民宣传，揭露地主剥削佃农，号召农民进一步团结起来，为保卫自己的农会组织而斗争。为加强领导，黄克等党员建立了四甲中共组织，吸收农运骨干陈济平、戴文达、黄德初等加入共产党组织。此外，黄克还积极与广州起义前后已回鹤市、登云地区的共产党人黄觉群、钟彪、叶卓等取得联系，以便建立统一的中共组织来领导和开展龙川革命斗争。

1928 年 1 月，鹤市芝野村钟玉周家里秘密召开党员会，改选中共龙川特支。参加会议的有黄克、叶卓、黄觉群、钟彪、黄天泽、黄德初、杨复生、戴文达等。会议由钟彪主持，选举黄克为特支书记，组织委员黄觉群、宣传委员杨复生。会上还汇报、研究了四甲、登云、鹤市等地的农运情况，讨论成立县苏维埃政府（又称县革命委员会）和举行年关武装暴动问题。

1928 年 2 月，春节刚过，原县农协会的一些负责人，中共龙川特支成员、国民党龙川县党部左派人士、四甲与坪田等地的农会会员及农民自卫军战士等聚集在四甲上印寨，隆重举行龙川县苏维埃政府成立大会。

大会由黄克主持，经大会推选，黄克、黄觉群、杨复生、陈济平、邓雨田、黄日初、黄自强、钟彪、黄天泽为县苏维埃政府执行委员，黄克为县苏维埃政府主席。县苏维埃政府下设四个部：财经部主任陈济平，委员黄日初、邓雨田；宣传部主任杨复生，委员戴文达；农运部主任黄觉群，委员黄天泽；军事部主任黄克（兼），委员邹铁强（邹亚泮）、黄彩亭。与此同时，黄克在会上还庄严宣布：正式成立东江工农革命军第一军，由中共东江特委巡视员刘琴西挂军长衔，总指挥为黄克。

大会上，黄克代表县苏维埃政府颁布革命政纲，政纲提出打倒土豪劣绅，没收地主土地，实行耕者有其田，清除苛捐杂税，一切权力归苏维埃，改善农民生活等。革命政纲宣布完毕，全场一片欢呼。接着，400多名手持梭镖、大刀、矛、枪等武器的工农革命军，举行了武装总检阅和示威游行，高呼"打倒国民党""打倒蒋介石"等口号。

龙川县苏维埃政权的建立有着重大的革命意义。县苏维埃政权的建立，开创了龙川人民建立革命政权的先河。县苏维埃政权颁布的政纲和口号，代表了苦难深重的劳苦大众的愿望与要求；县苏维埃政权的诞生，使龙川广大工农群众看到了自己的力量、前途和希望。随后，县内的仙寨、登云、田北、骆岐、园田、径口、大塘肚、良兴、大岭、茶活、青化、青云、黄麻布、阁前、黄埔、小东坑等地，也先后创建了苏区，相继建立起乡村苏维埃革命政权。其中大塘肚苏区发展成东江革命根据地的重要组成部分，成为县苏维埃政权及其游击总队等机关驻地，形成了武装割据之势。

第
二
节

鹤市武装暴动

　　1927年12月，广州起义失败后，中共东江特委坚决贯彻执行中共中央和广东省委的指示，发布《中共东江特委紧急通告》。通告要求东江各级党组织利用年关地主豪绅逼租催债之机，领导工农实行年关暴动，反击国民党的武装斗争。1928年1月14日，在《中共东江特委发展暴动的计划》中，更进一步明确要"以年关暴动去引起东江的大暴动，完成东江的割据"。为完成工农武装割据，中共龙川特支选择了鹤市作为暴动目标。如果成功攻克鹤市，不仅震动大，还将四甲、鹤市、登云一带的农运连成一片，形成五兴龙边境武装割据。

　　鹤市，旧称鹤树下，位于县城之东，离四甲上印约20千米，时为第二区公署所在地，仅次于县城、老隆，为县内第三大圩镇。鹤市地区文化较发达，地主官僚亦较多。然而，在鹤市周围的乡村，农运蓬勃开展。1925年，罗思沅就在竹头神乡（今紫市）竖起犁头旗，建立农民协会。1927年11月，为配合广州暴动，由广东省委派遣的五兴龙工作团潜赴海丰学习。回乡后，参加"年关暴动"的工人叶卓、钟彪等，在鹤市周围的芝野和登云东山等地蓬勃开展农民运动。

　　龙川县苏维埃政府成立后，县苏维埃领导人即着手筹备武装暴动事宜。在芝野改选特支成员的集会上，选择暴动地点时一度有过争论。黄自强等提出先攻老隆，次及鹤市，最后进取县城。

理由是：老隆乃东江上游重镇，商业繁盛，攻下老隆其政治声势影响大。而黄觉群等则提出先取鹤市，次及老隆，最后进取县城。理由是：鹤市地区国民党顽固势力虽较大，但农运基础好，又毗邻五华等地苏区，便于相互照应，同时还可动员鹤市周围农军配合，取胜可能性较大。最后多数同意先进军鹤市。随即成立了进军鹤市指挥部，由黄克任总指挥，邹铁强、黄彩亭任副总指挥，时间定于1928年3月10日。

为使暴动成功，中共龙川特支和县苏维埃决议采取几项有效措施：

一、争取改造一支绿林军队伍

在四甲与河源边境活动着黄亚辣（黄彩亭）、邹铁强统领的近120人枪的绿林军。这支队伍是陈炯明残部，装备精良，且有实战技能。他们打着"劫富济贫"旗号，时而抢劫地主豪绅家财，时而偷袭国民党的税务机关，亦抢劫过往客商。他们行踪飘忽，国民党当局对其无可奈何。经中共龙川特支研究，决定由黄克通过亲戚关系与其首领等人取得联系。经多次动员诱导与洽谈，他们表示愿意率领全部人枪与东江工农革命军合编，服从中共龙川特支指挥，从而壮大了工农革命军力量。

二、破仓积粮

为解决暴动所需军粮和给养，除由各地农会节支屯粮外，还派出一支农军攻入四甲的一家地主院宅，破仓取粮200多石，保证了进军期间500余人的食粮。

三、积极训练农军，提高军事素质

工农革命军在上印寨县苏维埃机关旁边的操场上日夕操练，

训练刺杀、对抗等军事要领，黄克、黄亚辣、黄自强等任教官。工农军组成4个编队，分别由中共龙川特支成员领导。每个编队按连、排、班编制管理，用不同颜色的帽子区别连、排、班长，每个战士发一红布条，暴动进攻时系于颈项以示区别。

四、加强充实武器装备

武器是战争的重要因素。为解决工农革命军武器装备差的问题，中共龙川特支动员农会、农友献（借）出枪支。他们手中的这批武器，大都是张发奎、李济深为争夺广东地盘而引起"张黄事件"时，在龙川战场上丢弃的。1928年年初，张部薛岳率第四军进入鹤市地区，李部黄绍竑之二陈（陈铭枢、陈济棠）率第十五军从五华压来。曾几何时，这两支北伐时的劲旅，此时竟在龙川"同室操戈"。陈部败走五华。待黄绍竑得援军复在龙川县城附近再战时，张部主动撤退，经老隆、黎咀转和平进入赣南。军阀混战给工农大众带来不少灾难，而双方在慌忙撤退时也丢弃了一些枪械、辎重，被农民上山"打扫战场"时拾获。

经过严密准备，依照暴动前中共龙川特支联席会议的统一部署，3月6日工农革命军总指挥部派钟彪往仙寨、芝野、东山等地，向工农军各编队具体传达进军鹤市的命令，但他在传令途中出现了意外。3月7日当钟彪向仙寨编队领导黄觉群、黄鸿良、黄云泉等传达了总指挥部暴动的部署后，继续前往芝野、竹头神、东山等地。当行经欧江石陂咀字纸塔桥头时，他被当地黄元增"富户团"的巡夜队员抓捕，并当场惨遭杀害。藏于钟彪身上的工农军各编队的花名册（未写发难时间，此前各编队领导人已悉）以及进军鹤市的路线图、标志、标语、布告、口令等均落入敌手。

地主黄元增得到这些机密如获至宝，连夜向鹤市区保卫团董张月舫、区长兼警察所所长陈伟枝密报。张、陈速转报县长黄蔚文，于是当局加强对鹤市的戒备。与此同时，县长派亲信邹岳、黄雄等分别率队，按花名册名单进行突然袭击，搜捕登云双桥的郑美林等一批工农军骨干。

3月9日晚，四甲编队400余人在坪田分水坳誓师出发，在朦胧月色中翻山涉水向鹤市进发。黎明前抵鹤市连坑尾，分散隐蔽。凌晨4时半后，黄克下进军令。黄亚辣率五响枪队猛冲下山担任正面主攻，其他队伍则分头配合守山头、卡路口、打援敌。战斗打响后，因敌人早有戒备，黄亚辣带队伍一时攻不进鹤市街，双方在街圩桥头僵持对峙。不一会儿，农军前锋终于瞄准突破口，涉水冲过河去，斩开栅栏冲入街内与敌展开巷战。黄克身先士卒冲进区警署，但区警署空无一人。原来坐镇鹤市的县警大队长黄雨生，三天前虽已获悉农军要攻打鹤市，但不知是哪一天行动，没料到来得如此神速。他在睡梦中被枪声惊醒，一边慌忙喝令守兵应战，一边带几个亲信趁天色未明潜逃了。区警署内挂着的25支长枪和门外黄雨生的坐骑，均成了农军的战利品，其他来不及逃的警兵成了俘虏。

结束战斗后，农军四处张贴东江工农革命军第一军布告和标语。农军中黄亚辣部属乃绿林军，禀性难改，他们认为暴动目的就是劫富济贫。因而他们在街内打开"黄永兴""祥盛""南合晋""新香展"四大商贾店门，把货物搬出街心，叫附近农会会员拿回家去。附近农民赶来，黄克站在街头一角高处向民众演说，当他宣布没收几家财主的财物分给贫苦农民时，人群中欢声雷动。

9时许，黄克获悉钟彪遇害，以致其他编队和农军的策应相继受挫，孤军无援，遂下令立即撤退。刚撤出街口，张月舫等纠集的地主武装与县警队便包围过来。工农革命军且战且退，至芝野陂下又遭黄雨生部和宦境保卫团的夹击，伤亡几十人，经大半天的冲杀才突出重围，退回四甲上印寨。徐元昌、陈汝涛、邹安、罗连、江桂、王观章、何发祥等在突围中牺牲。

鹤市暴动是中共龙川特支坚决贯彻执行中共广东省委、东江特委关于举行"年关暴动"的指示而进行的一次工农革命武装斗争，是东江武装大暴动的重要组成部分。虽然暴动前后仅历时1个多月，未取得成功，但仍具有一定的作用和意义：

一是配合与支援了东江各地的武装暴动斗争。这次暴动是中共龙川特支领导武装斗争的创举，在一段时间内有效地牵制了五华、河源、龙川国民党地方武装的很大一部分兵力，为五华、河源、龙川县内其他苏区的创立与发展创造了有利条件，客观上起到了配合与支持东江各地武装暴动的作用。

二是鹤市暴动和县苏政权的建立，揭开了龙川人民以革命武装反抗反革命武装的斗争历史，有力地打击了国民党的反革命嚣张气焰，显示了龙川党组织不畏强敌、敢于斗争的精神。

三是开创武装夺取政权的先河。尽管鹤市暴动最后失败了，但暴动是龙川广大工农大众在中共龙川特支领导下进行的一次有组织有计划的军事武装斗争尝试，开创了中共龙川组织领导工农群众武装夺取政权的先河。

五兴龙县苏维埃政权的建立与发展

1929 年 1 月，为配合毛泽东、朱德率江西井冈山红四军主力分兵闽粤赣边扩展，建立革命根据地，中共东江特委派巡视员刘琴西来到粤赣边区的龙川大塘肚革命根据地视察。大塘肚四周高山环抱，重峦叠嶂，崇山峻岭连绵不断，古木参天林荫蔽日，又地处龙川、兴宁两县交界处，离兴宁县城和龙川县城较远，是国民党当局鞭长莫及的地方，极具建立革命根据地的地理条件。是月底，毛泽东、朱德率江西井冈山红四军主力抵达粤赣边境。其间，毛泽东在边境地方武装负责人的带领下来到位于粤赣边境的仰天堂作短暂调查，指导龙川革命斗争，并留宿了一晚。在毛泽东建立农村革命根据地进行武装割据思想的指导下，龙川乃至东江地区革命热情高涨，为闽粤赣边五兴龙县苏维埃政权的建立奠定了思想基础。

1929 年 3 月初，在中共东江特委巡视员刘琴西具体指导下，五华、兴宁、龙川三县工农兵代表大会在大塘肚长塘面召开，出席代表 80 多人。大塘肚及其附近的三架笔、二架笔、双头山、岐岭、上下畲、桥背、横江等各村农会、赤卫队代表 300 多人出席成立大会。大会通过成立闽粤赣边五兴龙县苏维埃政府。选举曾不凡为县苏维埃政府主席，潘火昌为副主席，罗屏汉、胡燧良、古汉忠、罗文彩、蓝素娥（后增补）为常务委员。同时还分别建立赤（岗）龙（母）铁（场）区、龙（县城）老（隆）鹤

（市）区、岗（罗岗）马（石马）坪（大坪）区、罗（浮）黄（陂）区等四个联区政府及其中共区委，骆均光（后曾彪）、崔兰、蔡梅祥（后罗宝良）、刘汉（后刘卓中）分别任四个区的区委书记。

与此同时，东江游击队、龙川游击大队共 80 多人枪（一说100 多人枪），被整编为五兴龙游击大队，罗柏松任大队长，潘火昌兼政委。在整编时还挑选出 20 多人组成红军独立连，彭城任连长，至同年 6 月扩编为独立营，营长彭城、罗屏汉为党代表。

至此，以大塘肚为中心的五兴龙苏区正式形成。在土地革命战争时期的中共东江特委辖区内，继 1927 年 11 月成立的海陆丰苏维埃政权后，又一个联县苏维埃政权成立。

一、五兴龙苏区打土豪分田地

五兴龙苏区建立后，中共东江特委采取多种措施做好五兴龙苏区的发展巩固工作，首要措施就是在苏区机关驻地大塘肚乡实行土地改革。

土地问题是农村革命根据地须解决的最主要问题。开展土地革命解决农民问题，既是广大农民的根本愿望，也是中共领导新民主主义革命的基本内容和中共中央 1927 年八七会议确立的总方针。土地革命就是消灭封建地主的土地所有制，实现"耕者有其田"。1928 年 6 月 8 日广东省委给中共东江特委的指示中指出，"暴动各县区乡苏维埃必须即速成立，且将土地速即分配于农民"。

根据中共六大通过的土地政纲，以及由毛泽东、朱德、古大存、陈魁亚、刘兴夏、朱子千、陈海云署名的《东江革命委员会关于公布执行土地政纲的布告（第 177 号）》，联系本区、乡的实际，中共东江特委研究、制定了"分配土地以原耕为基础，抽多补少，按户落实。统计人口，简用二级分配"的政策，于三县交界的革命根据地内开展打土豪、分浮财、废债约、抗租债，掀起减租减息、废契废债、分田分地的高潮。当五兴龙三县工农兵代表大会召开，成立了闽粤赣边五兴龙县苏维埃政府后，县苏政府遵照省委和特委的指示，在县苏机关驻地大塘肚乡率先进行土改分田试点工作，以取得经验后在全区铺开。

1929 年 3 月，首先在大塘肚苏区进行分田分地。至秋后，五兴龙苏区红色区域内约 16 万人口、面积约 0.87 万公顷的田地全面进行土改。其中，龙川的大塘肚村平均每人分田 7 ～9 分（即 0.05 ～0.06 公顷）。

大塘肚苏区实行土地改革时，还发出《大塘肚乡农会布告》。布告实行无代价没收地主阶级土地和祠堂、社坛、神会、公尝等地产，分配给无地或少地的贫苦农民耕种。分配土地时贯彻以原耕为基础，抽多补少，以户按人分等的原则，13 岁以上的多分，13 岁以下的少分，发动群众自报公议，坑土段田及播秧地等适当调整。仅一个月时间大塘肚乡农民协会完成了土改分田工作（仅限于分田地，没有评划阶级）。分得土地的农民在各自的田地里投入春耕。是年冬，因敌人对五兴龙苏区进行疯狂"扫荡"，大塘肚根据地遭敌烧、杀、抢、掠，广大群众在游击队掩护下远避深山，以致晚造没有收成。尔后，富豪返乡，农民分得的土地得而复失。

土改分田后，为保护农民既得利益，大塘肚乡农民协会特立一份土改分田花名册。其封面正中书"大塘肚乡农协会分田花名册"，左下方押上立册时间"己巳年夏历三月二日"（即 1929 年 4月 11 日）。其扉页是毛笔特书的两行醒目大字——"打倒土豪劣绅，把土地分给穷人"，并盖有批准监督机关的大方印，印信为"闽粤赣边五兴龙县苏维埃政府印"；次页为《大塘肚乡农会布告》，内容如下：

　　现奉闽粤赣边五兴龙县苏维埃政府指示，令开：

　　顷将赤化乡村，树立红色政权，随着土地改革以适应劳苦农民要求，加强斗志，暂行办法：分配土地以原耕为基础，抽多补少，按户落实。统计人口简用二级分配。在赤化范围内，所有富豪土地、蒸尝、神会等业概归农会。调集土地，发动群众自报公议，以月旦评，勿相猜忌。其他坑土段播植秧地，适当调整。为此，饬该农会切实遵照执行。

　　奉此等示，本农会随即遵照办理。兹将各户之田土，各坑土段，详列注册外，合亟公布周知。

　　　　　　　　　　　　　　　　己巳年夏历三月二日

　　从第3页起，分列各户主之姓名、家庭人口（分开列出13岁以上、13岁以下各多少人），分得土地数量及其所在地之土名等。分田农户123户，计473人，共计种子田27石7斗1升。

　　1929年春，大塘肚苏区土改分田有条不紊地进行。大塘肚革命根据地是东江苏区内继海陆丰苏区和紫金苏区后，第三个实行土改分田的苏区。

二、支援中央苏区建设

　　土地革命时期，龙川是以瑞金为中心的中央苏区的游击区，是东江革命根据地到中央苏区的必经之地，是连接两根据地之间的一座桥梁，地理位置十分重要。龙川苏区的建立、发展与巩固直接关联着中央苏区的发展，极具战略意义。由此，五兴龙苏区在其成长壮大过程中，除自我巩固与发展外，还积极支援中央苏区建设，为中央苏区的发展作出了不少贡献。

（一）建立多条交通线，为中央苏区运送大量的药品、食盐和日用品等紧缺物资

为了加强五兴龙苏区与中区东江特委、闽粤赣苏区和江西中央苏区的联系，县苏着力做好建设红色地下交通站工作。五兴龙苏区内各根据地之间建立地下交通网站，交通网站有五六十个，纵横近1000千米，使各根据地、游击区能紧密联系起来。

苏区内所有地下交通线（站）都以大塘肚革命根据地为中心，相继向各个地方延伸。其主要的交通线（站）有：（1）经园田、田北、谷前、洋塘通往五华乃至八乡山。（2）经四甲通往紫金、河源、蓝口。（3）经马布、分水坳、兰亭、龙田、径心通往梅县、大埔。（4）经颜畲、罗岗、新村、石正通往平远、寻乌。（5）经大岭、罗浮、三树溪、大信通往寻乌。（6）经良兴、河门潭、渡田河、茶活、青坑、仰天堂通往定南等地。龙川方面的地下交通总站负责人先后有骆达才、郑美等。

交通站的主要任务是：保护过境干部和战士，传送上下级间的指示、情报、情况、宣传品等；给部队、党政机关运送钱粮、物资及购买军需品等；密切配合当地党政机关或农会做好群众工作。

龙川苏区党政组织，就充分利用粤赣边区山林茂密、国民党当局鞭长莫及的地域特点和水路交通便捷的优越性，秘密建立了多条交通线，并以开设店铺为掩护，收购各种中央苏区急需的军用品和日用品，秘密运往中央苏区。曾在龙川通往五华、兴宁的道口阿顶，江西与广东两省相连的江广亭，龙川回龙园田接的官亭设立交通站和税站；在兴宁、龙川交界的渡田河、赤石渡等地开办合作商店，与粤赣边区人民群众进行以物换物的交易，将江西赣南的大米、黄豆、钨砂、烟叶、茶叶等物品通过渡田河合作商店，交换从兴梅地区运来的食盐、煤油、衣料、药品等紧缺物资；在县城和东江重镇贝岭等物资集散地建立据点，大量贩运食盐、日用品等军需物资。如在运送食盐方面，据统计，在中央苏区反"围剿"时期，龙川贝岭几乎每天有百十担食盐分四路从细坳、和平等处机智避开国民党当局关卡运往赣南，为中央苏区运送食盐不下 3000 吨，呈现出"十万挑夫上赣南"的动人景况。

（二）为红军主力部队提供兵源方面的支持

东江革命根据地是人民武装斗争开展较为活跃的地区。他们经常配合主力红军作战，出色完成巩固苏区的任务，五兴龙苏区的人民武装与东江苏区其他人民武装一样，成了中央红军主力部队兵源补充的重要来源。如 1930 年 11 月，由中共西北分委负责人刘琴西主持，将寻乌、平远、龙川、兴宁的部分游击队、赤卫队合编，成立东江红军第一军独立营，营长为彭城，政委为罗屏汉。初时 3 个连，200 多人；后发展为 4 个连，约 500 人。

（三）为中央苏区培养输送一批优秀革命干部和革命战士

五兴龙苏区血与火的斗争实践，也培养和造就了一大批优秀的党政军领导、骨干，并为中央苏区输送了一批优秀干部。据统计，在五兴龙苏区调入中央苏区任职的干部中，担任县团职党政军以上职务的就有 12 人。如中共兴宁县委原书记罗屏汉，1931 年春调入中央革命根据地后担任寻乌独立团政委、中共会昌中心县委书记（接任邓小平同志职务）、中共粤赣省委候补执委、粤赣边军政委员会主席等职。

（四）牵制国民党广东军阀陈济棠部分兵力，减轻中央红军反"围剿"的军事压力

在蒋介石对中央苏区腹地发动大"围剿"期间，为了牵制广东军阀北上配合蒋介石"围剿"中央苏区，五兴龙苏区在赣西南特委的领导下，于龙川、兴宁边界恢复根据地、健全区乡政权组织，开展打土豪，剪电线，散发传单、标语等活动扰乱敌人，组织人员切断敌人交通要道，烧毁了通往中央苏区腹地的渔子渡、三多齐、合水等多座大桥，阻挠陈济棠兵团北上。同时，英勇开展灵活机动的游击战斗，以牵引国民党军阀和地方民团。如1932年8月，上坪茶活苏区反"七县大会剿"战斗，便牵引了陈济棠一个团以及五、兴、龙、蕉、平、寻、和等县的反动武装5000多兵力。茶活战斗中，有18名赤卫队员与敌作战三昼夜，最后弹尽粮绝葬身火海，谱写了一曲英勇献身革命事业的悲壮凯歌。

三、培训革命干部

五兴龙县苏区政权建立后，提高干部政治理论素质和水平，培训好县区乡党、政、军各级干部，对巩固发展苏区起着重大作用。为此，东江特委和五兴龙县苏维埃政府决定，分期分批轮训干部。从1929年4月起，县苏维埃政府在大塘肚举办了各类训练班4期，培训三县党政军干部200多人。同时还在兴宁的上下畲、嶂下和龙川回龙的园田坳背，举办过多次各类型的短期训练班。其中一次由刘光夏、潘火昌、罗柏松主持，集训赤卫队队长、游击小队队长以上的军事干部，受训人员30多人。训练科目为游击战术、军事操练、射击、刺杀和群运工作等。另有一次是由陈锦华、郑美主持的各区委干部集训班，有20多人参加。

1930年1月，由中共东江特委巡视员刘琴西主持，在大塘肚举办由县苏政府人员、区委、区联队、乡农协以上干部组成的集训班。主要内容是总结县苏成立以来，苏区工作的经验教训和开展白区工作的方式。在训练班上，刘琴西十分关心和重视干部的思想作风建设，他提出县党政军人员要执行十条守则：（1）工作忙时细心些；（2）遇到问题冷静些；（3）了解问题全面些；（4）解决问题谨慎些；（5）碰到困难坚定些；（6）受到刺激忍耐些；（7）对待革命热情些；（8）处理矛盾灵活些；（9）个人事少干些；（10）别人事多做些。

1931 年 4 月，中央苏区第一方面军总前敌委员会秘书长古柏，专程前来五兴龙苏区视察与指导工作，为期 7 天。在此期间，五兴龙苏区举办三县党政军主要干部学习班，30 多人参加。古柏在学习班的讲话中特别强调，一个革命干部要过好五关：政治关、思想关、社会关、生活关、宗族关。

1931 年 9 月，中共东江特委为提高各县党员骨干的政治军事水平，于八乡山举办党员学习班，五兴龙县苏派出三县党员骨干参加。龙川方面指派赤龙铁区委书记曾彪、联区赤卫队队长吴子茂参加学习。学习期间因遭敌人"扫荡"，全体学员奋起反击。吴子茂英勇拼杀，在突围战斗中壮烈牺牲。

五兴龙苏区各级党政军干部通过各种学习与培训，在政治思想、军事技能、党的纪律与工作作风等方面，都有了很大的提高，为巩固和发展五兴龙苏区起了重大作用。

龙川苏区的武装斗争

一、大塘肚苏区反"围剿"战斗

五兴龙苏区革命根据地的创立，像一把尖刀插入粤赣边区国民党政权的心脏，给敌人以致命打击。1929 年 6 月至 1930 年冬，敌人对五兴龙县苏机关驻地龙川大塘肚进行反复"围剿"，妄图扼杀新生的苏维埃政权。但大塘肚苏区军民，在县游击大队统一指挥下，拿起土枪土炮、刀戟剑矛，男女老少齐上阵开展反"围剿"斗争，不断打退装备精良的敌人窜犯。在一年多时间里，大塘肚根据地共经历大小战斗 24 次，其中遭上千敌人进犯的有 5 次。

1929 年 6 月，国民党龙川县警大队长蔡雷鸣，纠集赤岗区、龙母区和罗口乡民团，与县警大队一起 400 多人"围剿"大塘肚苏区。县区游击队、乡村赤卫队 300 余人，在县游击大队长罗柏松、区联队队长郑强和吴子茂指挥下，分兵抢占了水口的两座山头，阻击敌人进村，与敌激战五天五夜。终因武器装备差、缺少弹药等，游击队被迫撤离，掩护群众撤进深山密林中。

当敌人进村时，赤龙铁联区财政员袁英才，想起尚有 300 多块银元放在联区驻地。联区宣传委员吴联芳与袁英才一起，急速返驻地取回银子。其时已是大敌当前，两人英勇拼击突出重围。在游击队的掩护下，他们向驻地前进，冲上山坡时又遭敌人包围。

激战中吴联芳、袁英才和赤卫队队员钟大伦、钟大凌均壮烈牺牲。

1929年9月，根据中共东江特委指示，五兴龙县苏政府指令彭城独立营、县区游击队和赤卫队共800多人，在中央苏区红军配合下，分三路攻打兴宁罗岗反革命武装陈尧古团防。中路由罗屏汉、彭城率队从大信出发前往罗岗圩；右路由五兴龙游击大队长罗柏松率队，会同赤龙铁区联队队长郑强率领的大塘肚、横江、桥背、上下畲等村赤卫队，从潘洞、颜畲出发进攻罗岗；左路由蔡梅祥、刘傅文率队从南边挺进。

战斗打响后，罗柏松指挥游击队进击。当前锋冲至齐公径时，遭敌伏击。钟展云、钟声发、钟兆洪等人在战斗中英勇牺牲。突进罗岗圩后，敌驻罗岗陈尧古团防200多人踞守碉堡负隅顽抗。游击队缺乏攻坚武器，暂在外围伺机进击。由于中路、左路两队分别在罗岗白水寨、镰子寨受敌阻击，无法按时赶到与罗柏松队会合作战，以致右路孤立无援，只好撤出碉楼包围圈，返回大塘肚，造成进军失利。为提高部队素质和战斗力，不久，五兴龙游击大队、区联队和部分常备赤卫队，奉命到大信集中整训。

1929年12月，罗口乡吴祖韩民团，探悉五兴龙游击大队、区联队和赤卫队开往大信整训，便纠集赤岗、新田、龙母等地警团200多人，乘后方空虚，突袭五兴龙县苏驻地。敌人所到之处怂恿众兵烧杀抢掠，广大群众在赤卫队掩护下避走深山。敌人撤退后，时值年关将至，中共东江特委指派叶卓组织10多人的工作组深入到深山老林慰问群众，并动员他们下山组织互助组、变工队，通力协作重建家园。由于大塘肚根据地遭敌破坏严重，县苏机关驻地被迫迁移到园田禾场背村。

1930年4月，龙母、赤岗地方警团200余人，突然包围龙川县委和五兴龙县苏机关驻地园田禾场背。留守机关的县委妇联主任蓝素娥被敌发现，被认定是共产党员。蓝素娥矢口否认。她急中生智大声地说："我是刚过门的'新媳妇'。"但敌人没有相信，决计要将她带走。正准备拉她走时，户主邹三妹气势汹汹冲过来，故意破口大骂："狗东西！光天白日你们都敢来调戏我家'新媳妇'！"敌人看此情形，信以为真，只好将蓝素娥放开。因而县委、县苏机关免遭破坏。但由于这次敌人"围剿"县委、县苏机关没捞到"油水"，反倒被辱骂一顿，敌人没有善罢甘休，一计不成又生一计。

同年5月，龙川县警小队长黄某率队突然闯进大塘肚苏区，强迫全村群众赶到大塘面集中，胁迫群众指控人群中哪个是共产党员、游击队员、苏区干部。在黄某胁迫及威逼利诱下，人群中有个别人动摇了。如游击队员刁某动摇投敌，当场站出来指供团县委书记吴子廉和游击队队员钟兆华等4人，4人均遭敌杀害。

同年7月，龙川县委组织部部长叶卓按中共东江特委指示，从兴宁大信回龙川，前往鹤市登云苏区、游击区检查指导工作。途经田北乡苏区时，夜歇骆达才家。孰料被龙母民团所探悉，叶卓被捕，押解至县城后遭杀害。

同年10月，县苏政府因开发新区、发展游击战争而出现经济给养困难，所以开展各种扩大经济收入的举措，得到大塘肚军民的全力支持。县苏组织短枪队分别将龙母甘陂恶霸邹某、罗岗大地主袁某、新田土顽刁某等抓获，关在山寮里，要其交钱交枪。因看守人员一时疏忽，以致上述的人逃跑了，并旋即向龙川县府报信。龙川当局指令县警大队长蔡雷鸣纠集龙川、兴宁、五华、平远、和平五县地方团队1800多人，分三路"进剿"大塘肚，实行"五县大会剿"。红军、游击队掩护群众撤进深山密林。敌人进村后无恶不作，计枪杀病妇1人，烧毁房屋34座，抢走牛、猪200多头，其他财物被洗劫一空。其时因阴雨绵绵，柴草淋湿，烧屋时火势并不猛旺。民团小队长骆某喝令士兵扛来风车，鼓风助火烧屋，三日不灭。经这次洗劫十室九空，五兴龙县苏机关驻地被迫于同年年底，迁兴宁新村南扒等地。

二、茶活苏区反"七县会剿"战斗

1932 年 8 月，广东军阀陈济棠派出一个主力团，会同龙川、兴宁、五华、平远、寻乌、定南、和平县警武装 5000 多人，配以火炮多门，疯狂"围剿"龙川上坪茶活苏区，实行所谓"七县大会剿"。

上贝浮苏区区长黄清鼎和铁龙沙坪乡苏主席黄正卿，率苏区军民英勇顽强与敌战斗。一面令游击分队队长钟其率队掩护群众撤到围心寨、企壁寨的山上隐蔽；一面率 33 人坚守徐屋、刘屋的独脚炮楼。敌人分批发起数次冲锋，被击退后，便从两侧架起火炮攻打炮楼，以致炮楼被轰开两个大窟窿。游击队用钉上湿棉胎的大门板迅速堵上。20 多个敌人又逼近楼下，企图破墙而入。赤卫队从楼上丢下点着导火线的火药包，敌人狼狈退却。激烈战斗持续了一天。

第二天倾盆大雨，山洪暴发，炮楼漏雨。战士衣衫湿透事小，而火药被雨淋湿且子弹剩下不多则事大。第三天，雨停了，敌人又开始向炮楼轰击。这时楼快崩塌了，黄正卿动员群众先出去，但谁也不愿离开。区长黄清鼎命令兴龙游击队员钟宝才带领群众撤离炮楼。敌人看 10 多个群众撤离炮楼，以为游击队投降了，便也停止了攻击。楼内剩下区乡干部和游击赤卫队员共 18 人。他们把平日点灯照明用的煤油和松脂油，泼洒在楼板、棉胎、衣物、柴草和每个人身上，打出最后一点子弹击毙 3 个敌人后，将火把点燃。顿时，整个炮楼烈焰熊熊，火势冲天。18 名为捍卫苏维埃政权而英勇奋战的英雄们，在烈火中壮烈牺牲。

三、留守红军反"围剿"斗争

中央苏区红军长征后，党中央仍十分关心重视毗邻中央苏区的兴龙革命根据地的斗争。如1935年2月13日中共中央给中央分局的指示信中说："上犹、崇义、南山、北山、兴龙、饶和埔等处要加派精干部队及好的领导去开展游击武装斗争。"党中央的指示给兴龙苏区的革命斗争以极大的鼓舞，留守苏区的革命武装队伍与敌人展开殊死搏斗。1935年春夏间，古柏从安远来到龙川上坪青化鸳鸯坑土纸厂，召集龙川、寻乌边境的20多名苏区干部开会，传达上级指示精神（一说是传达遵义会议精神），并设法与东江地区的古大存取得联系，开展游击武装斗争。其间，该村地下交通员王应湖叛变，向乡长兼自卫总队队长王敬卿告密。旋即串通驻上坪的国民党县警中队长黄居成，当晚纠合100多名县警和自卫队员，包围了鸳鸯坑土纸厂。在仓促应战中为掩护其他人员突围，古柏等3人中弹牺牲，其他人皆冲出重围。

（一）冷水坑战斗

1934年8月11日，县委委员曹进洪、邹高景在锦归冷水坑山上召集游击队员研究对付敌人穷追"围剿"的紧急会议。营长吕炽亲率该营兵力及五华、龙川县警500余人，将冷水坑里外层层包围，并将男女老幼村民一概关在张氏宗祠里，以防群众进山给游击队报信。尔后，敌人纵火烧山。由于山高林密，风高物燥，火势凶猛，顿成火海。双方激战2小时，因敌人众多且没有增援，曹进洪等只好率队强行突围。当游击队冲到下沙湾处，为悬崖绝壁所阻，唯有背水一战。激战中，曹进洪及叶林祥等4名游击队员壮烈牺牲；邹高景及叶荣章等4名游击队员被俘，被敌人押解回冷水坑大坟墩后，均遭杀害。

（二）楠水坑战斗

古汉中获悉冷水坑失事后，于1934年8月17日率10多名驳壳枪队员，到登云洋塘楠水坑邓仁周屋里掩蔽。由于间谍告密，17日下午遭驻守登云东山的吕炽营和地方武装等500余人包围。因邓屋有坚固楼阁作掩护，敌人专以火炮轰击，激战半天。游击队弹尽援绝，既冲不出重围，又不愿被敌生俘。除叶何章受命隐蔽，以向县委汇报情况（但仍被敌抓去，后与邓仁周一起在蓝关岭排被杀害），古汉中等全体队员饮弹壮烈牺牲。战斗结束后，敌人逼着村民将古汉中、邓仁标、邓仕彬、叶贵周、叶伯华、叶赞等人的遗体，抬到登云新街草坪上"示众"，然后抛尸于鹤市河。

（三）径口战斗

1935年6月，罗屏汉率一支游击武装从寻乌丹竹楼转战到龙川田心径口村，一路遭敌阻击围攻，损失很大。径口村距罗屏汉家乡大坪白云村仅数千米，罗曾在这里开展过多次革命活动，有较好的群众基础。为安全起见，6月8日兴龙游击队驳壳队副大队长黄赤古与罗亚彬两人先到老堡垒户、地下党员曾火生家接头，约定第二天罗屏汉等率队到径口村活动。岂料曾火生此时对革命前途失去信心，叛变投敌。曾火生串通敌后备队队长曾开清、副队长曾观生等，先把黄赤古、罗亚彬等3人诱杀后，再分头勾结敌人驻大东坑、园田、大坪、兰塘井等处团队四五百人，分三路包围径口。大敌当前，罗屏汉率曾思古、袁胜云、曾玉莲（女）等10多人冲出重围，与敌展开激烈战斗。因寡不敌众，激战中已牺牲和失散近10人。罗屏汉负重伤，与警卫员潘秉星退至大坪洛洞村小水沥隐蔽，最后又退到猴形屋背山排上的白坟墓地里，已无法走动，弹尽援绝壮烈牺牲。8月，李大添率80余人，从赣南转战到上坪枫树园，被陈济棠一个团的兵力包围，李大添率部英勇冲击搏杀，全部壮烈牺牲。至此，兴龙革命根据地几乎全部陷入国民党之手，龙川各地革命斗争陷入低潮。

在土地革命战争时期，龙川历经长达 8 年的浴血奋战，虽未取得彻底胜利，但具有重要的历史意义。一是发动鹤市武装暴动，进行了武装夺取国民党政权的尝试。二是成立了龙川县苏维埃政府、闽粤赣边五兴龙县苏维埃政府及其所属（龙川境内）区乡苏维埃政府，在县苏机关驻地实行土地改革，按人分等计口分田，让苏区人民真正当家做主。三是成立了由龙川党组织领导的东江工农革命军及五兴龙（兴龙）县委领导的苏区游击总队（大队），这些代表工农利益的人民军队，为巩固苏区和保卫苏区安全起了重大作用。这支队伍的部分人员还被整编为中国工农红军第十一军（其中，部分人员经整编后，加入红军队伍，而田心的黄益和、贝岭的李童军还随红一方面军长征抵达陕北）。四是建立了以大塘肚和鹤市地区为中心的游击根据地，实行武装割据，进行顽强的反"围剿"斗争，给国民党当局以沉重打击，有效地支援了江西中央苏区的反"围剿"斗争。五是龙川成为五兴龙苏区乃至东江革命根据地的重要组成部分，同时也是江西中央苏区的游击区，为中央苏区的建立、发展作出了积极贡献。

第三章
广泛开展抗日救亡活动

　　1937 年"七七"卢沟桥事变拉开了中华民族全面抗战序幕。8 日，中共中央立即发布《中国共产党为日军进攻卢沟桥通电》，号召："全中国同胞，政府与军队，团结起来筑成民族统一战线的坚固长城，抵抗日寇的侵略！国共两党亲密合作抵抗日寇的新进攻！"在全国人民要求团结抗战的巨大压力下，国民党中央于 9 月 22 日由其中央通讯社发布《中共中央为公布国共合作宣言》。23 日蒋介石发表实际上承认中国共产党合法地位和两党合作抗日的讲话，宣告了国共两党在共同抗日基础上，第二次国共合作的建立。1938 年 10 月 12 日，日军 7 万人在飞机大炮的配合下，于广东惠阳县大亚湾登陆。21 日，广州沦陷。此后，日本飞机时常空袭龙川大地，轰炸广州至粤东公路干线咽喉——龙川东江大桥

（佗城大江桥），致大桥被炸断成三段；炸毁广东老隆师范学校教学大楼的两个侧楼；对老隆街衢投放燃烧弹，致鱼行街、横街、谷行街等变成一片瓦砾废墟；县城三台书院、附城禾墩头、通衢牛屎坳、登云等地被炸废数十座民房，数百民众死伤。

　　1938年3月，麦文受中共南方工作委员会的委派来到龙川重建党组织。6月，重建的第一个党组织——中共龙川县支部在莲塘小学成立；11月，成立龙川县临时工作委员会；12月，将临工委改为县委，正式成立中共龙川县委。从此，在县委领导下，大部分党员都以教师或学生身份作掩护开展各种抗日救亡运动。

成立龙川各种抗日救亡组织

1938 年 10 月，日本侵略军进犯华南地区，相继占领惠州、广州，步步进逼东江上游，战火很快蔓延到龙川。日军飞机先后轰炸了龙川大江桥、老隆师范学校和老隆街衢等地。在这国难当头之际，龙川各界尤其是广大爱国青年，纷纷组织起来，开展抗日救亡运动。他们在老隆还发动了"有钱出钱，有力出力，一致抗日"的民众抗日运动，成立了不少抗日救亡机构与团体，如县城有官方的龙川县民众抗敌后援会、龙川县民众抗日战时动员委员会及其政工队、龙川抗日自卫团等，各区署亦有相应的机构。各乡村的民众抗日组织更为普遍，如抗日自卫队、农救会、民众抗日自卫协会、青年救亡先锋队、青年工作团等。

一、龙川青年自我教育训练班

全面抗战爆发后，龙川民众的抗日救亡运动蓬勃发展。然而，无论在农村、城镇、政府机关或民众团体中，都存在缺乏组织运动的领导干部这一突出问题。为培养本县抗日救亡组织干部队伍，1938 年 11 月，龙川县民众抗敌后援会在水贝莲塘小学召开了龙川青年保卫家乡抗日座谈会。共产党员黄慈宽、李健行、张凤楼、刘春乾、魏南金、张克明、刘波、黄用舒及县内知名人士张化如、黄崇礼等五六十人参加。会上通过决议：为适应民众抗日救亡运动的形势发展，决定举办"龙川青年自我教育训练班"（简称

"自教班"），以培养抗日救亡干部。

1939年1月，龙川县民众抗敌后援会在中共龙川地方组织的具体指导与帮助下，于老隆师范学校举办自教班。22日，自教班在老隆师范学校的一间被日本飞机轰炸过的大膳堂内上课。张克明任班主任，李健行、张凤楼、黄杏文为指导员。28日，补行开学典礼。中共龙川地方组织领导人李健行、张凤楼、张克明及刘汝琛，国民党龙川县党部书记长黄础增、县长邓鸿芹、教育科长张国馨，还有来宾罗梓材、张化如、张录村、彭赤霞等100多人参加了开学典礼。自教班学习形式灵活多样，训练内容注重于政治教育，大抵分初步哲学知识、抗日民族统一战线、持久战、群众工作艺术（包括演讲、写作、音乐、宣传、戏剧、工作布置等项）。此外，还有国际问题和时事分析等9门课程，分别由龙川上层人士和社会名流如罗梓材、张化如、邓鸿芹、邓鸿钧、杨荣春、张国馨等主讲。2月3日，中共广东省委宣传部部长饶彰风（化名饶秋云）以《救亡时报》记者的身份给自教班学员作题为"目前政治形势"的报告。

自教班有严格的教学原则和生活准则。具体内容包括：第一，强调学习、学习、再学习。第二，集体主义教育与训练，反对个人主义。第三，发扬自我教育精神，经常自我检查或集体检查。第四，反对自由主义，坚持少数服从多数。第五，一切都青年化、反对学究化。第六，发扬刻苦耐劳和艰苦奋斗精神。第七，态度要诚恳、坦白、虚心。第八，发挥团结友爱精神，反对个人英雄主义。在生活上，学员自带伙食、衣服、被帐等；部分贫苦青年自带伙食有困难，则由其他学员乐助和社会人士捐助。

自教班为期近一个月，时值数九寒冬，学员晚上就睡在膳堂的地板上。每天早晨坚持跑步、唱歌，授课期间上午上课，下午自我教育。自我教育时由学员讨论、自学，进行自我检讨或写心得等。同时每三天出一期壁报或画报，每星期外出工作两次，并举行了三次游艺晚会。通过办班这一公开合法形式，学员接受了严格训练，增强了抗日必胜的信念，掌握了基本的群众工作艺术和军事技能。不少人后来成为抗日救亡运动的骨干和各救亡团体的负责人。如魏则鸣、张民宪等学员，曾先后被调任和平、连平中共县委书记；自教班有力地促进了龙川抗日救亡运动的发展。他们不仅使原有的一些抗日救亡团体，如各区、乡的农民抗日自卫协会、民运队、龙母青年抗日先锋队等有了坚强的领导骨干，而且在全县范围内还普遍成立了"读书会""姐妹会""民众夜校""妇女识字班"等民众抗日救亡组织。同时，他们利用标语、传单、抗日战报、漫画、歌曲、戏剧、街头演讲、报告会等各种形式，开展声势浩大、生动活泼的宣传活动，揭露日军罪行，宣传国共合作和中共抗日主张与各项方针政策，从而激发了民众的民族义愤和爱国热情，树立了抗战必胜的信念；同时，在办班期间，不少学员通过学习，申请并被批准加入了中国共产党，发展壮大了党组织。自教班的开办为龙川党组织的发展及抗日救亡运动的蓬勃开展起到了重要的促进作用，曾被誉为早期的"东江党校"。

二、华宜乡民众抗日自卫协会

自龙川青年保卫家乡抗日座谈会召开后，华宜乡进步青年组织了抗日救亡团体"新华社"。1939年1月中旬，该社召开全体会员大会，讨论当前的抗战形势，研究加强组织青年参加抗日活动事宜。为唤起全体民众投入抗战，以实际行动参加抗日救亡，该社决定成立"华宜乡民众抗日自卫协会"，并着手做了一系列准备工作。在中共龙川地方组织积极推动与协助下，1月20日在田心屯华城小学操场召开大会，宣告成立华宜乡民众抗日自卫协会。

自卫协会成立后积极宣传抗日，唤醒民众。在县委具体指导下，组织了一支宣传队伍，以教师、学生、知识青年为骨干，通过民众喜闻乐见的醒狮团舞狮形式，宣传中国必胜、日本必败，鼓舞民众抗战的信心。同时自编自演话剧、活报剧，办识字班，让青年男女文盲每晚到学校学习《民众课本》，由当地教员负责。与此同时，按照工作大纲发展生产的要求，自卫协会进行了全民总动员兴修水利，兴建了响水陂，开挖了一条深、宽各 1 米，长达 2 千米的大型水渠。除了上述措施，自卫协会亦把修筑道路当作抗日的具体活动。经号召，群众踊跃参加乡道修筑，将从南门到牛屎坳 5 千米长的羊肠小道，扩建成 3 米宽两旁植树的公路雏形。为做好抗敌准备，决议中规定购置大刀抗击日军侵略。如田心屯有 6 个保、60 多个甲，每保做好了担架床 4 张，每甲购置了大刀 1 把，农闲时还加紧训练对攻、拼杀等技能，随时准备迎击敌人。

三、实践社

1939 年 2 月后，中共龙川县委在全县各地大力发展党的基层组织。进步青年郑风（郑子明）入党后，肩负起领导登云地区抗日救亡运动的使命。他成功地利用党的抗日民族统一战线方针、政策，经国民党龙川当局批准，发起组织进步青年团体，成立了"实践社"（以毛泽东著作《实践论》为指导思想取名）。其宗旨是：抗日救国，追求进步；实践真理，传播真理。与此同时，选举郑风为社长，社员有郑伯驹、郑平、郑梅、郑忠、郑板、郑波、郑浩等 50 余人。

实践社积极从事抗日救亡宣传活动，在乡村较多人聚集的地方，贴出有关抗日战讯的墙报，开办农民夜校读书班，教唱抗日歌曲，演白话剧；在街圩、农村的墙壁上，书写抗日标语、口号和张贴抗日宣传画。同时，实践社成员还组织了民众所喜闻乐见的"舞狮子"活动，以进行抗日救亡宣传。具体做法是，借民间舞狮方式加以革新，以毛泽东著作《论持久战》的内容，编成"醒狮三阶段"形式（寓意全民抗战的三阶段——防御、相持、反攻），宣传抗日最后胜利一定属于中国。醒狮团的另一表演形式，是以中国、苏联、美国、英国、法国为主的同盟国必胜，德国、意大利、日本为主的轴心国必败的内容，演出场面较大的"国际狮"。"醒狮三阶段"表演提高了民众对国内、国际形势的认识水平，增强了抗战和反法西斯斗争胜利的信心。

"皖南事变"后，国民党掀起第二次反共高潮。顽固派在全国各地加紧制造摩擦，进行反共活动。实践社也引起了国民党龙川当局顽固派的注意。为适应抗日斗争形势发展的需要，实践社改为以较隐晦的形态出现，易名为"海燕歌剧团"，继续进行抗日救亡宣传活动。

四、龙川青年抗日先锋队

1938年元旦，在中共南方工作委员会领导下，广州市学生抗敌救亡会、救亡呼声社、中山大学抗日先锋队等8个团体，联合公开发表《广东青年抗日先锋队发起宣言》和《广东青年抗日先锋队组织大纲草案》，宣告抗日战争时期广东青年抗日先锋队（简称"抗先"）成立。"抗先"的主要任务是"动员工农群众，武装工农群众，保卫大广东，支持全国抗战的顺利开展，保证抗战最后胜利的获得"。

1938年年底，中共党员刘汝琛率"抗先"东江区队抵老隆开展宣传工作。刘汝琛率先找到龙川县委书记李健行和宣传部部长张凤楼。由于刘、李、张三人早在抗战初期就一起做过广州榨油工人的抗日救亡宣传工作，且同是一个支部的同志，因而为龙川开展工作提供了有利条件。此前，龙川亦有着开展抗日宣传工作深厚的社会、政治和民众基础，尤其是青年学生自觉开展的抗日救亡活动，是龙川"抗先"的先导。龙母永和地区青年所组织的"青年抗日救亡先锋队"，更具"抗先"的雏形。当时，国民党龙川当局对抗日亦表现开明，且鲜明地倾向于抗日民族统一战线，支持民众抗日救亡团体，特别是青年团体。"抗先"东江区队正是通过工委会具体实施宣传动员和建队工作的。

经过长期准备，1939 年 2 月 28 日，全县青年抗日统一组织——龙川青年抗日先锋队（简称"龙川抗先队"）于县城小学礼堂隆重举行成立大会。成立大会上，张克明作政治报告，刘汝琛发表演讲，殷切希望龙川抗先队迅速掀起青年抗日救国新高潮。会上还宣布了龙川抗先队组织机构及领导成员。县长邓鸿芹任总队长，张克明任秘书长，魏南金任组织部部长，且由张克明、魏南金负责抗先队具体工作。龙川抗先队下设三个区队：张其初任一区队队长，方云生任二区队队长，魏则鸣任三区队队长，抗先队总部设在县城。

创办《龙川日报》宣传抗日救亡主张

全面抗战爆发后不久，国民党龙川当局的官方组织团体——龙川县民众抗敌后援会成立。其成员主要为县机关负责人、知名乡绅等中上层人士，并由殷商巨贾捐款作活动经费。那时县长比较开明，曾喊出"抗战到底"的口号。中共龙川县委统战部部长张克明与县长有较深的师生之谊，便于跟后者开展统战工作。张克明主动与县长商量，阐明自广州沦陷后，龙川难以看到国民党官方报纸，人们难以了解全国尤其是广东的抗战形势；为更好地动员民众抗日救亡、保家卫国，宣传团结抗战，建议创办地方性的报纸《龙川日报》。

1938 年 11 月下旬，中共龙川县临时工作委员会通过龙川县民众抗敌后援会，于莲塘小学召开的龙川青年保卫家乡座谈会上，讨论决定以民众抗敌后援会名义主办《龙川日报》。县长对办报表示支持，并同意县政府每月拨款 20 元给报社，作为办报经费。此外，国民党东江游击指挥部命令传达所所长张文，惠龙师管区司令罗梓材，知名民主乡绅张化如、彭赤霞等，也支持创办《龙川日报》。国民党龙川当局拨款及中上层民主爱国人士的支持，为《龙川日报》创刊奠定了物质基础。

1939 年元旦，《龙川日报》创刊。县长邓鸿芹为报头题签，报头边印有"中华邮政特准挂号认为新闻纸类"字样。该报为 4 开 4 版，报费每月 4 角（后为 3 角），零售每份 3 仙。社址初设于

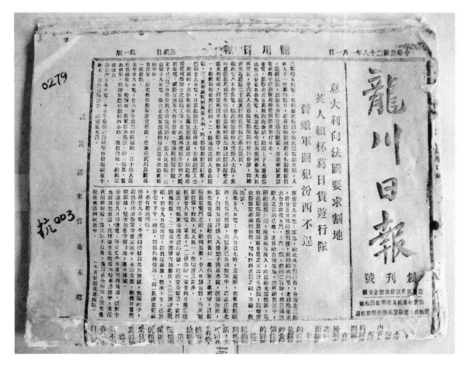

《龙川日报》创刊号

老隆小学，后迁至老隆平民医院，由老隆循州印务书局承印。社长为张克明，总编辑为黄杏文。报纸名义上是国民党龙川县民众抗敌后援会主办，其实际领导权却掌握在龙川县委手中。县委对办报的指导方针是：坚持抗战反对投降，坚持团结反对分裂，坚持进步反对倒退。曾瑞祥（共产党员）负责校对、清样、排版、发行兼写通讯或简短报道，张修（县委交通员）负责报社后勤、财务工作，县委书记黄慈宽、青运部部长魏南金亦常为报社写稿和协助报社做好具体工作。《龙川日报》在创刊号的发刊词中明确指出：报道抗战消息，传播战时文化；鼓励青年的积极性与创造性，把他们组织成一支强有力的先锋队伍；动员全体民众一致抗日，保家卫国。

　　《龙川日报》没有专职记者和通讯员。其电讯、新闻主要来自收听收音机所得的消息等，同时转载各地报纸的部分新闻以及刊登各中共地下党组织送来的有关抗日斗争活动的消息等。中共东江特委、龙川县委领导人尹林平、饶彰风、李健行、张克明、魏南金等还特为该报写社论、专论、特稿等。他们把中共对抗日的主张、方针、民族统一战线政策等，以隐晦的笔法、圆滑清新的笔调，融渗在社论中，给读者以一股团结抗战、奋发上进的力量。黄杏文负责收录电讯、督印和开展日常编辑工作。他还借来在龙川的"中山大学战地服务团"的发报机，为报社秘密收录新华社电讯消息之用。在梅县就读的龙川进步青年刘志文、张文源，特为该报送来一台收音机，给报社收录电讯消息。

经报社人员不懈努力，报纸办得颇具特色，内容丰富。辟有国内外电讯新闻，广东与龙川当地新闻以及社论、短论、短评、专刊、"民众"副刊、诗歌文艺、广告、启事等栏目，颇受欢迎。报纸虽称"日报"，但常为电讯、新闻等内容缺乏或经费不足所困扰，只好两日乃至三日一刊。有时循州书局缺乏某些字粒，报社人员从不马虎，即便用木刻字粒替代，亦要保持版面的美观大方。由于《龙川日报》抗战气氛浓郁，内容广泛，除在龙川发行外，还销售到毗邻的兴宁、五华、梅县及河源、和平、连平等地，发行量在 1000 份以上。

1939 年 1 月，国民党召开五届五中全会，制定了"溶共、防共、限共、反共"的方针。此后，国民党对抗日的态度日趋消极，对民众抗日救亡运动的限制日益加强，并陆续制定与秘密颁布了《防制异党活动办法》《共党问题处理办法》等一系列文件。自这些文件陆续贯彻后，龙川当局顽固派对报社进行攻击。此时，县长亦一反常态，敦促共产党要退出龙川，对办报不再拨款了。龙川当局停拨办报经费后，更进一步地说什么"报纸言论过左""外面议论多、民众意见大"等。于是，《龙川日报》被迫停刊。

　　《龙川日报》自 1939 年元旦创刊至同年 5 月 28 日停刊，共出版 60 期。虽只刊行 5 个月，但在龙川县委直接掌握下，充分发挥了报纸的威力。它对龙川民众抗日救国工作起了思想指导作用，报道了抗战消息，传播了战时文化，加强了民众对"抗战必胜"的信念，让民众叫好、顽固派震惊；它是唤起民众团结抗战，宣传中共抗日路线和政策的舆论阵地，也是揭露国民党顽固派破坏抗日与汉奸卖国的有力武器。

积极配合"东团""中团"在龙川开展活动

一、配合"东团"在龙川开展活动

1938年10月，侵华日军在广东惠阳大亚湾登陆，大举进犯华南地区。数日内，东莞、惠州、博罗、广州等地相继沦陷，东江中下游地区惨遭日军蹂躏和日机狂轰滥炸，千里焦土，哀鸿遍野。广东侨居南洋等地的海外侨胞，尤其是在英（国）荷（兰）两属的"惠州十属"（原惠阳、博罗、河源、龙川、紫金、和平、连平、新丰、海丰、陆丰诸县）侨胞，获悉家乡沦丧，便自觉组成南洋惠侨救乡会，开展募捐筹款以赈济灾民。

东江华侨回乡服务团深入东江地区开展服务活动

同年 12 月，南洋惠侨救乡会与香港的惠阳青年会、海陆丰同乡会、余闲乐社等共议，成立了"东江华侨回乡服务团"（简称"东团"），并在香港设立总团办事处，号召广大华侨（尤其是青年）和港澳同胞，回国服务，共纾国难。"东团"总团团长为叶锋，副团长为刘宣。至 1939 年上半年，"东团"队伍迅速发展，"建立了惠阳、海陆丰、博罗、紫金、河源、龙川、和平七个分团，和东（莞）宝（安）队、增（城）龙（门）队、两才队、文森队、吉隆坡队五个队以及东江流动歌剧团。人数已达到 500 余人"。

在总团领导下，1939 年年初，"东团"龙川分团（第六团）成立。刚成立时称"东团"龙川队，指导员兼领队为徐希哲，队长为邹清容。最初只有几名队员，是从香港回来，由总团派往龙川服务的热血青年，在徐希哲率领下抵龙川县城。徐希哲遵照"东团"团员入团资格，积极在龙川开展建团工作。3 月，队伍速增，遂称"东团"龙川分团。不久，徐希哲离团赴港，由邹清容任团长，副团长为方云生，团员亦由原来的 10 多人增至 35 人。分团团部驻龙川县城，下设民运、宣传、财务三个组。团员分两个队开赴乡村开展工作。一队活动于县城及附近乡村，队长由当地"抗先"队队长张其初兼任；二队活动于鹤市地区，队长由当地"抗先"队队长方云生兼任。4 月，为开辟龙川北部的"东团"工作，龙川分团增加一个队，即第三队（贝岭队），其正、副队长同样分别由当地"抗先"骨干余进文、刘波兼任。与此同时，分团长邹清容调离龙川，改由陈演接任。

龙川分团依据当时东江抗日大后方的形势，确定主要的工作是向民众宣传抗日。工作方式是帮助当地各机关团体组织歌咏班、音乐会，练习有抗战意义的歌曲，提高民众的抗战认识和情绪；协助当地各小学组织儿童团，开办民众夜校；联合各界举行座谈会。实际上，龙川党组织是龙川分团的领导核心。龙川分团所开展的这些工作和各项活动，都是在龙川党组织的积极参与、发动乃至领导下进行的。

在龙川县委支持下，分团与县委宣传部部长魏南金所率的龙川抗先队紧密配合，趁赶集圩日演出活报剧、白话剧（如《放下你的鞭子》《空袭》等），高唱抗日歌曲（如《全国总动员》《义勇军进行曲》《松花江上》《太行山上》《打回老家去》《保卫中华》等）。"东团"贝岭队得到贝岭区区长李敬业支持，在区抗敌后援会会址举办"青年抗日游击训练班"，为期4个月。训练班名义上以"东团"主办，实际是由县委主持与掌握的，余进文、刘波主讲毛泽东论著，后来还在贝岭米坳背继续开展"东团"工作。通过学习和训练，热血青年的抗日热忱被大大激发，党组织从中还吸收了袁秀文、刘继昌、刘少雄、李硕华等入党。

龙川党组织还通过龙川分团开展统战工作。县委通过党员在"东团"的活动与团、队中的核心领导作用，巩固和发展了当地抗日民族统一战线，团结抗日。各队中的党员几乎都是以当地同志为主，他们熟悉本地区情况，每到一乡村或圩镇便有目的地去做那些开明绅士、殷实商贾等的统战工作，争取他们的支持。

龙川分团的活动完全遵循"东团"关于"动员东江民众协助军队及人民武装抗战""辅助民众组织各种救亡团体"的宗旨，利用各种形式与渠道积极宣传抗日救国，为唤醒龙川民众抗日救亡做了大量工作；为巩固与发展抗日民族统一战线，团结抗战，作出不懈努力；为坚持团结，与龙川当局顽固派展开了针锋相对的斗争。龙川分团在客观上为龙川党组织的发展壮大起了积极作用，同时也为党组织培养和造就了一批优秀人才。

二、配合"中团"在龙川开展活动

除了龙川"东团","中团"也在龙川积极开展活动,发挥了重要作用。

中山大学战地服务团(简称"中团")1937年秋于香港成立,是以中山大学学生为主的公开合法的抗日救亡群团组织。团长是定居于香港的中山大学校长邹鲁的夫人梁定慧,她还是同盟会会员,社会关系广,很有号召力。梁女士到越南、南洋等地向侨胞、华人争取到大批款项支援国内抗战,同时还募捐了一大批药物、器材和衣物等运回国内支援前线和赈济灾民。1938年3月,服务团在梁定慧团长的率领下,离港北上郑州、武汉、南昌等地劳军和开展宣传抗日救国活动。

1939年4月,由方少逸率20多名服务团团员从汕头经兴宁抵老隆,开展抗日救亡活动。当时《龙川日报》为此发表社论《欢迎中山大学战地服务团的到来》。由于方少逸跟龙川县委统战部部长张克明同是中山大学的同学、好友,服务团能顺利地在龙川开展工作。

为团结抗日救国和认真贯彻抗日民族统一战线政策,中共龙川县委通过张克明在服务团发展党组织,曾先后吸收方少逸、张修等7人入党,成立中共党支部,书记为张克明。随着业务的扩展,服务团在龙川吸收了一批进步知识青年加入该团工作,团员发展到近50人,团部驻地设在老隆平民医院。

服务团在龙川的活动是在中共龙川县委领导下进行的,利用其公开合法的抗日群团组织,广泛开展抗日救亡和施医赠药活动。当年暑假,服务团组织了一支巡回宣传队,先后到丰稔、十二排、龙母、赤岗、上坪、贝岭、车田、黎咀、黄石、四都、鹤市、通衢、县城等乡村圩镇演讲、演戏、家访,开展抗日宣传活动,同

中山大学战地服务团深入东江地区开展服务活动

时还免费为民众看病施药。他们所到之处食宿自理，无须当地接待；演戏时自己搭台、自置道具，深受群众欢迎；还在鹤市街放映无声电影，其内容是报道日军侵略和飞机轰炸中国大地的实况；其所到之处高唱《长城谣》《义勇军进行曲》等抗日歌曲，大大地激发了民众抗日救国热情。服务团在平民医院设内、外科和施医施药，极受民众欢迎，尤其是一般贫民和妇女，有的走三四十里路来就医。由于服务团带来的药比较先进，当时在国内不易买到，就医的人很多。这个公开的工作给党组织活动带来许多便利。如以看病为名到医院接头联系或商量工作而不被当局顽固派注意或监视，甚至有在医院住上一两个月的。

服务团是公开合法的组织，龙川党组织还利用其信笺盖上公章，此举为掩护党组织开展革命活动提供了便利。在中共龙川县委支持下，1939 年 12 月，服务团在平民医院和老隆师范学校，还先后举办了一期为时 4 个月的"战时救伤班"，以培训抗日战地护伤人员。学员除学习医疗救伤方面的实用知识外，还需要学习政治、抗战科目。县委除派出党员曾炎、陈学源、黄金玲、陈春巧等作为学员，让其起了骨干作用外，还动员一批进步青年参加学习。为统一协调服务团、"东团"龙川分团和龙川抗先队开展抗日救亡宣传教育活动，县委要求加强领导，由张克明统筹兼顾做好这一统战工作。1940年下半年，随着国民党顽固派不断掀起反共逆流，龙川当局多次要求服务团离开龙川。无奈之下，服务团于同年8月被迫离开龙川返回香港。

加强抗日统一战线工作

一、组织龙川妇女促进会

抗日战争时期，龙川妇女促进会是在中共抗日民族统一战线旗帜下成立的公开合法的进步群团组织。其办公地址设在县城百岁街（坊）黄氏大宗祠。1939 年春，由广东省妇女促进会负责人吴菊芳（广东省政府主席李汉魂夫人）委派林毅（中共党员，广州人）来龙川组织成立县妇女促进会。为加强县妇女促进会的领导，龙川县委派出女党员骨干参加促进会的领导机构和基层工作。其机构成员有：总干事林毅，干事张国英（中共党员，鹤市人）、梁女士（中共党员，梅县人）、邬玉珍（鹤市人）、李信娴（黎咀人）、张登英（鹤市人），主任（挂名）梁秋文（龙川县县长邓鸿芹夫人）、副主任（挂名）杨贵娣（广东省教育厅厅长黄麟书夫人）。促进会所需经费由广东省妇女促进会支付和龙川县政府补给。

1939 年至 1940 年间，龙川妇女促进会的主要工作是直接参与"东团"龙川分团的活动，成为分团团员。如陈新兰、叶群、陈春巧、张国英等，还是"东团"开展抗日宣传活动的得力队员。

1941 年，当"东团"龙川分团被迫停止活动后，龙川妇女促进会在县城举办"车衣班"和"制鞋班"。学习培训时间均为 2

个月，每班招收学员三四十人。车衣班主要是缝制军人衣服，制鞋班主要是编织草鞋和纳制布鞋。陈春巧、叶群等是"车衣班"的负责人。学习期间，有关抗日宣传教育和抗战形势等政治思想课程，由林毅、张国英、梁女士、邬玉珍讲授；技术课和车衣缝纫实习，由郑亚标夫人讲授；制鞋课则请黄家祠旁边的鞋店师傅来讲授。她们所缝制的军衣、布鞋、草鞋等物品，均捐赠给前方抗日将士。

此外，县妇女促进会还在县城的东门、西门、雷公坳，登云北山丘屋及车田等地，开办妇女识字班，每班 50 人左右，教认宣传抗日的文字，教唱抗战歌曲，唤醒民众抗日救亡的意识。

1942 年 5 月，中共粤北省委遭破坏，各级党组织停止活动。10 月上旬，总干事林毅、干事梁女士奉命悄然离开龙川。那时，省妇女促进会和龙川当局亦停拨经费，龙川籍的干事辞职，车衣班、制鞋班的人员被遣返原地。至此，龙川妇女促进会自行解体。

二、开展学生运动

1939 年 2 月，中共龙川县党员代表会议选举产生了龙川县委。县委领导成员除书记、组织与宣传部部长外，特增设青运部部长，具体负责领导开展全县青年学生运动工作。在以后的龙川中心县委、中共东江后方特别委员会（简称"后东特委"）后东特委的领导成员中，亦一直设有青运部部长或青委书记的职务，以具体负责领导青年运动工作。而当时的青年运动主要集中在青年学生中，即在全县的中学内进行。

时处抗日烽烟遍及神州大地、中华民族陷于危亡之际，有着革命传统的龙川青年学生，提出"读书不忘抗战，抗战不忘读书"的口号，自觉接受抗战教育与洗礼。在县委青委的直接领导下，他们肩负着贯彻执行中共抗日民族统一战线、协助政府抗战和唤醒龙川民众一致抗日的神圣使命，大力开展各种抗日救亡活动，积极投入到全民抗战的行列中。

县委为了在全县各地开展学生运动，首先在规模与影响较大的中学内吸收先进青年入党，在校内建立基层党组织。如1938年冬，成立中共龙川一中支部。同时，各校为更好地开展学生运动，不断选派学校党员骨干，参加各级党委举办的学习班或训练班，以提高他们的政治素质和工作能力，更好地掌握学生运动的特点和规律，结合各校的实际做好学生运动工作。《龙川日报》创刊后，该报经常报道各中学的学运情况，县委积极发动各校师生广泛订阅报纸，有效地推动了龙川学生运动的开展。

三、依靠学生群众组织开展学生运动

考虑到学生自身的组织，从维护其切身利益出发，更具凝聚力和号召力，各校中共党支部想方设法派出学生党员去担任学生会、膳委会、班会、球队等的领导职务，利用这些组织的正当活动开展学生运动。如曾任一中学生会主席的党员有罗国青、陈学源、刘波、黄克光、张民宪等，骆灿任学生自治会主席。各校学生党员几乎都担任了一定的职务，有的还身兼数职。

一中学生会，负责组织全校学生以班为单位编辑墙报，并出版校刊《川中学生》。这些墙报与校刊，既大力宣传抗日救亡，又讨论全国抗战形势；号召学生谈论国事，摈弃埋头读书，因而对龙川当局禁止学生谈论国事的论调予以有力回击。各校党支部组织学生歌咏队、剧团等，高唱抗日战歌。一中学生自治会还专门组织了抗日宣传队，出发到黎咀、贝岭、细坳等边远山村，以演戏、唱歌、画漫画、写抗日标语等各种形式，广泛宣传抗日救亡。1943年元旦，一中学生会又以"旧壶装新酒"形式，组织国际瑞狮队到县城、老隆等地表演，向民众宣传轴心国德国、意大

利、日本必败，反侵略阵线同盟国必胜的形势。

四、做好统战工作，开展学生运动

为正确贯彻中共抗日民族统一战线方针政策，各校党组织对本校教职员工的政治状况做了一番深入细致的调查研究，主动团结那些开明、进步、爱国的抗日民主人士，尽力争取那些只管埋头教书不问国事的中间人物，发动学生孤立乃至打击那些暗中监视进步学生行动的少数极其顽固的分子。

一中的李永川、方硕梅、杨荣春，隆师的张道隆、叶振汉，金安中学的黄崇礼、张鹤文，二中的钟雄亚等，他们中有教员、教导主任和校长，是中共的同情与支持者，学校党组织主动团结他们，以利于学生运动的开展。一中校长方硕梅，学识渊博，管教学生甚严，很少过问国事，但为人正直。中共一中党组织主动团结他，唤起他的爱国之心，使一中学运得以顺利开展。1941年，金安中学学生党员郑子华，发动全校学生反对校方借实行"省亲周"制度而限制学生开展抗日救亡活动，教导处欲开除郑的学籍；1942年，金安中学学生党员廖裕源，因随身携带中共地下报纸《前进报》，遭教导处查获与审问。对上述两事件，校长黄崇礼均缄默不表态，终不了了之。同时，1945年学生党员郑雪梅在校秘密散发后东特委刊印的《星火报》，亦遭教导处怀疑与监视，而校长张鹤文对此既不干预亦不作处理，因而《星火报》在该校发行量大增，学生关心国事的气氛日趋浓烈。

龙川学生的抗日救亡爱国运动，在地方各级党组织的直接领导或具体指导下，不但在中学蓬勃开展，在不少小学亦不例外。那时许多小学教员都是以教员身份作掩护的中共地下党员，甚至是各级党组织的领导人。老隆水贝的文昌小学、莲塘小学和涧步的涧洞小学，四甲的亨田第二中心小学，龙母的大塘小学和育英小学等，都是中共各级党组织开展抗日救亡活动的重要据点。当时的高级小学学生年龄较大，多属青年学生，从中还发展了一批党员，成立了党支部。他们深入乡村农舍，在党员教师领导下，开展各种抗日救亡活动，为唤醒民众起来一致抗日救亡，起了积极推动作用。

五、组建老隆工业生产（印刷）合作社

1938 年，中国工业合作协会（简称"工合"）于抗日战争烽火中诞生。抗日战争中期，由于国民党顽固派推行消极抗日方针，大片河山被侵华日军占领。当时组织"工合"的目的，是为拯救从沦陷区逃出来的难民，在合作基础上把他们组织起来进行生产自救。后来则逐步形成由工人参加、认购股金、向上级"工合"借贷的工业生产合作社，经理及管理人员等均由社员选举产生。由于"工合"在国内取得公开合法地位且得到国民政府部分经费的支持，中国共产党极力赞成这一新生事物，尤其在国统区更是加以扶植与发展，如此有利于党组织在白区进行革命活动与斗争。

1940 年上半年，为开展白区革命斗争，中共东江特委组建老隆工业生产（印刷）合作社（简称老隆"工合"），并在老隆上街尾的一间小铺店前挂上"中国工业合作协会老隆印刷生产合作社"招牌，正式宣告老隆"工合"诞生。它是中共东江特委直接领导与经营的企业，1941 年 2 月始，归属中共后东特委领导。

老隆"工合"是掩护中共党组织开展革命活动的重要据点，是一面插在白区的红旗。由于老隆"工合"执行后东特委的隐蔽活动方针——"广交朋友（指广泛开展、做好统战工作），保全据点，长期埋伏，积蓄力量；善于保存自己而不露面，隐蔽与公开相结合；表面是商号，实则党的秘密活动联络据点"，为此，后东特委及其所属各级党组织领导人，如梁威林、钟俊贤、郑群、

饶璜湘、张华基等，常来老隆"工合"联系与指导各地工作。大凡来往老隆与特委联系的工作者，都在"工合"膳宿转道，此处可谓党组织的往来接待转运站。与此同时，"工合"还是党组织的交通联络站。凡交通员送来上级文件、情报或基层的情况反映等，都经"工合"门市或印刷社代收与转交。老交通员钟友林自"工合"建立始，转送与传递文件、信函、上级指令等不计其数，做到即来即转即送即告，切实保守好党的秘密与安全。此外，各级党组织的不少文件、宣传品等，都由"工合"免费印刷。如1943年秋，老隆"工合"为后东特委印了一批《海陆丰革命文献资料》；1944年春节，印刷了一大批宣传品《告东江人民书》。为防特务突然窜来搜查，付梓前，厂房附近都布上几重暗哨，落实好各种缜密应急措施，并采取边排版、边印刷、边拆版的办法，使之找不出破绽。除秘密印刷党的文件、资料外，老隆"工合"还承接印刷了不少进步刊物，如龙川一中的《川中学生》，老隆师范的《隆师学生》，五华党组织的报刊《华声》《新生》《拓荒》等。五华皇华中学、河源船塘中学等校的进步刊物也是"工合"印刷的。老隆"工合"还给后来中共地下党主办的《燎原报》《星火报》解决了油墨、纸张等不少困难。

老隆"工合"遵照后东特委指示，在公开业务活动中广交朋友，做好统战工作，便于党组织开展革命活动。由于"工合"的生产与销售业务范围大、牵涉面广，承接县内外大小单位或个人等各式各样的印件，从而既要应付国民党官方机构中的上层人物和中下级职员，也要对接社会各阶层进步人士和商号。在业务交往中多给对方一些好处或小惠，既可与其多做生意，又对开展统战工作和掩护党组织活动大有裨益。如经理黄耀伦通过业务交往与老隆中国银行行长及会计王定而等职员日渐熟悉。由于黄耀伦与广东省中国银行常有业务往来，接触较多，王定而给黄耀伦透露："你少与省银行那个姓李的往来，他不是好人。"后经了解，那个姓李的确是一名特务。为建立广泛的抗日民族统一战线，逢年过节"工合"都给老关系户和友好人士贺礼道喜。如住"工合"厂房后侧农舍的刘保长，思想较进步，大小节日与之礼尚往来，因而他对厂方亦很友善。抗日后期当地政府多次追抓壮丁，但刘保长都未把厂里的青工列入抓丁对象；老隆警察所常借故来"工合"查户口，搞突然袭击，刘保长获悉都能主动事先告知厂方，从而使往来于"工合"的中共人员得以及时隐蔽或躲避，免遭损失。所有这些都与平常深入做好抗日民族统一战线工作不无关系。

六、成立龙川县抗日自卫大队第一中队

1944 年，随着世界反法西斯战争形势迅猛发展，日本在太平洋战争的败局已定，面临其最后覆灭的命运。侵华日军在处境愈加困难的情况下，为援救其入侵南洋诸地的日军，决定在中国战场上，打通平汉、粤汉与湘桂铁路交通线，以连接通往东南亚的大陆交通。为此，从 4 月起，日军向上述铁路沿线的鄂、湘、桂、粤等省区发起新的战略性进攻。同年秋，日军打通了粤汉铁路交通线，韶关沦陷。与此同时，日军占领广东沿海地区，整个广东面临全面沦陷的危险。

韶关沦陷后，广东省政府搬迁至龙川，分驻县城、老隆、黎咀。与此同时，日军亦重兵集结于惠州，准备随时向东江上游进发。由于龙川是当时东江抗日的大后方，既无国民党战区正规军队驻防，也缺较强的地方武装队伍，以致急煞了国民党龙川当局。是时仍处于单线联系秘密状态下的后东特委与龙川党组织，在这危难之时，通过中共地下党员区长黄用舒的公开合法身份和社会关系，广泛开展抗日民族统一战线工作，积极协助国民党龙川当

局做好保卫家乡的应急事项。其时，当务之急是招兵买马，组建龙川抗日后备大队，同时要在一区建立一个中队以解燃眉之急。

黄用舒接受任务后，立即与一区中共党员黄居秋、刘振光、黄仕标、黄克强、蓝展等磋商，一致认为利用这合法时机建立一支由中共秘密掌握的抗日武装，既能公开广泛动员民众抗日，又有利于掩护党的地下活动，遂决定由黄用舒向龙川当局推荐黄克强任中队长。经批准后，黄用舒主持研究了建队方案：一是确定了小队长；二是在中队里建立党小组；三是队员以原莲塘乡各村的抗日自卫队员为基础，公开广泛动员进步青年参军。经 20 多天的宣传发动，一区中队组建任务终告完成。

1945 年春，经国民党龙川当局批准，在老隆区区长黄用舒主持下，正式成立了龙川县抗日自卫大队第一中队，中队部驻地在莲塘乡鲤仔塘村蓝氏宗祠。委任黄克强为中队长，曹超平（中共地下党员，和平县人）为特务长，黄水秀为传令兵；第一小队队长为黄万兴，第二小队队长为殷培祈，第三小队队长为黄立旺；全队共 64 人。在装备方面，由龙川当局配发"七九"式步枪 50 支，驳壳短枪 3 支，每人发军服 2 套、军笠 1 顶，并佩戴胸章。经费和粮食等均由龙川县政府拨给。

秘密组织文化名人老隆大营救活动

1941年1月"皖南事变"后，国民党顽固派对文化界知名人士和爱国民主人士的迫害进一步加剧。许多著名作家、学者、戏剧家、音乐家、美术家和其他各界爱国民主人士等，在内地不能立足，先后从昆明、重庆、上海等地辗转到香港。12月8日，日本侵略军偷袭美国太平洋海军基地珍珠港，太平洋战争爆发。12月12日，香港九龙沦陷。25日，香港当局向日军扯白旗投降。香港沦陷后，日军、汉奸、特务异常猖獗，到处搜查抗日进步文化人士和各界爱国民主人士，他们的安全时刻受到日军威胁，处于危险之中。

早在同年12月9日，中共中央南方局和周恩来急电八路军驻香港办事处、东江抗日游击队，要求其坚决执行中共中央指示，不惜任何代价，不怕牺牲，积极营救滞留在港九地区的各界知名人士和国际友人。12月下旬，八路军驻香港办事处负责人廖承志、连贯和中共南方工作委员会副书记张文彬、粤南省委书记梁广、广东军政委员会书记尹林平，立即部署营救工作，想尽一切办法将他们抢救出来并转移到后方安全地带。几人决定趁日军立足未稳，且对香港情况还不甚熟悉以及大批难民逃离香港之机，以最快速度帮助滞港人士迅速转移，分水陆两路同时出港，并制定具体撤退香港线路：其一，取道五邑，从香港以西的澳门、中山、台山、江门等地撤离；其二，从九龙北上，走陆路抵港九游击区再到惠（阳）东（莞）宝（安）根据地；其三，从香港坐船出海经大鹏湾撤离到惠阳、海陆丰根据地。其中一线和三线走水路，坐船从海上撤离，方便携带家眷的名人转移，但风险较大。二线走陆路，虽然长途跋涉，翻山越岭，但安全性较高。

制定好路线后，转移名人的具体周密部署是：先设法与文化、民主人士取得联系后，撤退营送工作分水陆两路同时进行。除少数人取道五邑、广州的西线撤离外，大部分秘密护送到港九游击基地，再转移到惠（阳）东（莞）宝（安）根据地，最后护送到大后方。

从九龙到惠州的安全护送工作，由广东人民抗日游击总队（东江纵队前身）负责；从惠州到老隆的安全护送工作，由中共东江前线特别委员会（简称"前东特委"）负责；从老隆到韶关的安全护送工作，由后东特委负责；到韶关后，则由粤北省委和乔冠华具体安排他们转移到桂林、武汉或苏北抗日根据地。当时老隆成为营救与护送文化精英脱险的重要转运站。

大营救的主要组织者廖承志

　　1941 年除夕，第一批文化名人茅盾夫妇、廖沫沙、韩幽桐等抵惠州。他们打扮成从香港逃难来的"阔佬"。此后，陆续有大批人员到来，紧接着他们从惠州经东江水路被护送到老隆。文化人士抵老隆后，在八路军驻香港办事处负责人连贯的直接领导下，具体部署与安排营送工作：一线是老隆—兴梅—大埔—闽西南，胡一声（驻兴梅）负责沿途随行等工作；另一线是老隆—曲江（韶关）—衡阳—桂林（后往重庆），由乔冠华（驻韶关）运筹安排。两线均由连贯（驻老隆）负总责。因此，老隆成为至关重要的联络接送转运站。在后东特委直接领导下，龙川党组织竭尽全力协助连贯等认真做好营送工作。抵老隆的文化人士和爱国民主人士，有的经兴梅、大埔转闽西南，有的因其身份过于暴露而暂时留下隐蔽，后再转送，但多数人则由老隆经韶关到桂林。

　　老隆至韶关这一线，主要是利用抗日民族统一战线原则，以"争取中间势力"为目的而建立起来的商行所发展的社会关系，秘密组织掩护而完成接送任务。具体运作是：通过商行在老隆设立的办事处，以接待其香港股东逃难家属的公开名义，把文化人士和爱国民主人士接到预设的旅店（在谷行街）和招待所里。老隆福建会馆以及旁边的"义孚行"和河唇街的"侨兴行"，既是办事处又是营送联络点，连贯常住那里。特别是"侨兴行"，在粤、桂、湘等省均有其办事处或商号，且自身有汽车往返于桂林、韶关、老隆、梅县之间，为疏散护送文化精英和爱国民主人士提供了各种便利条件。

　　中共龙川党组织还利用国民党顽军、税警人员之贪婪，常施点小惠于他们，使"侨兴行"的汽车沿途过关穿卡少有盘查，能在其眼皮底下顺当溜过去。当时韶关为广东省临时省会，再通过国民党左派民主人士李章达、许崇清等协助，抵韶关的文化人士和爱国民主人士之安全进一步得到保障。

文化界著名人士邹韬奋、茅盾等，当撤到东江游击区时，为安全计，暂在惠东宝地区隐蔽了一段时间，至 1942 年 4 月间才抵老隆。与邹韬奋及其家人同船到达的还有张铁生等。老隆地处东江抗日大后方，为粤东水陆交通枢纽，商业繁盛，战略地位十分重要。老隆镇内军警密布，关卡林立，特务常出没于茶楼、酒肆、旅馆之间，并以所谓"防止特务混入内地"为名，设立"港九难侨登记处"，一面审查从港九回来的人员，一面增添、加强水陆关卡检查的特务。邹韬奋离港时打扮成商人模样，当他抵达老隆后，国民党当局派出特务四处搜捕，"并扬言'一经发现，就地惩办'"。连贯知"国民党已在沿途各关卡挂有邹的相片，要抓他"，便与邹韬奋商量，说明目下不能贸然去桂林，劝他暂在广东隐蔽，而家属子女等可设法转移到桂林郊区。征得邹韬奋同意，连贯决定派人送他到梅县南部一偏僻山乡江头村，在"侨兴行"经理陈炳传家隐蔽下来。邹韬奋在陈家化名李尚清（难侨证的名字），是以某商行股东的身份及因病在曲江经不起日军飞机轰炸而来乡间休养的名义出现。为安全起见，从老隆启程时，连贯的女儿与负责这一地区的交通联络员郑展对接，两人以表兄妹的身份护送"港商李尚清"到梅县山村去避难。1942 年 9 月上旬，乔冠华从曲江电示胡一声：国民党当局已获悉邹韬奋在梅县山村，并派出特务去兴梅一带搜捕，故邹须立即撤离到韶关，再转送安全地带。9 月 25 日，邹韬奋由胡一声、郑展护送，乘货车到老隆。复经龙川党组织缜密筹划，秘密护送他安全抵韶关。尔后，转送往苏北抗日根据地。

茅盾夫妇及张铁生等这批文化人士抵老隆时人数更多，为安全起见，于惠州专门租了一条船，从船长到水手都是中共地下党人士和进步人士。抵达老隆后，后东特委指示龙川党组织务必做好安全防范工作。稍事休顿后，党组织设法护送这批文化人士先后乘"侨兴行"的汽车抵达韶关。

香港文化名人大营救中转站——老隆福建会馆

此外，著名爱国民主人士何香凝、柳亚子，以及柳亚子女儿柳无垢、廖承志妻（经普椿）儿等，他们离港时混杂在难民中，乘机坐帆船到海丰。国民党中央委员罗翼群获悉，亲自驱车到海丰迎接。柳亚子当时是国民党匪特"就地格杀"的对象之一，他装扮成一个大客商黄某而未被特务认出。柳亚子父女及廖承志妻儿等则由党组织几经周折，从海丰经兴宁、五华才抵达老隆"侨兴行"。经周密部署，柳亚子父女俩被护送往兴宁山村石马乡一中共地下党人家中暂住。隐蔽一段时间后，复抵达老隆，才转送至桂林。

龙川党组织认真贯彻执行抗日民族统一战线政策，在后东特委直接领导和连贯的具体指导下，积极做好著名文化人士和知名爱国民主人士经老隆往韶关的营送工作。在具体工作中，主要通过时任第一区（老隆）区长兼老隆电话所所长的中共地下党员黄用舒的内部关系，积极做好统战工作，使抵达老隆的文化人士和爱国民主人士，能安全方便地住入预先准备好膳宿的"义孚行"等旅馆；又斥资从国民党"惠龙师管区司令部"买来几百张"难民证"，送给这批爱国民主人士和文化精英。

据不完全统计，经老隆护送至韶关的有300多人。其中包括：何香凝、柳亚子、李佰球、陈汝棠、邓文钊、邹韬奋、茅盾、夏衍、张铁生、张友渔、胡绳、千家驹、蔡楚生、乔冠华、廖承志、廖沫沙、胡风、丁聪、陈策和第七战区司令长官余汉谋夫人上官贤德等50多人。他们有了这张"护身符"（难民证），龙川党组织利用"侨兴行"驻老隆办事处的汽车，沿途顺利地通过国民党中统特务（从老隆至韶关）所设的4个运输检查站，安全抵达曲江，并为他们以后在国统区的行动提供了方便。1942年5月，中共粤北省委被破坏后，廖承志在广东乐昌被捕。敌特抓住在廖身上搜出的那张盖有龙川县第一区署、区长之大、小印章的"通行证"，如获至宝。国民党广东省政府密令龙川当局追查此事。在后东特委具体指导下，龙川党组织认真做好各有关方面的统战工作，使龙川当局对黄用舒的追查不了了之。

至1942年冬，这次秘密营送民主人士、文化精英脱险的大行动，赢得了各阶层人士的高度赞扬，密切了中共与知识分子、文化人士和民主人士的关系，对促进抗日民族统一战线的巩固与发展起了重要作用。

在抗日战争中，中共龙川党组织经历了重建和"粤北事件"后停止组织活动的艰难曲折历程和复杂斗争的考验，成为龙川抗日救亡运动的领导核心。至抗战胜利时，党员人数发展到320多人，在县境内成立了县委、中心县委及后东特委，建立了东江华侨回乡服务团龙川分团、"抗先"龙川县队、妇女促进会等各公开合法的群团组织。龙川抗先队和"东团"龙川分团、中山大学战地服务团等,在县内大力开展抗日救亡宣传活动,唤醒了民众,坚定了民众对抗日战争必胜的信心,成为掀起全县抗日救亡运动高潮的主力军,为龙川党组织的发展和开展抗日救亡运动打下了牢固基础。龙川党组织还积极支持和配合"东江人民抗日武装自卫总队"(隶属东江纵队)开展对敌斗争,为广东人民抗日游击队东江纵队输送了一批干部和兵员。在抗日战争中发展起来的龙川党组织,成为解放战争时期恢复武装斗争、建立游击根据地的坚强力量。

4

第四章

解放战争时期龙川游击区的建立与武装斗争

　　1945 年，在取得全面抗日战争胜利后，国共两党在重庆签订"双十协定"，但和平的曙光只维持不到一年，全面内战再次爆发，龙川民众在党的领导下，又一次投入到轰轰烈烈的解放战争。1946 年 1 月，中共川南县工作委员会成立。次年 2 月始，在中共九连区工委的领导下，龙川境内先后建立了中共川南、川中、川北工作委员会及其武装部队，带领龙川人民开展反"三征"、破仓分粮和游击武装斗争，游击武装活动形成燎原之势，遍布全县各区乡。1949 年春，在九连地区取得"五战五捷"的大好形势下，国民党驻军和当局地方武装开始动摇。4 月 13 日，东二支队部分主力开赴车田，国民党车田乡公所与自卫队 60 人携枪起义，车田地区率先获得解放。5 月 14 日，国民党广东省保安十三团团长曾天节率领全团官兵起义，和平解放了龙川县城（佗城）并配合东二支队主力团一举攻克老隆，龙川宣告解放，成为广东省最早解放的县。三年多的解放战争期间，优秀的龙川人民子弟兵在党的领导下，舍生忘死，英勇战斗，谱写了许许多多可歌可泣的英雄赞歌，据统计，在英勇的解放战争中，共有200多名龙川战士在战斗中光荣牺牲。

恢复川南工委

1945 年 6 月，在五华岐岭皇华中学以教师身份作掩护的党员骨干郑强民，遵照后东特委特派员的指示，提前完成其所任学科的考试，与同在皇华中学任教的郑行一起，率郑伯驹、郑平、郑梅、郑波、戴玉环，扮作青年学生模样，前往博罗罗浮山东江纵队总部。

郑强民 7 人抵达东江纵队总部后，参加了第七期的青干班学习。学习期间先后恢复了郑强民、郑行、郑伯驹、郑平、郑梅等的党组织关系，而郑波、戴玉环亦先后入党。抗日战争胜利后，青干班学员分赴各地，郑强民被派回后东特委来到该机关驻地河源黄村文秀塘。

1945 年 8 月，后东特委任命郑强民为龙川鹤市区特派员。郑的主要任务是恢复和发展党组织，组建武工队，开展武装斗争。为便于工作起见，钟俊贤指示应先恢复黄民、黄素的组织生活。为此，郑强民回龙川后成立了郑强民、黄民、黄素三人领导小组，郑强民任组长。与此同时，郑强民重返皇华中学任教，以教书职业为掩护秘密开展恢复和发展党组织工作。他先后恢复了郑忠、叶春标、陈杰、黄忠杰、黄文生、廖裕元、陈友兴等人的组织生活，并吸收了郑板、郑绍、黄伟、黄凌等人入党。

1946 年元旦，依照后东特委的指示成立中共川南县工作委员（简称"川南县工委"），书记为郑强民，组织委员为黄素，宣传委员为黄民。与此同时，分别在郑强民家、黄民家设立了川南县工委的主要联络点。县工委领导人工作的基本分工是：郑强民负责全面工作，并负责登云、新圩、北山、茅畲、老隆师范、金安中学等地的党组织，黄素负责通衢、雅寄、金鱼等地的党组织，黄民负责旺宜塘、田心屯、新径、合路口、老隆、莲塘、涧洞、佗城、四甲等地的党组织。

川南游击活动据点之一——合路口黄屋

川南县工委成立后，认真开展各方面工作：

一、恢复发展党组织，建立党的生活制度

各地经恢复与建立的党支部有登云、广福、新圩、北山、雅寄、新径、良合、老隆师范、金安中学等。同时接受并领导由余进文恢复的莲塘、四甲、涧洞等党支部，所辖党员达 100 余人。县工委指导各支部对党员进行政治思想与当前形势和任务的教育，主要通过组织学习党的文件和报刊。如毛泽东的《论联合政府》，后东特委的《星火报》，香港的《华商报》与《生活杂志》等。

二、积极开展对群众的宣传教育工作

县工委向人民群众广泛宣传，在抗战胜利后，蒋介石集团实行独裁专制，揭露国民党集团发动全面内战的阴谋；在街圩、农村与学校，张贴和散发《星火报》、传单及其他宣传品；组织学生党员出版以"反内战、争民主、要和平"为主要内容的墙报。

三、组建一支地下民兵队伍

原定筹建一支地下武装到茅畲建立武装据点，因枪支问题难以解决，便成立了一支由郑观新、郑锦涛领导的数十人的地下民兵队伍。

四、选送党员骨干参加后东特委的党训班

县工委派黄素、郑忠、郑板、郑绍、黄克、黄文生等10多人到河源龙潭参加后东特委党训班的学习，为日后川南地区开展革命斗争准备干部。

五、掩护后东特委领导和东江纵队人员

由于国民党广东省当局向罗浮山和后东游击区"大扫荡"，特委领导人和东江纵队部分人员分散到川南地区隐蔽与活动。梁威林住郑强民家以治病为掩护；东江纵队人员郑平、郑梅、郑波、彭仪、吴舒华等，均由川南县工委妥善安排使之不易暴露。

六、协助东江纵队第三支队短枪队开展经济斗争

由陈丙率领的短枪队在县工委领导的大力协助下，提供情报，选择地点与进击路线。如在老隆至岐岭公路的大坪地段，截获官僚资本家汽车，缴现钞、财物一批。

七、开展统战工作，团结一切可以团结的力量

郑竹轩、叶泮芳、黄雨生、张鹤文、黄崇礼、刘承尧等人，都是对川南地区有较大影响的乡绅、头面人物或教坛耆宿。县工委认真贯彻统战政策，使他们认清形势，反对内战，拥护和平民主，为县工委开展地下革命斗争起到应有的作用。

八、跟国民党特务组织进行针锋相对的斗争

国民党特务组织"蓝衣党"在鹤市建立了活动中心，在各地还成立了"福利社""互励社""自立社"等外围组织，经常四出活动以张贴极左标语，混淆视听和刺探县工委活动情报等。为此，县工委采取针锋相对的斗争策略，如加强秘密监视特务头子的活动，派党员陈友兴、黄伟、黄凌、曾自光等打进该组织内，了解其活动情况等。

1946年5月，后东特委通知郑强民、吴舒华、彭仪、叶春等几个已暴露身份的党员，与东江纵队主力一起北撤。为此，县工委在新圩通德小学召开会议，部署北撤后留守地方的党员如何开展工作等。会议决定由黄民接任川南县工委书记，黄素为委员。7月，因皇华中学发生个别党员教师被捕的事件，后东特委通知以教师身份为掩护的黄民离校赴广州复学（国民大学），川南县工委书记由黄素接任。尔后，川南党组织成立新的领导机构。

川中川南游击区的建立与武装斗争

1946 年 8 月间，川南县工委书记黄素到五华岐岭三磊齐小学，听后东特委特派员钟俊贤（化名张达）传达东江纵队北撤后的东江地区形势与任务。主要任务为反内战，争取和平民主，严防敌特破坏，开展隐蔽斗争。钟俊贤指示：随着形势发展和出于革命斗争的需要，龙川党组织要全面恢复起来，并成立一个统一领导机构，名称为"中共龙川县临时工作委员会"（简称"县临工委"）；任命黄素任县临工委书记，组织委员为叶春标，宣传委员为刘平（刘振光）。

根据后东特委特派员指示，8 月下旬，黄素与叶春标在老隆涧洞刘平家召开会议，传达后东特委特派员指示，成立县临工委和研究部署恢复全县各地党组织。同时会议决定：第一，成立老隆区委。书记刘平（兼）（后黄居秋），组织委员曾仁德、宣传委员黄太牟、交通员叶亮。第二，成立鹤市中心支部。正、副书记分别由黄素、叶春标兼任，委员有郑忠、郑板、廖武。第三，县临工委成员工作分工。黄素负责全面工作，并联系上级和川北党组织；叶春标负责联系鹤市区（含金安中学）党组织，刘平负责老隆地区（含龙川一中和老隆师范）党组织。第四，县临工委机关驻地，定在黄素、叶春标两人任教的通衢梅城小学。

9 月，黄素怀揣钟俊贤的信到龙母永和魏秋环家里，传达后东特委特派员指示精神并率先恢复了魏秋环的组织生活。同时与魏秋环研究决定，黎咀以上的川北地区党员，由魏秋环负责恢复他们的组织生活；茅畲地方的党员经魏秋环介绍，由黄素负责去恢复组织生活。从而在川中地区建立了两个支部，一是永和支部，书记魏秋环（后魏庆昌），二是茅畲支部，书记曾观月。

11月，中共广东区党委作出恢复广东武装斗争的决定，并提出："不违反长远打算，实行'小搞'，准备'大搞'的方针。"号召各地在原北撤时留下的武装队伍基础上，组织游击队、武工组，分散活动，广泛建立山区游击据点。

1946年12月下旬，后东特委特派员钟俊贤指示莲塘乡党员黄仕标组建莲塘武工队，开展武装斗争活动。1947年5月，在莲塘武工队基础上，江明队成立了，队长黄仕标（化名黄锐），副队长黄克强，指导员欧阳梧。全队有武装人员120多人，分设三个小队，小队长为田青、蓝天、骆力，活动于佗城、老隆、四都、义都及河源、和平边境一带，隶属河西分工委领导。

1946年7月，川中地区成立东江人民抗征队新生队，特派员张其初（化名李昌），队长吴海棠，指导员魏秋环，副指导员魏斯达，辖两个小队，队长为陈小明、黄辉。随着武装队伍不断发展壮大，至同年12月扩编为东江人民抗征队新生大队，大队长张其初，下辖陈小明中队，队长陈小明；杨群中队，队长杨群；黄辉中队，队长黄辉；唐基球小队，队长唐基球；唐利小队，队长唐利。新生大队主要以茅畲、石福为根据地，活动于丰稔、十二排、登云、华新、锦归等地，隶属于河东分工委领导。

1947年7月，随东江纵队北撤的魏洪涛，奉命回九连地区开展武装斗争。遵照中共九连工委指示，11月成立了川中工委，书记魏洪涛、郑忠（后），委员曾毅夫、魏斯达、魏煌（后）。同时成立川中大队，大队长兼政委为魏洪涛。

在此前后，川中地区已建立的游击武装队伍主要有：川中人民义勇队（河南队），队长魏强，指导员刘波（兴宁人）；李青小队，队长李青；李一平小队，队长李一平；李英小队，队长李英；铁群武工队，队长曾炎，指导员曾毅夫；广州队，队长吴海棠，指导员刘云，副队长黄作彬；山西队，队长黄文强；袁达亚武工队，队长袁达亚（后叛变）；魏煌武工队，队长魏煌。以上队伍均隶属于川中工委领导。川中大队主要以牙沙嶂、东水嶂为根据地，活动于四都、黄石、黎咀、赤岗、铁场、石坑及和平的东水等地。

川中游击根据地之一——茅峯（南粤庵寺）

自九连地区恢复武装斗争后，中共九连工委领导武装斗争队伍沉重打击了国民党地方顽固势力，动摇了其地方的基层统治基础。为此，国民党广东当局以保安第五总队、第八总队纠集各县警队及联防武装 3 000 多人，从 1947 年 7 月至 10 月对九连地区发动了两次大规模的"进剿"。九连工委机关从和平青州撤至河源上莞。8 月 30 日，敌 500 余人分两路进攻上莞。为牵制敌人兵力以减轻上莞的压力，九连工委采取"围魏救赵"战略。九连工委决定派江明队黄仕标率一精干武工队，插入佗城、老隆外围的莲塘乡、义都乡以骚扰敌军，打击敌人。9 月 5 日夜，武工队抵莲塘交通站，分析敌情制订行动方案。武工队决定凌晨 2 点分别进攻老隆、佗城，先剪断电话线，后进城散发《人民报》（九连工委机关报）、贴标语和给敌人发警告信；号召人民群众起来反"三征"，警告顽固派弃暗投明，以至一夜间县城、老隆的大街小巷都有游击队传单，一时闹得满城风雨，龙川当局急下令戒严。9 月中旬，江明队又袭击和平东水警察中队，以诱敌出笼，闪击敌人，缴获机枪一挺。9 月底，江明队夜袭义都乡联防队；10 月 10 日又夜袭莲塘乡公所，并在老隆渡口山上，用机枪扫射驻老隆寨顶保安第五总队。由于老隆守敌告急，敌人便立即撤离上莞等地回师老隆，从而解除了敌人对河西游击区的威胁。

1948 年春，龙川县警中队、省保安第五团一个连及乡联防队共 300 余敌，联合"扫荡"龙川与和平边境的莲塘、郎仑游击区。黄仕标获悉，立即指挥江明队与宋洞、热水一带民兵进行阻击，迅速占据炮楼伏击敌人。经一个多小时的激战，因寡不敌众，后撤出炮楼。敌人进村后，烧农会会址、抢禽畜、夺耕牛、掠衣物等。敌人撤走村口时，遭到黄克强率领的江明队及民兵的伏击，遂狼狈逃往义都街。后经江明队几个夜晚的骚扰，敌只好退回老隆固守。

1948 年冬，为保卫河西游击区土改分田运动顺利进行，江明队兵分几路挺进东江河畔骚扰牵制敌人。东岳队插进东水至老隆河段，南岳队开到南山、枫深、佳派、柳城一带，北岳队在义都、莲塘等地。同时，武工队在东江河边的"伯公娶伯婆"处设税站收税。站长殷培祈率队下山给江明队送款时，遭遇龙川自卫总队队长黄道仁所率的百余人枪敌军。狭路相逢，为掩护武工队撤退，殷跳入江中以吸引敌人火力，被捕后于老隆惨遭杀害。由于四处都有游击武装的活动，老隆守敌不敢轻易出动，这有效地保卫了河西一带游击根据地顺利进行土地改革。

随着武装斗争的发展，1947 年 12 月，新生队扩编为新生大队，以茅畲、石福为游击根据地，积极向周边地区扩展，开展武装斗争。首先展开政治攻势，分化瓦解敌人，经争取教育后，要求他们能掩护游击武装队伍。如丰稔、小庙、礼堂等地的自卫队长，经写信劝降后，不与游击队为敌，给游击活动以安全和方便。对逃亡城镇的大财主，写信劝其回家，宣传党的政策，决不伤害他们。因此丰稔、十二排、礼堂、龙母、登云等地的不少财主都相继回家，并在经济和粮食方面给游击队以支持。对反共顽固分子给予警告，提出"人不犯我，我不犯人；人若犯我，我必犯人"。龙川县长黄学森、县书记长黄继梅都是登云人，他们害怕自家房屋被游击队烧掉，故始终不敢实施烧毁登云地区游击队家属房屋的行动。

1947 年 12 月，新生大队大队长张其初率 30 多名队员埋伏在十二排青龙岩地段的公路山上，伏击由铁场往老隆的县自卫总队一个分队，缴获步枪 12 支；陈小明、杨群中队部分队员，化装成赶集村民，分别袭击丰稔、十二排乡公所及丰稔粮仓，缴步枪 2支、电话机 2 部、子弹一批，并将粮食分给贫苦农民；黄道仁、邹岳、谢洪恩、叶国华率龙川县自卫总队及县警队 400 多人"围剿"茅畲、石福游击根据地。新生大队 100 多人与两地民兵一起，在茅畲南粤嶂与敌人激战一天。敌惧夜战，不敢恋战，无奈撤退。

新生大队建立后不久，便设立流动税站。武工队不定期地在兴龙公路线上的秦岭与蓝关收税。老隆汽车商家同意以黄金作税款缴纳给游击队，同时还给部队解决了不少药品、布匹和生活用品的需求。与此同时，派出武工队破坏敌人交通线。凡经过游击区的电话线，均断断续续地给予剪掉，公路桥梁放火烧坏。如烧毁登云渔仔渡大桥（100 多米），剪断老隆至丰稔、十二排、铁场、龙母一带的电话线。此外，新生大队还针锋相对与敌开展反"三征"斗争，并取得丰硕战果，保护了农民利益。

1948 年春，龙川县警大队对川中游击区进行"围剿"，一些反革命分子乘机猖獗活动。如附城岭西保长勾结县警杀害武工队队员。为惩治反革命分子，武工队队员化装成县警大队队员，直奔该保长家，将其逮捕，就地处决，并以川中大队长魏洪涛的名义出布告，公布其罪行。此外，对岭西特务分子、横坑乡的顽固派乡长、白石村的顽固大财主等，亦相继给予应有的惩处，从而有效地打击了反革命嚣张气焰。

自九连地区恢复武装斗争后，川中游击武装队伍与敌人展开针锋相对的斗争。至 1948 年春夏间，在川中及龙（川）和（平）边境进行了茅畲石福战斗、牙沙嶂战斗、增江布伏击战等较大的战斗 10 多次。其间还成功改编了以吴海棠、柳定华为首的"维护社"50 多人枪，为牵制国民党龙川当局的地方兵力，扩大游击武装的政治影响作出了应有贡献。

川北游击区的建立与武装斗争

1947 年 5 月，中共九连工委指示骆仰文回川北地区开展武装斗争活动，建立川北游击区，组建武工队。7 月，九连工委举办军政干部训练班，以培训干部领导武装斗争。朱文和、彭万钦、李一平等进步青年参加学习。同月，魏南金率陈苏中队开赴川北地区，先后到细坳、贝岭、黄埔、车田、五顶等地活动。部队袭击了细坳乡公所，收缴了一批武器弹药，随后转移到黄埔、再头，迎头痛击跟踪的龙川自卫总队。尔后，又到车田、五顶乡村宣传反"三征"和减租减息，发动群众开展武装斗争。

1947 年 8 月，九连工委决定成立川北工委，书记骆仰文，委员朱田光，负责领导川北武装斗争和地方党的工作。同时建立了龙川民众自卫队，队长为骆仰文（化名骆骁），教导员为朱田光。至 1948 年 4 月，川北游击区武装队伍发展到 400 多人。先后建立的游击武装主要有：黄伟枝中队，队长黄伟枝、杨荣烈（后），指导员魏秋环；曾金中队，指导员彭万钦，副队长曾金；飞虎中队，队长彭思登，指导员邓镇邦；飞龙中队，指导员刘云，副队长杨学赞（飞虎、飞龙中队均活动于黎咀、车田、黄石边境）；骆平武工队，队长骆平，活动在沿东江上游山区，进行收税筹粮，为游击区提供经济给养；黄丙独立小队，小队长黄丙，活动于五合一带；陈卢独立小队，小队长陈卢，活动于五顶乡一带；刘驳平武工组，组长刘驳平，活动于贝岭地区。

1947年冬，川北地区游击武装活动蓬勃开展，震惊了国民党龙川当局。县长朱华亲率县警大队及地方自卫队近200人，"进剿"驻五顶山区的游击队。朱华先以拜祖联宗叙家谱为手段，欺骗拉拢当地朱姓部分群众，引诱游击队下山。朱文和队选派一个精干班人马，夜半袭击朱华驻地，使其茫然失措，彻夜不宁，第二天朱华只好率队悻悻地撤走。经此考验，游击队得以进一步巩固。

1948年3月上旬，根据川北工委指示，朱文和率40多名游击队员从黄埔出发，在五羊滩横渡东江河，计划开辟一条通往江西寻乌的游击走廊。半夜时分进入大古村司马第钟屋宿营。然而，这一行踪被国民党贝岭区联防队获悉，遂纠集上坪、岩镇联防队200多人，于第二天上午包围过来。因雨雾天气不易发现敌人，待敌临近时游击队才集合抢占山头，仓促应战。因寡不敌众，兵分两路组织突围，当晚到回黄埔马鞍山会合。突围战斗中，班长杨春光，战士朱吉秋（朱志秋）、朱日柱英勇牺牲；事务长杨尧、班长朱德利、战士刘元负伤。敌亦伤亡多人。此战创造了中共领导的游击队以少胜多、以劣势装备战胜良好装备之敌的一个范例。

同月，九连工委为加强川北、川中武装力量，决定两个大队会师，统一领导、统一指挥，对外仍打川北、川中大队番号。会师后，大队长为骆仰文，政委为魏洪涛，副大队长为谢梅添，队伍发展到500多人，声势浩大。同时，经研究决定打两个歼灭战以壮声威。一个是魏洪涛率魏强、彭思登两个中队袭击车田联防队。游击队隐蔽在车田西北石合村山上，派出一小分队诱敌入伏击圈，骆仰文率杨荣烈、朱文和、杨学赞中队埋伏于车田东北寺贝村，待机袭击。但关键时刻杨学赞故意暴露目标，以致战斗失利。另一个是进攻赤岗张亚石联防队。夜间便隐蔽在敌驻地后山密林中，以待联防队早晨集合出操时，攻其不备歼灭之。但在黎明时曾金中队有意鸣枪通敌，联防队固守碉楼顽抗，致又一次失利。两次偷袭未能成功，暴露了游击队存在内部严重不纯的问题。

1947 年冬至 1948 年初，川北游击武装发展迅猛，短期内组建了打着共产党革命旗号的大小不等的 10 多个武装队伍，但其中有的阳奉阴违，有的不听指挥。由于游击队活动频繁，国民党龙川当局便对川北、川中游击区进行了大规模"清剿"。在军事上加紧进攻的同时，也采用政治手段拉拢、瓦解游击队内一些政治立场不坚定分子。

1948 年 4 月 24 日，飞虎中队队长彭思登、飞龙中队副队长杨学赞率队投靠敌人，与车田乡乡长邓作铳、自卫队队长邓鸿恩等互相勾结，包围游击队伍。在其诱骗、威逼之下，一些干部、战士放下武装叛变革命，向国民党车田乡政府投降自首。所幸飞龙中队指导员刘云挺身而出，挽救了不少人员并迅速转移。尔后，出身于洪门"三点会"分子的曾金，不听指导员彭万钦教育，也诱骗拉拢一些队员向贝岭区敌人自首；紧接着黄丙、陈卢、刘驳平、王权等亦相继率队叛变投敌了。这便是当时轰动全县的"车田事件"。"车田事件"给川北革命斗争造成重大损失，危害严重且影响深刻，以致川北革命斗争出现暂时的低潮。尔后，游击队伍在反"扫荡"中又牺牲了 60 多人，最后剩下 200 多人，这是川北游击斗争中极其艰苦的一段时间。

尽管如此，在川北工委正确领导和革命群众支持下，游击队伍仍坚持反"清剿"斗争。虽然队伍数量少了，但政治思想觉悟大大提高了，不为敌利诱，在敌进攻面前斗志越加旺盛。

继"车田事件"后，国民党龙川当局又派特务、奸细企图钻进游击武装营垒，以便里应外合消灭人民武装力量。如特务分子张欣文，利用与川北大队中队长杨荣烈的亲戚关系，试图策反杨

川北游击根据地的永安革命烈士纪念碑

荣烈。由于杨坚定站稳革命立场，不为其利诱所动，并及时向上级汇报情况，结果张欣文被惩处。与此同时，混进朱文和中队的特务分子周彪也受到了惩处，从而狠狠地打击了敌人的嚣张气焰，巩固了川北游击区。

老隆解放与龙川县人民政府成立

1949 年 4 月 21 日，中共中央军委主席毛泽东、中国人民解放军总司令朱德，发布了《向全国进军的命令》，命令各野战军和南方各游击区人民解放军奋勇前进，坚决、彻底、干净、全部地消灭敌人。4 月 23 日，百万雄师过大江，南京解放。在全国胜利形势的鼓舞与影响下，南方各游击区和根据地不断扩展，由山区到平原，再从平原向中心城市逼近。

一、保十三团起义

1949 年 1 月，宋子文辞去广州绥靖公署主任和广东省政府主席职务后，国民党先后任命余汉谋为广东绥靖公署主任、薛岳为广东省政府主席兼保安司令，企图巩固其华南后方基地。与此同时，起用旧军政人员并增加五个保安团，以图苟延残喘。曾天节、魏鉴贤、李洁之等都曾是余汉谋、薛岳、张发奎的旧部且过从甚密，故而被委以重任。曾天节被任命为新编广东保安第十三团（以下简称"保十三团"）团长，保十三团属甲种精良装备建制，官兵 3200 人，驻防东江上游。

1949 年春，中共香港分局部署南方人民武装发起春季攻势，由战略防御转入战略进攻。中国人民解放军粤赣湘边纵队（以下简称"边纵"）已控制了东江、北江的大部分地区，闽粤赣边纵队亦把兴梅、潮汕一带的根据地连成一片。至此，粤东人民武装力量已形成包围敌人中心地区之态势。2月，香港分局作出《关于敌伪起义原则与措施的指示》，强调各地加强政治攻势，瓦解敌人，在有利条件下广泛深入开展敌军内线工作，于适当时机有计划地争取敌人较大兵力在阵前或后方起义。在中共强有力的方针政策感召下和强大的人民武装力量打击下，国民党军队中一些有识将领和地方实力派人士，不断与当地党组织乃至香港分局搭线联系，以商谈起义事宜，而保十三团团长曾天节便是其中突出的一个。

曾天节，早期曾加入中共组织，接受过中共的政治主张和影响，大革命失败后，与中共组织失去联系。抗日与解放战争期间，曾与中共广东党组织的张文彬、古大存、左洪涛、杨应彬等有过接触与联系，受党的影响与熏陶，思想倾向革命。边纵派东江第二支队（简称"东二支队"）政委钟俊贤及其政治部联络科科长钟雄亚，以同乡名义写信给曾天节，指出人心归向，力劝他早日揭竿起义。其实，在此之前曾天节亦曾主动通过肖文、魏鉴贤，向香港分局秘书长饶彰风介绍他早年参加革命，与古大存等人的关系及准备起义的情况。3月中旬，曾天节与魏鉴贤又先后抵香港，面见中共香港分局书记方方和饶彰风，商谈起义事宜，且亲聆方方等面授机宜。

从2月至4月，双方约定派出代表在河源县曾田径水口庙进行了两次会谈。东二支队代表是第六团团长林镜秋和钟雄亚，保十三团代表是副团长刘勉和政工室主任张增培。会议双方达成协议：其一，保十三团无条件接受中国共产党领导。其二，互通情报。其三，双方尽量控制冲突，保证绝密。其四，由保十三团接济东二支队枪弹。协议达成后，九连地委派刘坚以曾天节秘书名义进入保十三团，具体协助曾天节进行起义的准备工作。

然而，曾天节等准备起义的行动为广东保安司令薛岳获悉。

薛电令保十三团限 5 月 1 日前开赴广九线上东莞、石龙一带驻防，并调葛先才的一九六师到蓝口接防。由于情况突变，5 月 7 日曾天节、张培增、刘坚与边纵参谋长严尚民，东二支队司令员郑群、政治部主任黄中强、六团团长林镜秋，在河源横坑咸水塘进行了第三次会谈。彼此对起义时间、步骤、战略要求及起义后部队改编等一系列具体问题进行研讨，并取得一致意见。

双方决定 5 月 12 日（后因情况变化改为 14 日）保十三团在老隆举行起义。同时决定起义后的作战战略为"密切配合东二支队进行各个击破，粉碎敌人前后夹击的阴谋；首先以主力消灭保四师师部和保五团，然后转移兵力阻止一九六师的进犯，寻机于蓝口、黄田地区歼灭之"。5 月 10 日，曾天节在蓝口召开动员全团官兵起义大会，得到绝大多数官兵的支持与拥护。翌日，粤赣湘边区党委和边纵派林镜秋以中共代表身份率联络员梁钧进入曾天节部，协助领导起义工作。12 日，曾天节率主力进驻龙川佗城，并派一个营以运粮为由进驻老隆；副团长刘勉暂留蓝口，以防一九六师进犯。

二、老隆解放

老隆是东江上游重镇，扼水陆交通要冲。起义前夕，老隆周围的敌人有广东保安第四师副师长彭健龙率直属队及其保五团一个营，约 700 人，保五团一个营驻守五华岐岭，另一个营驻和平东水；保四师副师长兼保五团团长列应佳率部驻和平林寨；龙川当局黄道仁自卫总队 300 多人驻鹤市，一九六师师长葛先才已率部 1 万多人抵河源县城。

为确保老隆战役胜利，在边纵司令员兼政委尹林平、副司令员黄松坚、副政委梁威林、政治部主任左洪涛、参谋长严尚民的部署下，严尚民、钟俊贤、魏南金、郑群、黄中强以及起义的保十三团少将团长曾天节组成前线指挥部（设于距老隆3千米处屙屎坳），严尚民为总指挥。指挥部根据两方军事力量的分布，制定对老隆采取围点打援、各个击破的方针，即围攻老隆寨顶的保四师师部，打击可能从和平、河源等处来的援兵，进而歼灭老隆守敌。当时，东二支队三团、四团、六团、七团、二团（新丰）及直属大队有6000多人，加上保十三团起义部队3000多人，合计近1万兵力投入战役。具体部署是：司令员郑群率东二支队主力三团及曾天节团一部，包围攻击老隆守敌；命东二支队独一大队及登云地方民兵，扼守老隆东南方向蓝关，以警戒五华之敌；派东二支队云南队及曾天节部的搜索连占据毗邻老隆之北的乌石坝高地，戒备和截击由和平东水沿江而下给老隆解围之敌；东二支队四团集结于老隆西北待命，相机行动，六团、七团向老隆靠拢配合行动，以防外围之不测。

1949年5月13日夜，保十三团起义军进入老隆，将驻老隆国民党保四师师部包围。14日，边纵东江第二支队和起义部队通牒驻守老隆城寨顶的保四师副师长彭健龙，限令他于中午12时前率部放下武器投降。彭凭寨顶的防御工事顽抗，同时向驻和平东水的副师长列应佳、驻河源城的一九六师以及国民党广东当局紧急求救。

14日12时正，彭拒绝投降。指挥部随即下令集中火力轰击寨顶守敌，解放老隆战役打响。保十三团起义部队用一个营的兵力，向保四师师部发起猛烈的攻击，用多门迫击炮、平射炮向寨顶守敌轰击。

傍晚时分，国民党方列应佳率领的驻和平保五团两个营的援兵在行至距离老隆4千米的乌石坝时，遭郑群率云南队与起义部队搜索连的正面截击，战斗异常激烈。敌企图强攻夺路而未得逞。指挥部速派东二支队主力三团于左右迂回侧击敌阵。经4小时战斗，"毙伤敌副团长以下100多人，俘敌连长以下200余人，缴长短枪250余支，将增援之敌全部打垮，保十团（原保五团）团长列应佳趁黑逃跑，率其残部回和平东水"。

至15日早晨，彭健龙眼见得不到救援，本人又负伤，只好打白旗投降，老隆宣告解放。所属700多人除被击毙30多人外，全部缴械。是役，除俘彭健龙外，另俘保五团副团长官照洒以下200余人，敌被击毙者有工兵连长以下30余人。敌之军械、军用品由解放军全部接收。据统计有迫击炮2门，轻重机枪各4挺，枪榴弹筒26个，步枪238支，子弹7万余发，电台1部，电话机7部，吉普车1辆，军服数千套，军用地图全省全套。

当时的县治所在地佗城，13日已被保十三团所控制，龙川国民党县长黄学森被俘。是晚，边纵与东二支队领导严尚民、郑群和保十三团团长曾天节等，在莲塘读书坝召开阵前作战会议，研究部署老隆战役，并命令独二大队14日上午进驻佗城。14日拂晓，独二大队人员押着黄学森从莲塘读书坝经上下畲、鸭麻坑抵佗城雷公坳，将其关在黄氏一楼阁里，由黄瑞源带一个班看管，并令华东队队长田青率队监视河源方向的敌人。独二大队大队长黄仕标率华南队入佗城天主堂与保十三团起义队伍会合，研究接管佗城事宜。

14日上午10时，东二支队独二大队进驻佗城，华南队兵分两路到邹家祠和县府，收缴龙川县警大队两个中队的武器。计缴获轻机枪8挺、冲锋枪10支、驳壳枪10支、步枪100余支、子弹万余发、手榴弹12箱、军用物资一批。与此同时，由蓝展等负责封存了国民党龙川县党部、县政府、地方法院；刘周中、余浩等负责查封地税处粮食、粮库和监狱，释放狱中革命同志和无辜民众。

中午12时，正当东二支队炮击老隆寨顶彭健龙师部时，独二大队在国民党龙川县府楼上升起一面红旗，迎风飘扬，龙川县宣告解放。

三、龙川县人民政府成立

龙川胜利解放，对九连地区乃至东、韩两江流域具有举足轻重的影响。龙川解放后，建立人民当家做主的政权，是广大人民群众的迫切愿望。同时，龙川解放后，边纵党委、司令部和九连地委、东二支队司令部均移驻老隆水贝村，成为上级指挥中心。老隆镇水陆交通便利，商业昌盛，已具备了建立人民政权的成熟条件。

鉴于此，1949 年 5 月 29 日中共中央给华南分局领导方方、尹林平等下达指示："在你们已经占领的地区内，如已站稳，可建立行政公署，委派各县县长，逐步组织区乡政府，开始在乡村征收公粮及在城镇征收赋税（但开始时征收率应低一点），以解决财粮困难问题。"在政权建设工作会议上，九连地委认为党和军队在龙川都已站稳了脚跟，作出成立龙川县人民政府的决定。

1949 年 6 月 1 日，边纵政治部委派九连地委书记魏南金兼任龙川县县长，郑风、骆仰文为副县长，叶惠南为县府秘书，县府办公地点设在老隆福建会馆（后迁老隆师范、水贝大洋楼）。与此同时，为加强党的领导建设，成立中共龙川县委。任命魏南金兼任县委书记，副书记为刘春乾，组织部部长为刘波，宣传部部长为叶惠南，郑风、骆仰文、黄仕标为委员。县委办公地址设在老隆寨背街东华楼。

6 月 2 日，魏南金在老隆老戏院主持召开各界人士及各区乡选派的代表等 300 多人参加的县人民政府成立典礼大会。会上，县长魏南金率郑风、骆仰文、叶惠南宣誓就职。边纵副政委梁威林代表边纵司令部、政治部监誓。宣誓词为："我等誓以至诚接受中国共产党的领导，忠诚为人民服务，致力地方建设，实现新民主主义政治，决不畏难苟安，或当徇私舞弊，违背此旨，甘受最严厉之处分。"边纵副政委梁威林、东二支队政委钟俊贤、政治部主任黄中强和起义部队保十三团团长曾天节出席会议并讲话。各界人士代表张道隆、李永川、黄蔚文、张淑民、邓渠青、邹志鸿、张鹤文先后发言，一致表示坚决拥护人民政府。

随后，魏南金县长发表施政演说，强调当前县人民政府的主要任务是：建立健全县及其以下各级人民政权机构，肃清县内残余匪敌，发动全县人民努力支援前线，鼓励参军参政，摊派认购公粮债券，建立各级农会、民兵组织，巩固社会治安，办好教育事业，举办师资训练班，组织政治工作队，深入各乡村宣传党的方针政策等。最后，魏南金县长表示："愿与本县公正绅士及各阶层人士携手合作，共同建设新龙川。"

第五章

龙川革命老区的建设发展

　　中华人民共和国成立之初，龙川百废待兴，工农业生产落后，全县工农业总产值仅 3967.17 万元，农民人均收入仅 20 多元，生活十分贫困。在中国共产党的领导下，龙川人民当家做主，发扬革命老区精神，在艰难曲折的道路上摸索前进。至 1952 年，基本完成了土地改革和其他民主改革任务，迅速恢复了工农业生产，支援抗美援朝。到 1956 年，基本完成了对生产资料私有制的改造，初步建立起社会主义基本制度，巩固了人民民主政权，为龙川县的发展奠定了根本的政治前提和制度基础。中共十一届三中全会后，龙川县走进了新时期，坚持改革开放，积极推进科技教育、医疗卫生、公路交通、通信电力等方面的创新发展，对工业、农业、服务业生产经营体制不断进行改革创新，逐步推进完善市场经济体制。从农业大县逐步走上了工业立县之路，不怕艰难，不畏挫折，自力更生，创办省级工业园。同时，举全县人民之力，打了一场又一场的脱贫攻坚战。中共十八大以来，龙川县人民坚定不移地走中国特色社会主义道路，坚持"创新、协调、绿色、开放、共享"新发展理念，扩大开放，聚力发展，努力构建"人文名县、生态优县、交通强县、产业大县"新龙川，使龙川经济发展进入快车道，城乡面貌发生了巨大的变化，人民生活水平日益提高，逐步实现小康社会。

建立巩固人民民主政权和农村生产体制变革

龙川县是广东省最早解放的县。为了巩固人民取得的胜利成果，龙川县迅速建立了中共龙川县委员会、龙川县人民政府，领导全县人民进行社会主义改造和社会主义建设。1950 年，龙川与揭阳、兴宁一起被定为广东省土地改革的 3 个试点县，在广大农村率先实行土地改革，按土地改革的政策把土地分给农民。龙川县农村成立互助组和高级社都走在全省的前头，较早地完成了对生产资料私有制的改造，逐步建立了社会主义制度。中国共产党的领导和社会主义制度的建立，使龙川县的建设发展有了强有力的保障，在社会主义建设探索中逐步完善了农村的生产经营体制。

一、建立巩固人民民主政权

龙川县刚解放时，国民党的残余军队还没有完全消灭，土匪恶霸活动十分猖獗，垂死挣扎。在复杂的斗争中，龙川人民在中国共产党的领导下，消灭了国民党的残余军队，进行清匪反霸，建立了人民民主政权，使受苦受难的劳苦人民翻身做主人，建设自己的家园。

（一）坚持共产党领导

历史事实证明：只有坚持共产党的领导，人民才能翻身当家做主人，国家才能富强，人民才能富裕。1949 年 6 月，中共龙川县委员会成立，魏南金任县委书记，刘春乾任县委副书记。紧接着，第一（老隆）、第二（鹤市）、第三（铁场）、第四（黎咀）、第五（贝岭）区委先后成立。是年冬，全县有中共党员585名，52个党支部（其中农村党支部34个）。中华人民共和国成立后，中国共产党组织在龙川不断发展壮大，成为领导全县人民走中国特色社会主义道路的核心力量。到2016年年底，全县共有中共党员33 465名，比1949年冬增加了32 880名党员；全县基层党组织1 007个，比1949年冬增加了955个。

1956年6月，中共龙川县委实行常委制。同年10月成立党校。1966年5月，"文化大革命"开始。6月，成立龙川县"文化大革命"领导小组，9月撤销。1967年，龙川县委受到冲击，机构瘫痪。1968年2月24日，龙川县革命委员会（党政合一机构）成立；同年4月11日，县革命委员会党的核心小组成立，组长为刘福，副组长为王祖武。1970年9月，重新恢复中共龙川县委员会，同时取消县革命委员会党的核心小组。

1956年6月8日至16日，在县城老隆镇召开了中共龙川县第一次代表大会，出席会议的正式代表266名（其中妇女代表25名），列席代表68名。大会讨论通过县委1955年工作报告，县委1956年工作计划报告，党的监察工作报告和选举工作报告。大会选举产生了中共龙川县第一届委员会和县监察委员会，选出县委委员23人（其中常委7人），候补委员3人。县委第一书记为许衡，县委书记为魏秋环、骆平；县监察委7人，候补委员1人。1961年11月、1970年8月、1980年12月、1984年9月、1987年5月、1990年5月、1993年4月、1998年4月、2003年4月、2006年12月、2011年11月，先后在县城召开了中共龙川县第二次、第三次、第四次、第五次、第六次、第七次、第八次、第九次、第十次、第十一次、第十二次代表大会。

2016年10月，在县城老隆镇召开了中国共产党龙川县第十三次代表大会。中共龙川县委书记黄添胜向大会作了《坚持创新发展，推动绿色崛起，为建设"人文名县、生态优县、交通强县、产业大县"而努力奋斗》的工作报告。大会制订了今后五年的奋斗目标：主要经济指标增幅全面高于省、市平均水平，地区生产总值平均增长12%左右；全社会固定资产投资年均增长18%左右；地方公共财政一般预算收入年均增长12%左右；规模以上工业增加值年均增长22%左右；地区生产总值、城乡居民人均收入实现"两个翻番"。通过五年努力，成功创建广东省现代建筑工业化生产基地、广东省文明县城、粤北赣南交通枢纽、华南综合性物流枢纽中心、国家级林业生态县。

为实现上述目标，大会提出龙川重点聚力"八抓八促"：一抓交通建设，促区位优势；二抓产业共建，促经济更强；三抓扩容提质，促城市更美；四抓转变方式，促农村更富；五抓绿色崛起，促生态更佳；六抓共享发展，促民生更实；七抓精神文明，促风气更好；八抓对口帮扶，促发展更快。黄添胜代表县委要求全县人民：紧密地团结在以习近平同志为核心的党中央周围，激发同心同德的精神和力量，凝聚决战决胜的信心和勇气，不忘初心，牢记使命，继续前进，创造出无愧于龙川人民，无愧于伟大时代的新业绩。

中共龙川县第十三次代表大会，选举产生了县委新一届领导班子，县委常委12名，书记为黄添胜，副书记为杨利华、张新发。

（二）实行人民代表大会制

中华人民共和国成立初期，龙川县实行各界人民代表会议制。县各界人民代表会议代表由各界推选，协商确定，或由县人民政府邀请。1950年4月、1950年8月、1950年11月、1951年4月、1951年12月、1952年12月，先后在县城老隆召开了第一、第

二、第三、第四、第五、第六届各界人民代表会议。

1954 年后，龙川实行人民代表大会制。龙川县人民代表大会为龙川县最高权力机关，本县政治、经济、文化、教育、卫生、民政、民族等工作的重大事项，须经县人民代表大会讨论、决定。

1954 年 6 月 25 日至 7 月 2 日，在县城老隆镇召开了第一届人民代表大会，到会代表 315 人。会议听取并批准魏秋环作的《县人民政府工作报告》、许衡作的《1954 年工作方针任务的报告》以及《1954 年财政收支预算（草案）的报告》，选举产生了县长魏秋环，副县长孙志、陈超。1957 年 1 月、1958 年 5 月、1961 年 11 月、1963 年 9 月、1967 年 1 月（因"文革"未能如期举行）、1980 年 12 月、1984 年 4 月、1987 年 5 月、1990 年 4 月、1993 年 4 月、1998 年 4 月、2003 年 3 月、2006 年 12 月、2011 年 11 月，先后在县城老隆召开了龙川县第二、第三、第四、第五、第六、第七、第八、第九、第十、第十一、第十二、第十三、第十四、第十五届人民代表大会。

龙川正、副县长由县人民代表大会选举产生。1949 年 5 月 14 日，龙川解放。6 月 1 日，龙川县人民政府在老隆福建会馆宣告成立。正、副县长均由上级任命，县长为魏南金，副县长为郑风、骆仰文。1955 年 6 月 19 日，县人民政府易名龙川县人民委员会（简称"县人委"）。1957 年 1 月 19 日至 23 日，在县城老隆召开了第二届人民代表大会第一次会议，从此，正、副县长由县人民代表大会选举产生。1966 年 5 月，"文化大革命"开始后，龙川县人民委员会受到冲击。1967 年 4 月成立军事管制委员会，实行军管。1968 年 2 月 24 日，由群众代表、"支左"军人和革命干部组成"三结合"的龙川县革命委员会（简称"革委会"）。正、副县长改称革命委员会正、副主任，由各方协商提名，经上级批准产生。1980 年 12 月 25 日至 30 日，在县城老隆镇召开了龙川县第七届人民代表大会，龙川县革命委员会改称龙川县人民政府，恢复由人民代表大会选举正、副县长。

2016年11月，在县城老隆镇召开了龙川县第十六届人民代表大会第一次会议，代县长杨利华代表县人民政府在大会作《政府工作报告》。大会回顾过去五年的工作，提出了今后五年政府工作的总体要求：高举中国特色社会主义伟大旗帜，以邓小平理论、"三个代表"重要思想、科学发展观为指导，认真贯彻落实中共十八大和十八届三中、四中、五中、六中全会以及习近平总书记系列重要讲话精神，按照"五位一体"（经济建设、政治建设、文化建设、社会建设、生态文明建设）总体布局和"四个全面"（全面建成小康社会、全面深化改革、全面依法治国、全面从严治党）战略布局，坚持"五大发展"（创新发展、协调发展、绿色发展、开放发展、共享发展）理念。以全面建成小康社会为目标，大力实施双轮驱动（创新驱动发展战略，融入深莞惠经济圈战略），紧扣"创新发展，绿色崛起"，聚力"八抓八促"，努力把龙川建设成为"文化名县、生态优县、交通强县、产业大县"。

龙川县第十六届人民代表大会第一次会议选举产生了县人大常务委员会主任刘天瑞，副主任郑明青、刘卓文、张波、陈俊强、骆伯青、朱良聪；县长杨利华，副县长黄春彭、廖小文、魏勇军、陈文忠、黄勇花（女）、曾锦标。

（三）人民政协参政议政

1980年9月，中国人民政治协商会议龙川县委员会筹备领导小组成立，负责筹备召开县政协第一届第一次全体委员会议。

1980年12月24日至29日，在老隆镇召开了县政协第一届第一次全体委员会议，委员85人，由中共党员和教育界、科技界、文艺界、卫生界、归侨、贫协、工青妇、体育界人士组成。其中中共党员 33 人，占委员人数的 38.8%；其他人士 52 人，占委员人数的 61.2%。会议审议通过《县政协首届委员会筹备工作报告》和《县政协首届一次会议政治决议》，选举产生了县政协第一届主席张容根，副主席李运莽、黄素、丁克伦、谢逢辰、彭思翘、张鹤文、何盛周。1984 年 4 月、1987 年 5 月、1990 年 4 月、1993 年 4 月、1998 年 4 月、2003 年 3 月、2006 年 12 月、2011 年 11 月，先后在县城老隆镇召开了政协龙川县委员会第二、第三、第四、第五、第六、第七、第八、第九届第一次会议。

2016 年 11 月，在县城老隆镇召开了政协龙川县委员会第十届第一次会议，会议选举产生了县政协第十届主席叶文锋，副主席李志宏、杨日华、卢洪元、黄维忠、叶慧、苏起。

政协龙川县委员会由各党派、各团体、各界别的代表和著名人士组成，政协委员会成员总数由全县人口总数决定，非中共党员人数在委员中的比例不少于 60%。政协委员人选，中共党员由中共龙川县委组织部提名，党外人士由中共龙川县委统战部提名，提名名单由县委统战部汇总，征求龙川县政协党组意见后，报中共龙川县委决定，然后按照政协章程规定程序办理手续。在各届委员任期内，根据工作需要和特殊情况，对委员和常委进行适当的补充和调整。

（四）逐步完善村民自治制

在中华人民共和国成立后的一段时间里，龙川县农村基层组织机制的名称变换比较多，农村政权组织的领导有时是委任，有时是群众选举产生。直到 1999 年后，农村才真正实行村民自治制，村民自己当家做主，民主选举产生自己的"当家人"。

1949 年 6 月至 1952 年 2 月，全县设第一（老隆）、第二（鹤市）、第三（铁场）、第四（黎咀）、第五（贝岭）区人民政府，正区长、副区长及其工作人员由县调派。全县 5 个区下辖 39 个乡

（镇）人民政府，乡（镇）人民政府下辖村。

1952 年 3 月至 1957 年 8 月，全县下设 13 个区公所，为县派出机关，区公所下辖 186 个乡（镇）人民政府，乡（镇）人民政府下辖村。

1957 年 9 月至 1958 年 9 月，全县撤区并乡，改设 31 个乡（镇）人民委员会，乡（镇）下辖 886 个农业合作社，农业合作社设正、副社长（主任），会计，出纳，委员等职，干部由社员选举产生。

1958 年 10 月，撤乡（镇）建公社，成立老隆、佗城、鹤市、铁场、龙母、黎咀、赤光、车田、麻布岗、贝岭、上坪等 11 个人民公社管理委员会，公社下辖大队。

1966 年"文化大革命"开始后，基层各级政府受到冲击，一度瘫痪。1968 年各公社成立革命委员会，公社革命委员会下辖大队革命委员会，大队革命委员会设正、副主任，会计，民兵营长，治保主任，妇联主任等职。

1980 年 10 月，全县改设 29 个人民公社管理委员会，下辖 389 个大队，大队设正、副大队长，民兵营长（兼治保），妇女主任等职。

1983 年 10 月，撤销公社建制，全县设 29 个区（镇）公所，区（镇）公所下辖 390 个乡人民政府，乡政府设正、副乡长，治保主任，民兵营长，妇女主任等职，正、副乡长及其工作人员不属公职人员，由群众选举产生。

1987 年撤销区级建制，全县设 22 个镇，7 个乡，作为最基层一级人民政府，原小乡改为管理区［作为乡（镇）派出机构］，全县设有 356 个管理区。1999 年撤销管理区，改设村委会，村委会设主任 1 人，副主任 1～2 人，以及民兵营长、妇女主任、计生专干等职。至 2016 年年底，全县有 24 个镇，315 个村委会，37

个居民委员会，1 338 个村民小组。

1998 年 11 月，广东省人大通过《广东省实施〈中华人民共和国村民委员会组织法〉办法（试行）》和《广东省村民委员会选举办法（试行）》。龙川县设立理顺农村基层管理体制工作领导小组，举办培训班培训骨干，并于同年 12 月完成了黎咀、四都两镇管理区改为村的试点工作。1999 年，全县农村基层政权（村民委员会）和社区（社区委员会）进行第一届民主选举，县镇派出工作组监督指导依法选举。凡年满 18 周岁的村（居）民都有选举权和被选举权。一人一票，差额选举村（居）委主任、副主任和社区负责人。村、社区均设立投票箱和流动投票箱，进行集中和分散投票，当众选出唱票人、监票人和写票人，公开开票。获票半数以上，多者入选；不足半数，重新投票补选。1999 年 7 月，顺利完成全县 30 个镇，393 个村的第一届民主选举工作，村民实行自治，村中重大的事，由村民代表大会决定，实行村务公开，接受村民监督。

至 2017 年 5 月，全县 24 个镇、315 个村、37 个居委会，顺利地进行了第七届村委会（居委会）的民主换届选举工作。

二、逐步完善农村生产经营体制

1950 年，龙川县农村实行了土地改革，打破了封建土地所有制，建立了社会主义基本制度。在 20 世纪 70 年代前，龙川县 95% 以上的人口都在农村，农村经济的发展，直接影响到全县经济的发展，农村的稳定直接影响到全县的稳定。在农村经济建设发展中，道路曲折，坎坎坷坷，20 多年来实行政社合一的人民公社体制，因生产关系与生产力的矛盾突出，农村经济发展极其缓慢。中共十一届三中全会以后，龙川县农村全面实行家庭联产承包责任制，大大解放了农村的生产力，加快了农村经济的发展。

（一）封建土地所有制

中华人民共和国成立前，龙川县土地私有，地主、富农通过土地买卖和高利贷盘剥等手段，占有大量的土地，利用土地剥削农民，使广大农民过着十分贫困的生活。

土地改革前龙川县耕地占有情况统计表

阶层	户数		人口		耕地		
	户	占总户数（%）	人	占总人口（%）	面积（亩）	占总面积（%）	人均面积（亩）
地主	2 748	3.2	18 711	5.2	63 781	18	3.41
富农	2 644	3.1	16 654	4.6	27 610	7.8	1.66
中农	27 668	32.6	130 371	36	99 040	28	0.78
贫雇农	49 655	58.5	189 574	52.4	51 719	14.6	0.27
其他	2 209	2.6	6 388	1.8	111 907	31.6	17.52
合计	84 924	100	361 698	100	354 057	100	0.98

注：其他项含华侨、小土地出租者、封建祖尝、神会及集镇等占有土地。资料来自《龙川县志》卷十三，广东人民出版社1994年版。

1950年土地改革前，地主人均耕地面积3.41亩（0.23公顷），贫雇农人均耕地面积0.27亩（0.02公顷），地主人均耕地面积是贫雇农人均耕地的12.6倍。地主、富农占有大量土地，部分雇工耕种，多数则分租给贫农耕种，通过地租和高利贷进行剥削。

★**地租** 龙川县有货币地租、实物地租、劳役地租之分。货币地租又称银租。民国30年（1941年）前，在龙川县内一些地区流行，一般每亩年收租五六元（大洋），高的达七八元（大洋）。后因"法币"贬值，逐渐改为粮租。实物地租又称粮租，一般一年每亩水田收租谷50千克至80千克，部分高达100千克以上。劳役地租，佃户给地主做长工或短工，地主则指定一些土地给佃户自种自收。纳地租方式分两种：死地租和活地租。死地租不管收成好与坏，灾害如何，有收无收，租额不变，又叫铁租。活地租，是遇歉收年景时，向出租者提出田头实收分成。

★**高利贷**　龙川县主要有五种形式：一是借谷纳息。农民每当三荒四月或春节前后，向地主借谷，其利率半年一计，一般为加四、加五（即借一石谷到期还四石或五石）；有的"对加"（即借一石还二石），甚至有的高达四倍，到期不还或少还，则利上加利。二是放青苗。地主乘农民青黄不接的关头以高利借贷，要借户指定即将成熟的稻禾，当造归地主收割。三是"街利"。农村集圩三天为一街，其利率一般在10%左右，俗称"眨眼利"。四是物资典押。农民向地主借钱或借粮，要以物典押，限期赎回，逾期断当，所押物资归地主所有。五是田地浮卖。农民向地主借钱或借粮，要指定自己的田地或山林浮卖给地主，通常叫"生契"，限期赎回，如过期不能赎回，则变为"死契"。

龙川县人民在土地改革前，受尽地主地租和高利贷的剥削，生活过得极其贫困艰苦，迫切要求土地改革，分得土地。

（二）土地改革与土改复查

1950年6月，中央人民政府颁布了《中华人民共和国土地改革法》后，中共中央华南分局决定将揭阳、兴宁、龙川三县定为广东省土地改革试点县。同年10月，华南分局和广东省委派钟俊贤为龙川土改分团团长，杨应彬、黄中强为副团长，率省、地、县土改工作队2 917人（含龙川本县抽调的村以上干部2 250人）深入龙川县农村，开展土地改革工作。广大农村农民迫不及待地要求土改，敲锣打鼓欢迎土改工作队进村。龙川县成立了土地改革委员会，主任刘波（县委副书记），副主任黄民（副县长），委员13人。下设办公室、秘书处、行政处，具体负责土改日常工作。龙川县土地改革分三批进行：

第一批从 1950 年 10 月 19 日起，以登云、瑶亨、丰稔 3 个乡为土改试点乡；接着又以梅城、金鱼、莲塘、佗城（镇）、黎咀等 5 个乡为附点，历时 39 天，11 月底基本结束。

第二批在老隆、鹤市 2 个区和黎咀区 4 个乡进行，于 12 月 24 日完成。

第三批在余下的铁场、贝岭 2 个区和黎咀区 4 个乡全面铺开，至 1951 年 2 月，龙川县完成了土地改革任务。

龙川县在土地改革中，遵照中央"依靠贫农、雇农，团结中农、中立富农，有步骤、有分别地消灭封建剥削制度，发展农业生产"的方针和政策，依据《中华人民共和国土地改革法》，没收、征收地主、富农和祖尝、神会等所拥有的封建土地 1.15 万公顷，没收耕牛 2 578 头，大小农具 2.58 万件，房屋 1.63 万间，稻谷 4.89 万石。这些土地改革成果，均分配给贫苦农民。土地分配以行政村为单位，坚持在原耕基础上，抽多补少，抽肥补瘦，按人均分田，以雇农、贫农、佃农为主要对象，优先照顾军烈属；地主、二流子也分一份土地，让其参加劳动生产，自食其力。

龙川县是土地改革工作的试点县，由于时间短，缺乏经验，发动群众不够充分，因而存在划阶级成分有过高或过低，以及漏划等问题。1951 年 6 月进行土改复查。龙川县成立土改复查委员会，主任魏则鸣（县委书记），副主任黄民（副县长），委员 5 人。全县抽调县、区、乡干部和农村积极分子 340 人，组成土改复查工作队。土改复查分四批进行：

第一批从 1951 年 6 月开始，以莲塘、义都、四都 3 个乡为重点，老隆、佗城、车田为附点，1952 年 1 月结束。

第二批从 1952 年 2 月 10 日起至 4 月 15 日结束，复查 27 个乡。

第三批从 5 月 1 日起至 7 月 10 日，复查 51 个乡。

第四批从 9 月 15 日起至 12 月结束,复查 108 个乡。

龙川县土地改革复查结果:新划地主 1 472 户,没收、征收土地 0.07 万公顷,房屋 1.66 万间,没收耕牛 1 489 头,大小农具 7.31 万件,清算地主余粮 2.19 万石,划错的阶级成分给予纠正,隐瞒田地的地主给予处理。在土改复查结束后,随即给农户颁发了土地证,确定土地所有权。

龙川县通过土地改革和复查,摧毁了地主阶级剥削的经济基础,结束了几千年来的封建土地所有制,实现了耕者有其田,这是龙川县历史上的重大转折。土地改革解放了农村生产力,提高了农民生产积极性,为农村农业合作化和国家工业化开辟了道路。

(三)从互助组到高级农业社

★**互助组** 农民分得土地后,有些农户面临耕牛、农具不足的困难,对农业生产造成比较大的影响。1952 年春,中共龙川县委采取“党员干部带头,典型示范,以点带面,逐步推广”的方法,动员农民按照“自愿、互利、民主”的原则组织农业生产互助组。互助组有临时互助组和常年互助组之分,临时互助组一般三五户自愿结合,农忙互助,有简单的农忙换工计划,以调剂劳力、畜力,以工换工,按季结算,找补余缺。生产项目投资由农户自己安排,产品也归农户自己所有。常年互助组一般七八户,多的 10 多户,有简单的全年劳动计划,农户长年在一起劳动,统一安排劳动力、耕畜和大型农具,评工记分,按季结算,找补余缺,农产品收入归土地所有者。互助组从 1952 年春季开始发展,至 1953 年冬,龙川全县互助组发展到 1.24 万个,入组农户达 6.79 万户,占总农户的 66.6%;其中常年互助组有 2 871 个,占互助组总数的 23.1%。互助组的发展,解决了农民在农业生产中的许多困难,促进了生产的发展。

★**初级社** 1954 年 3 月,中共龙川县委全面贯彻执行中共中央《关于发展农业生产合作社的决议》，以莲塘乡读书坝村余林安和黎咀乡老正村叶南灶两个常年互助组作为县办初级农业生产合作社的试点，由几个互助组合并组成。初级社一般由 15～30 户家庭组成，社员土地按等定产，作股入社；油茶山按常年产量入社；耕牛、犁耙等大件农具和肥料、种子作价归社，分期归还。社内土地统一管理经营，劳动力统一安排，田分片，劳力分组。在经营管理方面，坚持民主办社和勤俭办社的原则，实行计划管理、劳动管理和账务管理，对有劳动力的社员年头定底分，实行评工记分和底分记分，小部分按定额记分。1955 年龙川全县建立初级社 157 个，入社农户 6 237 户，占全县农户数的 7.2%。

★**高级社**　在办初级社的同时，1956 年 3 月，中共龙川县委又以老正村和读书坝村两个初级社，作为办高级农业生产合作社的试点。接着，龙川全县 13 个区均各试办一两个高级社，并要求县、区、乡三级干部层层办社，全面规划，分期分批发展高级社。高级社实行土地归集体所有，取消分红，以社为核算单位，社以下设生产队，社与队签订合同，对生产队实行"四定、三包、一奖罚"责任制（定土地、耕牛、劳力、农具，包工、包产、包成本，超产奖、减产罚）。生产队对社员按劳动定额记工，按劳动工分计酬。在合作化高潮推动下，至 1957 年，龙川全县发展高级社 841 个，入社农户 9.12 万户，占全县总农户的 96.3%。至此，龙川县农业已基本改造成社会主义集体所有制经济。

在农业合作化高潮的推动下，龙川县手工业和资本主义工商业社会主义改造同时进入高潮。至 1956 年，龙川全县私营工商业基本实现全行业公私合营。

（四）人民公社的三个阶段

1958 年 10 月，中共龙川县委遵照《中共中央关于在农村建立人民公社问题的决议》，撤销全县 31 个乡镇，合并 886 个高、初级社，建立老隆、佗城、鹤市、铁场、龙母、黎咀、赤光、车田、麻布岗、贝岭、上坪11个人民公社（下称"公社"），入社农户达9.57万户，占全县总农户数的99.4%。

公社成立后，实行"政社合一"，工、农、商、学、兵合为一体，既是农村社会主义集体经济组织，又是国家政权在农村的基层单位，把"一大二公"作为它的基本特征。"大"就是规模大，全县平均每个公社6897户，鹤市公社1.13万户；"公"就是公有化程度高，一切生产资料实行公有制，由公社统一领导生产，统一分配，取消按劳分配，实行供给制。此后，公社规模不断调整划小，至1980年12月，全县分设29个公社。公社体制与管理，经历了三个阶段：

★**第一阶段**　1958年10月至1959年1月，以公社为基本核算单位。实行五统一：一是统一生产资料。原高级社一切公共财产无偿转为公社所有。二是统一指挥生产，安排劳力。实行"组织军事化，行动战斗化，生产集体化"。公社设团、营、连、排、班军事组织。全县设14个团，186个营，802个连，3499个排，1.37万个班。三是统一安排生活，建立农村集体食堂。全县办食堂3319间，参加集体食堂吃饭的农户达8.54万户，占全县农村总户数的91%。四是统一办福利事业，全县共办托儿所2941间，幼儿园2744间，敬老院48间。五是统一分配，实行供给制与工资制相结合。全县各公社发了两三个月工资，每个劳动力3～4元，但后因公社经济无力支付而停止。

★**第二阶段**　1959年2月至1959年12月，以大队为基本核算单位。1959年春，中共龙川县委遵照中共中央关于整顿和建设人民公社的"统一领导、分级管理、权力下放、三级核算、队为基础，物资劳动、等价交换、分配计划、由社决定，适当积累、合理调剂、按劳分配、承认差别"的方针，将全县185个管理区调整为 645 个大队，实行三级所有，大队为基本核算单位，继续实行工资与供给相结合的制度。大队对生产队实行"三统一"：统一领导生产，制订生产计划，对生产队实行"三包一奖罚"（即包工、包产、包成本的责任制，超产奖励，减产扣罚）；统一生产资料和收入，公共财产归大队所有，生产队使用和保管，一切农副产品收入和产品归大队；统一分配，粮食由大队统一管理，社员均在集体食堂吃饭，口粮采取"以人定量，指标到户，实物到队，食堂保管，按月结算，节余归己，超过不补"原则。自体制下放后，"共产风"初步停止。

1960 年 10 月底，中共龙川县委认真贯彻执行中共中央对国民经济实行"调整、巩固、充实、提高"的八字方针和中共中央《关于农村人民公社当前政策问题的紧急指示信》。同年 12 月，广东省委整风整社工作团到龙川县，并以龙母公社作为试点，对"一平二调"（平均主义、无偿调动生产队的财力和物力）为特征的"共产风"作了全面清理和处理，退赔"平调"款共 16.9 万元，其中属国家退赔的 14.5 万元，属公社退赔的 1.1 万元，属大队退赔的 1.3 万元。1961 年 1 月，中共龙川县委召开四级干部扩大会议，全面部署解决"共产风"所产生的问题，发动群众对公社、大队、生产队（包括食堂）的账目进行全面清理，该退的退，该赔的赔，级级分责任，谁"平调"谁负责。据不完全统计，龙川全县退赔"平调"社员的钱、财、物共折款 140 多万元，其中属国家的 18 万元，公社的 100 多万元，大队的 22 万元，生产队的 9 000 多元。整风整社后，农村集体食堂逐步解散，恢复各户自炊。

★第三阶段　1962 年 2 月开始，全面实行以生产队为基本核算单位。1961 年，中共龙川县委认真贯彻执行中共中央《农村人民公社工作条例（草案）》六十条和"修正草案"后，农村各项生产明显好转。1962 年 2 月，中共龙川县委继续贯彻中共中央《关于改变农村人民公社基本核算单位问题的指示》，把全县 645 个大队核算逐步改为 5 853 个生产队，以生产队为基本核算单位。生产队既是生产单位，又是分配单位，自负盈亏，全面恢复高级社一套的经营管理制度，大队与生产队实行"三包"（包工、包产、包成本）、"四固定"（定劳力、定土地、定耕牛、定农具）的生产责任制，允许适当给社员一些自留地、养猪饲料地和开荒地，作为集体经济的补充。

1964 年 3 月，在龙川全县开展了一次声势浩大的学习毛主席著作，反对"修正主义"的教育活动。同年 11 月，在农村人民公社开展清政治、清经济、清组织、清思想的"四清"运动（即社会主义教育运动）。这对解决农村干部思想作风和经济管理方面起到一定的作用，集中主要人力、财力、物力用于国民经济恢复工作，使龙川县农业生产逐年恢复和发展。1965 年龙川县全年水稻总产量 12.89 万吨，比 1957 年增长了 19.6%。

1966 年至 1976 年的"文化大革命"，使龙川县农村人民公社经济发展受到严重挫折。1976 年粮食总产量 13.08 万吨，比 1966 年粮食总产量 12.77 万吨，仅增加 3 102 吨，10 年来仅增 2.4%。而林、牧、副、渔各业及社员家庭副业被挤掉，产量和收入相对减少。1965 年社员家庭副业收入占集体收入的 10%～12%，1971 年社员家庭副业收入只占集体收入的 3%～5%。

（五）实行家庭联产承包责任制

1979 年春，龙川县边远贫困山区的一些生产队自发实行包产到户。农民有了生产的自主权，这提高了劳动者的生产积极性，插秧季节提早，劳动工效提高，生产质量好，使农民取得了较好的经济效益，比生产队经营时粮食增加 20%～30%。对于包产到户问题，龙川县许多领导干部开始持怀疑、观望或反对的态度，有的甚至认为"右了，修了，偏了"，应禁止蔓延。

1980年9月，中共中央下发了《关于进一步加强和完善农业生产责任制的几个问题》的文件。从此，才统一了龙川县领导干部的思想认识，明确了农村实行"家庭联产承包责任制""包产到户"是党中央肯定的，是允许的，应该大力支持。同年冬，龙川全县有6 464个生产队与农户签订了家庭联产承包责任制合同书，占全县生产队总数的90%以上。至1981年春，全县所有生产队全面实行了家庭联产承包责任制，合同规定生产队、农户各自的权利与任务，合同期限为3年。

家庭联产承包责任制是在基本生产资料（土地）集体所有制不变的前提下，以生产队为单位，将田分等，按人分配，以户经营；生产投资由农户自理，生产队不再进行统一分配，代之以签订承包制合同，保证完成国家公、购粮和社、队应交的各项任务后，剩下的由农户自行处理；生产队的固定财产，如耕牛、农具作价，按田亩面积分户或联户使用；公共积累按人分配，债权债务、所欠银行贷款和社员超支、应得款，全面进行处理，落实到户。明文规定，土地长期为集体所有，各农户只有经营使用权，没有买卖和转让权，不得在分得的承包责任田上兴建房屋、葬坟等。从此，家庭成为一个自行安排生产、自负盈亏的经济实体。

1983年10月5日，中共龙川县委、龙川县人民政府印发了《关于做好调整责任田工作意见》，明确责任田的调整范围、对象、方法、人口计算的时间和步骤等内容。生产队与农户重新签订了家庭联产承包责任制合同书，合同期为6年。龙川县农村实行家庭联产承包责任制后，广大农民自主经营，科学耕作，增加生产投入，勤劳致富的积极性得到充分发挥，促进了农业生产的发展。同时，农村产业结构不断调整，农、林、牧、副、渔全面发展，涌现了一大批种养、运输、建筑、服务的专业大户。1985

年，龙川全县粮食总产量 18.63 万吨，比 1978 年增长了 22.3%；全县农民人均纯收入 274 元，比 1978 年增长了 2.8 倍。

1989 年 9 月 26 日，中共龙川县委、龙川县人民政府又下发《关于调整责任田和完善土地承包制度的意见》，进一步明确了责任田调整的原则，单位、对象和人口计算时间与几个具体问题的处理意见，对全县责任田进行了适当的调整，生产队与农户重新签订家庭联产承包责任制合同书，合同期为 10 年。

1998 年 2 月，中共龙川县委、龙川县人民政府根据中共中央办公厅、国务院办公厅《关于进一步稳定和完善农村土地承包关系的通知》，把本县农村土地承包期在 1989 年调整后的承包期的基础上直接延长 30 年。

2016 年至 2017 年，龙川全县进行土地确权，进一步稳定了家庭联产承包责任制。

龙川县农村实行家庭联产承包责任制取代"三级所有、队为基础"的人民公社体制。这是历史性的重大转变，使龙川县"三农"稳定，解决了农民几千年来未解决的温饱问题，夯实了各项事业发展的经济基础，随之进入了新时代的高速发展历史时期。

确认原中央苏区县地位和对老区建设政策倾斜

　　龙川县下辖 24 个镇、315 个行政村，1 300 多个自然村，其中有革命老区村有 674 个，分布于全县 24 个乡镇 202 年行政村，老区人口占全县人口的 52.2%。老区村多数地处边远山区，交通、上学、就医等比较困难，长期以来经济发展缓慢，相对比较贫困。经过多方努力，2011 年确认了龙川县原中央苏区县的地位。中共龙川县委、县人民政府认真贯彻执行国家、省、市对原中央苏区县的优惠政策，同时还结合龙川县实际制定了多项对老区建设发展的扶持政策。在扶贫"双到"和精准扶贫中，对老区村进行倾斜扶持。2009 年以来，龙川县在开展扶贫"双到"和精准扶贫中，尤为加强对老区村的扶持力度，从而加快了老区村全面建成小康社会的步伐，提高了村级集体经济收入和农民人均纯收入。

一、健全革命老区建设组织机构

　　中共龙川县委、县人民政府对老区"高看一眼，厚爱三分"，加强了对革命老区建设的领导，健全了革命老区建设的组织机构，从组织上保证了革命老区建设发展。

（一）设置革命老区建设办公室

　　1950 年，成立龙川县革命老根据地建设委员会，由县政府及各有关单位主要领导组成，下设办公室（简称"县老区办"）。

1980 年 1 月机构改革，县老区办挂靠县民政局，编制 3 人。县老区办主要负责制定老区建设规划，了解老区人民生产生活情况，分配管理监督指导老区建设资金使用，协调有关部门支持老区建设。2011 年 8 月，县老区办建设工作职能划入县扶贫开发办公室，办公地点设在县扶贫开发办公室。

（二）成立老区建设促进会

1991 年，成立龙川县老区建设促进会（简称"县老促会"），人员由热心老区建设的离退休老干部组成。主要任务是宣传老区人民光荣的革命历史及重大贡献；弘扬老区人民优良革命传统；联系各级领导及有关部门与社会各界人士支持老区建设；深入基层调查研究，及时反映老区人民的意见和要求；协助政府认真解决老区的"五难"（交通、饮水、读书、照明、看病）和"五老"（老游击队员、老苏区干部、老党员、老交通员、老堡垒户），烈军属的生产、生活问题，做好烈士后裔助学金筹措发放工作。

第一届：1991 年至 1996 年，叶家声任理事长。

第二届：1997 年至 1998 年，魏龙延任理事长。

第三届：1999 年至 2007 年，魏秋琼任理事长。副理事长为丘日华，秘书长为邹德来，常务理事为黄安中。

第四届：2008 年至 2012 年，张志君任理事长。副理事长为胡本添、曾细添、袁日新、袁坤林，秘书长为邹德来，常务理事为黄安中、钟家群、袁木星。

第五届：2013 年至 2017 年，张志君任理事长。副理事长为曾细添、袁日新、袁坤林，秘书长为袁坤林（兼），副秘书长为张国新、杨建中，常务理事为钟家群、袁木星、朱尧佳，理事为叶观太、钟汉汝、刁权仁、叶春青、叶捌初、张己友、叶道传、梁锦文、黄锦泉、余焕光、陈子初、骆建洪。

自 2008 年开始，经中共龙川县委同意，各镇有一名现职干部兼任老区工作联络员，具体负责联络落实各镇村老区工作。

（三）确认龙川县原中央苏区县地位

2009 年 6 月 22 日，中共龙川县委办公室下发了《关于成立龙川县申报中央苏区县工作领导小组的通知》，成立"申苏"工作领导小组，下设办公室，具体负责"申苏"工作。

2011 年 2 月 1 日，中共龙川县委员会、龙川县人民政府向中共广东省委党史研究室、广东省老区建设办公室呈送了《关于请求确认龙川县属于中央苏区范围的请示》。请示重点阐述了四个方面：一是龙川党政组织长时间隶属于中央苏区党政组织系统；二是龙川的革命武装在中央苏区军事机关和武装部队的指挥（节制）下开展革命斗争；三是龙川开展了打土豪、分田地斗争，开展文化建设；四是兴（宁）龙（川）人民对中央苏区的重要贡献。

（四）省委党史研究室、省老区建设办公室的回复

2011 年 4 月 18 日，中共广东省委党史研究室、广东省老区建设办公室给中共龙川县委员会、龙川县人民政府下发了《关于转发中共中央党史研究室〈对《请求确认龙川县为中央苏区范围的请示》的回复〉的通知》（粤党史〔2011〕16 号）。其文内容如下：

中共龙川县委、龙川县人民政府：

你们要求确认"龙川县为中央苏区的范围"的请示，经报中共中央党史研究室审定，确认龙川县在土地革命战争时期属于中央苏区的范围，并以中共中央党史研究室办公厅中史厅〔2011〕7 号文正式批复。

龙川县被确认为"中央苏区的范围"，恢复了龙川县在土地

革命战争时期的历史地位，使龙川县成为全国为数不多的中央苏区县之一，是我省目前继大埔县、南雄县（今南雄市）、饶平县之后又一个中央苏区县。这是广东省党史研究工作和老区建设工作的又一新成果、新成就，对进一步加强革命传统教育和爱国主义教育，弘扬民族精神，推动我省革命老区经济社会协调发展，具有重大的现实意义和深远的历史意义。

（五）中共中央党史研究室办公厅批复

粤党史〔2011〕16 号文还随文将中史厅〔2011〕7 号文转发给中共龙川县委、龙川县人民政府，其文内容如下：

中共广东省委党史研究室、广东省老区建设办公室：

粤党史〔2011〕8 号来件收悉。根据来函请示：我们对龙川县当年是否属于中央苏区范围一事进行了认真研究，并对随函所附《中央革命军事委员会训令》等文献、当时中共兴龙县委发出的有关文件、老同志回忆材料及国民党方面的文献档案资料进行了审核。根据民政部、财政部 1979 年 6 月 24 日有关文件规定的第二次国内革命战争（即土地革命战争）时期根据地划分标准，我们认为，现有资料可以证明龙川县的一部分或大部分地区在 20 世纪 30 年代初期曾属于中央苏区粤赣省管理区域。据此，可以认定今龙川县当时属中央苏区范围。此复。

龙川县被中共中央党史研究室认定为原属中央苏区县时，全县人民欢欣鼓舞。恢复了龙川县在土地革命战争时期的历史地位，给龙川县今后的经济发展带来了良好的契机。龙川县从上到下积极开展讲"苏区"、爱"苏区"，弘扬苏区精神的教育活动。2012 年 10 月至 12 月，龙川县关心下一代工作委员会与各镇关心下一代工作委员会以"五老"（老干部、老战士、老专家、老教师、老模范）人员为主体，组织了25个"五老"宣讲团，深入到全县中小学校开展"弘扬苏区精神，做革命事业接班人"主题讲座活动，讲清什么是中央苏区、什么是苏区精神、如何去弘扬苏区精神。此活动加强了青少年的革命传统教育和爱国主义教育，全县受教育的中小学生有13万多人次。

二、制定扶持老区建设的优惠政策

中共龙川县委、县人民政府在认真贯彻执行国家、省、市对老区扶持政策的同时，根据龙川县的自身实际，制定了不少对革命老区的扶持倾斜政策。

1980年7月10日，龙川县革命委员会下发了《关于加强我县革命老根据地建设的通知》。对老根据地建设提出了九条倾斜政策：一是明确老区建设的方针；二是加强老区的生产建设；三是帮助有水力资源的老区发展小水电；四是加快公路建设；五是努力发展加工工业；六是积极发展文化教育事业；七是积极办好收购、供应工作；八是努力搞好老区的民政工作；九是加强老区建设的领导。

2008年10月24日，中共龙川县委办公室下发了《龙川县加大扶持倾斜力度，推进老区建设》的文件，在文件中提出了四条倾斜政策：一是在基础设施上采取倾斜扶持政策，改善老区人民的生产、生活条件；二是在农业生产上采取扶持政策，促进老区农民增收；三是在社会保障上采取扶持倾斜政策，确保老区困难群众的基本生活；四是在农村劳动力培训工作上采取扶持倾斜政策，促进农村劳动力就业。

2009年2月14日，中共龙川县委办公室印发《〈关于加快革命老区发展的意见〉的通知》，对老区经济社会全面发展采取了十条倾斜政策：一是扶持老区群众生产生活上的突出困难；二是扶持老区不具备生产、生活条件的贫困村庄搬迁和危房改造工作；三是扶持老区基础设施建设；四是扶持老区特色工业；五是扶持老区特色农业；六是扶持老区民营企业；七是扶持老区发展旅游等第三产业；八是扶持老区加强培训和转移老区富余劳动力；九是扶持老区留住和引进人才；十是扶持老区精神文明建设。

龙川县老区建设促进会利用扶持政策，争取各项扶持资金，为革命老区镇村办好事实事。积极促进推动老区村公路硬底化建设。至2007年，全县仍有48个老区村，177.12千米公路未硬底化。龙川县政府及时安排配套资金535万元，利用扶持政策帮助老区村筹集资金1350万元，使镇通老区行政村道路全面实现了硬底化建设。积极促进推动老区镇、村改善办学条件，取得省老促会支持，拨款1710万元，改造兴建了57所学校，及时解决了老区镇村民子女上学难的问题。2014年至2017年，镇级卫生院改造，争取上级扶持资金3500万元，促进推动了老区镇卫生院的标准化建设。2012年至2018年，为解决老区村饮水难问题、自然村道路建设共筹措资金130万元。2009年至2017年，筹集资金扶持老区村发展特色农业15万元，为革命后裔筹集助学金80万元，资助450名学生。龙川县老区建设促进会，2015年被中国老区建设促进会评为"革命老区减贫贡献奖"，2016年被广东省老区建设促进会评为全省老区建设促进会工作"先进集体"。

国家实施原中央苏区县发展战略以来，中央及中央各部委陆续出台了各项扶持政策，从各个方面支持原中央苏区县的发展。中共龙川县委、县人民政府认真贯彻落实对原中央苏区县的各项扶持政策，做好对接工作，抓好项目的谋划、筛选和储备，以项目争取资金。从2015年至2017年，龙川全县共争取享受到中央、省给予的各项扶持资金达到212.6亿元。项目覆盖了交通、农网改造、水利、教育、卫生、文化等方面，这些资金的有效投入，有效地促进了龙川经济的快速发展。2017 年，龙川县全年完成地区生产总值 148.1 亿元，比 2016 年增长了 8.3%。

龙川县老区村在有关政策的扶持下，村容村貌发生了巨大的变化，农村经济得到了快速发展，如佗城镇枫深村。

龙川老区村（枫深村）风貌

枫深村是革命老区村，位于龙川县佗城镇北部，面积 16 平方千米，4 个自然村，8 个村民小组，2016 年底常住人口 2 685 人，其中户籍人口 1 366 人。外来务工人口 1 319 人。2013 年起建立村党总支部，下设 4 个党支部，党员 102 人。他们十分注重抓党建，抓政策，抓发展，使整个村发生了翻天覆地的变化。2016 年村集体收入达 130 万元，农民人均纯收入达 11 300 元，比 1978 年的 1 500 元增长了 6.5 倍，基本达到小康水平。这个村是河源市经济、社会发展远近闻名的先进村，多次获得国家、省、市、县、镇各种荣誉称号，被中共河源市委组织部、河源市委党校定为党性教育基地。这个村为什么能成为远近闻名的先进村呢？他们主要的做法是：

一是坚持党的思想建设，始终保持党员先进性。这些年来，枫深村党总支按照"抓党建促发展"的工作思路，大力实施固本强基工程，提高党总支凝聚力和战斗力。党总支书记徐远增是老革命徐桂炳的儿子。其父亲徐桂炳1942年参加中共的地下革命活动，组织醒狮队掩护地下武工队活动，1943年加入中国共产党，1949年9月至1968年任枫深村"贫协会"会长。在革命先辈的影响下，徐远增放弃在惠州工作的机会，立志回乡报效家乡父老。1996年他担任村党支部书记以来，围绕"五好"标准，抓好党支部建设，按照优秀共产党员"五好带头标准"，充分利用农村党员现代远程教育平台，对党员实行常态化教育，在抓好"三会一课"常规教育的基础上，开设"星期五课堂"，有效地提高了党员的综合素质。他们还建立完善了党支部工作制度、群众事务党员代表制度、党员联系群众工作制度，形成了"以制度管人，按制度办事"的运行机制。枫深村党组织的战斗堡垒作用和党员的先锋模范作用得到了充分的发挥，取得了优异的成绩，得到了上级的充分肯定。村党总支被市评为"先进基层党组织"，党总支书记徐远增也多次被评为省、市、县、镇优秀党组织书记。2013年他被国家体育总局评为"全国群众体育先进个人"，受到中共中央总书记、国家主席、中央军委主席习近平同志的亲切接见。在接见前，他参加了习近平总书记召开的只有36人参加的小型座谈会，当面聆听习近平总书记的亲切教诲，会后合影留念，为老区人民争了光。

二是坚持以经济建设为中心，创办村级工业园。革命老区枫深村地处边远山区，经济长期落后。进入21世纪后，经过枫深村党总支研究，并发动群众讨论，决定创办自己的工业园。工业园采取"农田变股田，农民变股民"的土地流转合作方式，以村民自愿入股为原则，规划建设了全市首个村办工业园，得到龙川县委、县人民政府批准和充分肯定。工业园建成后，成功引进了外资企业。到2016年年底，全村已有外资企业17家，共引进资金5亿元，提供就业岗位1 503个，企业总收入7亿元，税收1 550万元。福建腾达特钢有限公司投资1.3亿元，每年创收工业产值5亿元，税收1030万元，按照龙川县政府文件规定，每年返还给枫深村税收70万元。至2016年底，腾达公司给枫深村集体和村民地租和税收返还共700万元，还给枫深村村民提供了100多个就业岗位。又如枫深大自然山庄，引进外资3000多万元，建设了饭店、旅业、水上乐园等。特别是水上乐园，2017年夏季有5万多人次进园，为县城和周边百姓夏天消暑提供了好去处。2017年，水上乐园总收入达200多万元，税收10多万元，安排就业岗位35个。同时，枫深村党总支还适时引导村民调整产业结构，从单一水稻种植，向多元化发展，全村种植林木373.33公顷，种植油茶142.2公顷，园林花木53.33公顷，水果25公顷，蔬菜8.33公顷，枫深村农业逐步走向规模化、集约化经营。

三是坚持人民生活福祉为本，为百姓多办好事实事。枫深村党总支、村民委员会，始终把民生福祉作为不懈的追求，长期致力为村民办好事、办实事。第一，加大投入，美化了村主干道，促进自然村村道及村进农户道路硬底化建设。组建了村环卫队，建设了43个垃圾池，改变了几千年来遗留下来的每户"一垃圾堆，一焚烧堆"的陋习。第二，解决难题，维护群众利益。他们投入18万元，在山上引水，建设拦溪小坝蓄水池2个，铺设引水管道11682米，挖掘深水井4个，设抽水房4个，彻底解决村民、学校和引进企业的饮用水问题。合理规划，无偿给村民提供宅基地，帮助40户困难户解决住房问题，村里出资，为全体村民购买新型农村合作医疗，使村民参合率达100%。第三，完善基础设施，丰富村民生活。筹集资金200多万元建设了村文化广场、党员活动中心、学生图书室、农家书屋等。投入1231万元建设3800多平方米的室内文化体育活动中心，内设篮球场、羽毛球场、游泳池、多功能舞台，配备高级音响，为村民开展文化娱乐活动提供了极大的便利。投入 300 多万元建设了老人公寓，供村内老人住宿。投入 31 万元建设治安岗亭，组建治安联防队，聘请保安人员 10 人。投资 38 万元安装治安监控摄像头 36 个，为全村良好的治安秩序提供保障。第四，建立老人协会，为老人提供安度晚年的场所。每年拨出经费 20 多万元，给全村 60 岁以上老人使用。规定每星期三，全村老人集中吃早餐，集中做早操后，按个人爱好自由活动，下棋、吹奏音乐、跳舞等，其乐融融。

坚持改革开放，推动经济快速发展

粉碎"四人帮"后，龙川人民迫切要求纠正"文化大革命"的错误理论和实践，加快龙川经济的发展。中共十一届三中全会后，龙川大地唱响了"春天的故事"，走进了新时代。在进入新时代的发展中，龙川县面临着许多新的挑战：思想禁锢，有部分干部舍不得计划经济时代的"铁饭碗"；科技人才缺乏；工业、农业生产技术含量低，生产出来的产品在市场上缺乏竞争力；交通、通信滞后；财政底子薄；等等。

中共龙川县委、县人民政府带领全县人民，紧密地团结在党中央周围，面对新的挑战，冲破了"两个凡是"，勇于纠正"文化大革命"的错误理论和实践，从"以阶级斗争为纲"，迅速转移到以经济建设为中心上来。坚持改革开放，打破了"铁饭碗"，以市场为导向，引领工业、农业、服务业进入市场竞争，务实谋发展。龙川县经济逐步进入高速发展的快车道。

一、调整三大产业结构，推动地区生产总值增长

龙川县长期以来以传统农业经济为主，在地区生产总值中，第一产业产值占大头，第二、第三产业产值仅占三分之一左右。工业落后，财政困难，至1978年县级财政收入仅1 353万元。人民生活十分贫困，温饱没有解决，吃粮靠政府。中共十一届三中全会后，龙川县人民解放思想，适时调整三大产业结构，使龙川

县逐步进入工业立县的发展道路,三大产业协调平稳发展。在地区生产总值中,第一产业产值逐步缩小,第二、第三产业产值逐步增大,提高了工业化、农业产业化、城镇化的水平。龙川县地区生产总值、财政收入、城乡人均可支配收入快速增长。

中华人民共和国成立后龙川县经济发展变化概况表

项目 年份	人口 （万人）	地区生产 总值 （万元）	第一产业 总值 （万元）	第二产业 总值 （万元）	第三产业 总值 （万元）	县级财政 收入 （万元）
1957	40.05	3 764	2 535	912	317	314
1978	61.33	18 373	12 127	4 793	1 453	1 353
2012	95.62	977 846	210 640	320 458	446 748	36 300
2016	99.60	1 364 738	260 733	375 295	728 710	63 300

龙川县地区生产总值的"蛋糕"越做越大。2016年地区生产总值136.47亿元,是1957年3 764万元的363倍,是1978年1.84亿元的74倍,是2012年97.78亿元的1.4倍。按户籍人口计算,人均地区生产总值,1957年94元,1978年200元,2012年10 226元,2016年13 702元。第一、第二、第三产业总值在地区生产总值中的比例为:1957年,6.8:2.4:0.8;1978年,6.6:2.6:0.8;2012年,2.2:3.3:4.5;2016年,1.9:2.8:5.3。1957年至1978年第一产业总值占了近七成,而第三产业总值不到一成;而到了2016年产业结构发生了巨大的变化,第一产业总值不到两成,而第三产业总值已达到五成三。

龙川县县级财政的"底子"越来越厚。2016年县级财政收入6.33亿元,是1957年314万元的202倍,是1978年1 353万元的47倍,是2012年3.63亿元的1.74倍。按户籍人口计算,人均财政收入分别为:1957年,7.8元;1978年,22.06元;2012年,

379.62 元；2016 年，635.54 元。

龙川县城乡居民的收入越来越高。2016 年城乡居民人均可支配收入 14 270.7 元，比 2012 年增加了 6 961.7 元，增长了 95.24%。

龙川县金融组织体系服务越来越全面，全县现有银行机构 8 家（网点数 67 家），证券机构 2 家，保险机构 13 家（网点 39 家），小额贷款公司 3 家。2016 年末，全县银行机构各项存款余额 231.85 亿元，比年初增长 19.33%，占河源市存款余额总量的 20.37%；各项贷款余额 112.02 亿元，比年初增长 8.55%，占河源市贷款余额总量的 12.63%。"十二五"期间，银行机构各项存款保持年均 15% 左右的增长速度。

龙川县保险机构业务发展迅猛，保费收入，理赔支出，分别从 2011 年 1.4 亿元、0.38 亿元，增加至 2016 年的 3.47 亿元、1.1 亿元，年均分别增长 20.1%、22.1%。安信证券和东莞证券 2 家机构沪、深股市股民开户数 10507 户，股票交易额 58.05 亿元，基金及理财产品交易 3.47 亿元。

二、推进工业管理体制改革和创建省级工业园

20 世纪 50 年代初，龙川县工业相当落后，虽有老隆的皮枕头、牛筋糕，佗城的草席，贝岭的东庄纸，但产量很少，产值很低。1950 年全县工业总产值只有 255 万元。在 20 世纪六七十年代期间，发展工业的项目虽比较多，但工业产值仍很低，至 1978 年全县工业总产值才 7426 万元。随着改革开放的深入，对国有企业进行了全面改革，创新国有企业的管理体制，从封闭型工业转向开放型工业，广泛引进外资发展民营企业，创建省级工业园，逐步走向了工业立县、工业强县的道路，工业成了龙川县经济快速增长的主要支柱，2016 年全县工业总产值达到 129 亿元。

（一）推进工业体制改革

20世纪六七十年代，龙川县工业企业有几百家，主要有电力、森林业、采矿、冶炼、铸造、造纸、造船、化工、建材、饮料、日用陶瓷、酿酒等工业。这些企业在计划经济时期，政府统得过多、过死，企业没有经营自主权，责权利分离，导致企业效益低下。如1974年至1978年的5年间，工业总产值徘徊不前，1974年4 723万元，1975年8 258万元，1976年7 396万元，1977年5 687万元，1978年7 426万元。直至1985年工业总产值才8 495万元，比1975年仅增了237万元，10年才增长2.9%。中共十一届三中全会后，工业企业逐步进行各项改革。2000年龙川县进行工业企业产权改革，在改革进程中，龙川县人民政府支持民营企业、外资企业或个人参与国营工业企业产权改革工作，使全县国营集体工业企业从数量到产值都发生了极大变化，而民营企业和"三资"企业壮大成为龙川工业经济的主力。至2004年，龙川全县有工业企业979家，其中个体经营工业751家，占76.7%，完成工业总产值27.49亿元，是1978年7 426万元的37倍。

随着改革开放的步步深入，龙川发展工业的思路更加清晰，方向更加明确，坚持走工业立县发展经济道路。以招商引资和发展民营企业为突破口，以经济效益为中心，创办工业园，促进工业企业转型升级，使龙川工业快速发展，工业产值快速提升。2016年龙川县工业产值129亿元，是1978年0.74亿元的174.3倍，比2012年的103.6亿元增长了24.5%。

（二）创新改造国有企业

经过工业体制改革后，枕头寨电厂（前称尼龙坝电站），仍是龙川县属国有企业。枕头寨电厂于1970年12月动工兴建，上游正常蓄水位64.5米，共装机14台120型轴流水轮发电机，总

容量为 1 468 千瓦，至 1980 年 12 月完成建设，年均发电量 1 400
万千瓦时。

枕头寨电厂

1989 年 1 月枕头寨电厂改建工程正式动工，上游正常蓄水位
由原来 64.5 米提高到 67 米，装机 5 台，单机容量 2 500 千瓦，总
装机容量 12 500 千瓦，至 1992 年 8 月完成建设，年均发电量
5 500 万千瓦时。

2012 年枕头寨电厂进行增效扩容改造，改造后单机容量
3 600 千瓦，总装机容量 18 000 千瓦，至 2016 年 3 月完成改造，
年均发电量 6 500 万千瓦时，是 1980 年年均发电 1 400 万度的
4.64 倍。枕头寨电厂具有防洪、灌溉、供水、美化县城水环境等
综合功能。

（三）招商引进外资

为了加快工业的发展，1998 年 8 月成立了龙川县人民政府对

外引进办公室。这一年引进内资项目 26 宗，合同资金 846.6 万美元，实际到位资金 846.6 万美元；引进外资项目 5 宗，合同资金 244 万美元，实际到位资金 381 万美元，实现招商引资开门红。2016 年 4 月"引进办"更名为龙川县招商局。

2012 年，深圳宝安（龙川）产业转移工业园被摘掉省级园区的招牌，其中一个重要原因就是招商引资不力。中共龙川县委、龙川县人民政府化被动为主动，引进空气能、现代建筑等多家产业多家公司落户深圳宝安（龙川）产业转移工业园建成投产。2013 年不但成功"复牌"，而且在年度省产业园建设管理考评中取得优秀，全省通报表扬，龙川县招商年年出新招，工业园区年年有新发展，2016 年又成功引进 10 家光电企业落户龙川。

（四）创办省级工业园

2016 年龙川县工业园建成投产企业 65 家，比 2012 年增加了 44 家，实现工业总产值 66.65 亿元，比 2012 年增长 183%。规模以上工业增加值 16.09 亿元，比 2012 年增长 205%，创造税利 2.6 亿元，比 2012 年翻了一番，提供就业岗位 18 009 个，其中本地用工人数 9 331 人，占就业岗位 51.8%。

★**工业园区基本情况**　龙川县工业园由深圳宝安（龙川）产业转移工业园和宝龙、宝塘、梅村、新城工业小区组成，简称"一园四小区"。至 2017 年，工业园区总规划面积 34.9 平方千米，已开发工业用地 7.22 平方千米，共引进工业项目 98 个，总投资 244.15 亿元。其中，深圳宝安（龙川）产业转移园规划面积 29 平方千米，已开发面积 5 平方千米，有入园企业 71 家，总投资额 172 亿元；宝龙工业园规划面积 2 平方千米，首期开发面积 1 平方千米，已开发面积 0.45 平方千米，有 11 家企业落户，全部建成投产，合同投资总额 4.4 亿元；宝塘工业园规划面积 2 平方千米，已开发建设面积 0.5 平方千米，有 11 家企业落户，全部已建成投产，合同投资总额 7.04 亿元；新城工业小区规划面积 0.4 平方千米。至 2017 年，已完成全部开发建设任务，并已出让工业用地 0.4 平方千米，有 1 家企业落户，全部已建成投产，合同投资总额 1.27 亿元；梅村工业小区规划面积 1.5 平方千米，已开发面积 0.87 平方千米，共有 4 家企业签约落户，已建成投产，合同投资总额 3.92 亿元。

随着园区配套设施的不断完善和落户工业项目的纷纷建成投产，园区的效益正逐步凸显。2017 年，全县工业园实现工业总产值 74.68 亿元，同比增长 28.4%；规模以上工业增加值 17.12 亿元，同比增长 25.6%；创造税收 2.94 亿元，同比增长 28.3%。

★深圳宝安（龙川）产业转移工业园　深圳宝安（龙川）产业转移工业园是 2008 年 11 月经广东省人民政府认定的省级产业转移工业园。园区位于龙川县通衢、登云两镇交界处的大坪山地段，205 国道穿越其中，梅河高速公路在该地段设有登云出入口，离县城老隆约为 10 千米，距京九铁路华南地区最大的编组站 15 千米，交通便利、区位优越。园区总规划面积 29 平方千米，已开发面积 5 平方千米。园区积极参与粤港澳大湾区新兴产业链分工，推进构建"总部 + 基地""研发 + 生产""创新 + 孵化"的产业合作发展新模式，谋划并确定发展"现代建筑工业化"产业路径，提出"以现代建筑工业化为引领，参与珠三角产业分工，全面促进电子电器、空气能、钢结构等多产业融合发展"的产业思路，以"中国空气能产业基地"为依托，致力打造"国家级现代建筑工业化产业基地"。

园区在上级关怀和正确领导下，积极抢抓省促进粤东西北振兴发展的历史机遇，全力推进园区扩能增效。园区至 2017 年底已完成了 5 平方千米工业用地的征地拆迁、工业用地的平整，园区主要管网、路网、电网、供水、供电、排污设施建设配套到位。

入园企业已有71家，合同投资总额227.53亿元，主导产业企业58家，产业集聚率为87%。园区已经形成电子电器、空气能、现代建筑工业化三大主导产业。71家企业中建成投产51家，开工在建8家，筹建12家。深圳宝安（龙川）产业转移工业园在2017年省政府考核中获评"优秀园区"等次，成为我省唯一连续六年获评优秀的园区。

发展中的深圳宝安（龙川）产业转移工业园

★**三大主导产业** 龙川县工业园区初步形成了电子电器、空气能、现代建筑三大主业。

1. **电子电器产业** 景旺电子科技（龙川）有限公司是香港景旺企业集团有限公司在龙川设立的公司，于2006年4月落户深圳宝安（龙川）产业转移工业园，总投资10.8亿元，用地15万平方米。2008年6月建成投产，主要生产柔性线路板，多层高密度线路板及其他电子电器产品，2016年企业总产值16亿元，税收达1.3亿元，是广东省制造企业百强企业。

景旺公司拥有14项发明专利和新型实用技术，其中铝基板成品检板台引进装置被国家知识产权局授予实用新型专利权。2011
年景旺电子被认定为"国家级高新技术企业";2012 年 11 月景旺
电子研究机构被广东省政府认定为"广东省金属基印电路板工程
技术研究开发中心"。2016 年 2 月荣获广东省科学技术创新类二
等奖。

2. 空气能产业　龙川纽恩泰新能源科技发展有限公司,于
2013 年 6 月落户深圳宝安(龙川)产业转移工业园。总用地面积
4 万平方米,总投资 2 亿元,于 2016 年初首期建成试产,全面建
成投产后,预计年产值 3 亿元以上,税收可达 1 000 万元以上。

龙川纽恩泰新能源科技发展有限公司

龙川厂是纽恩泰品牌在广东最大的空气能热水器生产厂家,
纽恩泰是空气能生产企业的龙头企业。它带动吸引了天仕达、聚
腾、华天成等 16 家空气能企业抱团落户龙川,有力地推动龙川县
建成中国空气能产业基地的建设步伐。

3. **现代建筑产业** 广东迈诺工业技术有限公司于 2013 年 1 月落户深圳宝安（龙川）产业转移工业园，用地面积 9.3 万平方米，总投资 5.1 亿元。2013 年 5 月开工建设，2016 年初首期建成投产，预计全面投产后产值 10 亿元以上，税收达 5 000 万元以上。迈诺的主要产品有：点式幕墙构件、迈诺门窗五金、窗控、门控系统等。迈诺获得国内外发明专利、实用新型和外观专利 100 余项，是不锈钢装饰行业拥有产品最全、专利最多的企业，始终保持着世界行业领先地位。

★**帮扶贫困村壮大集体经济** 龙川县 78 个贫困村（占全县行政村 24.76%）入股工业产业园开发建设资金 2 750 万元，每年分得红利 550 万元，年均每个贫困村可得红利 7.05 万元，壮大了贫困村集体经济。

三、优化农业产业结构和向产业化、商品化转变

龙川县农业长期是以单一种植业为主的传统农业，千军万马搞饭吃，但农民温饱问题仍没有解决，农业经济发展滞后，1978 年农村居民可支配收入只有 41 元。中共十一届三中全会后，进行了农业生产经营体制改革，优化农业的产业结构，调整农业产业布局，发挥各地的区域优势，积极发展畜牧水产业。随着市场经济的发展，积极推进农业向商品化、专业化、现代化转变，逐步优化农作物的品种，努力提高农产品质量，使传统农业逐步向"三高"（高产、高质、高效）农业转变，从而提高了农产品的质量，增强了市场的竞争力，解决了农产品难于进入市场、产品过剩的问题，从而提高了农民收入，到 2016 年农村居民可支配收入达到 12 051 元。

（一）创建全国粮食生产先进县和推进农业产业化

20 世纪 70 年代，龙川县农村人口占了全县人口的 90% 以上，

长期困扰人们的突出问题是温饱问题。为稳定农村，解决人们的吃饭问题，中共龙川县委、县政府十分重视粮食生产，在广大农村开展粮食生产创高产活动，改革耕作制度，推广良种良法，使龙川县成为全国粮食生产先进县，从而也优化了种植业结构，促使农业向产业化转变，加快农村经济的发展，增加了农民的收入。

龙川县农业、农民收入发展变化情况表

项目 年份	耕地面积 （万公顷）	水稻面积 （万公顷）	粮食总产 （万吨）	农业总产值 （亿元）	农村居民人均可支配收入（元）
1978	3.07	2.62	15.23	10.47	41
2012	2.91	2.37	27.44	33.80	7 166
2016	3.15	2.62	27.31	42.16	12 051

★**农业和农民经济收入** 2016 年，粮食总产量 27.31 万吨，是 1978 年 15.23 万吨的 1.79 倍，农业总产值 42.16 亿元，是 1978 年 10.47 亿元的 4.03 倍，是 2012 年 33.8 亿元的 1.25 倍。从 1950 年至 1980 年的 30 年中，农村居民人均可支配收入，没有一年超过 100 元的，直到 1981 年才上升到 247 元。2016 年农村居民可支配收入 12 051 元，是 1978 年 41 元的 293.93 倍，比 2012 年 7 166 元增长了 68.17%。

★**创粮食高产** 首先是耕作制度改革，实行"两改"：一是单造改双造，20 世纪五六十年代，把全县 0.2 万公顷单造稻改为双造稻；二是大株疏植改为小株密植，把原来插秧规格 1 尺 × 1 尺，常规稻改为 6 寸 × 4 寸、5 寸 × 4 寸，每棵 8 ～ 10 苗；把杂交稻改为 6 寸 × 7 寸，每棵 1 ～ 2 苗，这一项措施可亩增 12% ～ 38%。其次是改造低产田。1974 年，全县推广中共龙川县委命名为"阿婆麻坑"（铁场公社铁场大队）式改造山坑低产田经验：

挖沟（排泉沟、排洪沟三面光），改土（黏土掺沙），增肥（种绿肥）。20 世纪七八十年代，全县改造了 0.67 万公顷山坑低产田。三是推广良种良法。20 世纪 90 年代，加大力度推广杂交稻、尼龙育秧、抛秧、配方施肥、病虫害防治等项良种新技术，使龙川县水稻连续 11 年 22 造增产。1992 年秋后，《南方日报》头版头条报道："高寒山区龙母镇在河源市获得'首个吨谷镇'的光荣称号。"1997 年龙川县水稻总产为 35.273 万吨，单造亩产突破 500 千克，率先在河源市实现了"吨谷县"目标。2012 年，龙川水稻晚造高产创建亩产达 673.05 千克，水稻单产创河源市历史上最高记录。2016 年优质稻面积 95% 以上，年产量 25.8 万吨，其中 7.5 万吨成为商品粮。2010 年龙川县农业局被评为"全国粮油糖高产创建单位"，2011 年龙川县获得"全国特色农业加工基地"称号，2012 年龙川县被农业部授予"全国粮食生产先进县"。

位于丰稔镇的火龙果种植基地——龙川县绿誉农业发展有限公司

★**农业产业化** 2016 年，龙川县省级现代农业园 1 个，省级农业龙头企业 5 家，市级农业龙头企业 24 家，年产值超过 2 000 万元以上的 12 家，农业龙头企业年销售收入达 5.2 亿元。自有基地种植面积 0.57 万公顷、自有基地水产养殖面积 200 公顷、家禽养量 21 万只、牲畜养量 13 万头，带动农户 1.8 万户，占全县农户数的 11.25%，带动农户增收 4 530 万元，户均增收 2 517 元，对农户纯收入的贡献率为 3.7%。

龙川县绿誉农业发展有限公司位于丰稔镇，是省级农业龙头企业，2016 年有种植面积 400 多公顷，其中油茶 300 公顷，火龙果 33.33 公顷，水产养殖 13.33 公顷，其他水果和景观绿化苗木 33.33 公顷，并建成 20 公顷集休闲、运动、文化、饮食于一体的现场采摘公园，还建成了 2 公顷温室大棚及冻库等配套设施，为周边 173 户（其中贫困户 80 户）农户实现家门口就业，户均年收入增加 16 600 元。

★**农业机械化** 2016 年，龙川县农机总动力达 19.1 万千瓦。水稻农机化各项指标为：机耕面积 3.18 万公顷，机耕率 89.3%；机插面积 0.33 万公顷，机插率 9.3%；机收面积 2.01 万公顷，机收率 56.5%；水稻综合机械化水平 51.7%。

（二）畜牧和渔业逐步进入规模化生产

畜牧和渔业生产是龙川农村的一大产业，对农民的收入起着举足轻重的作用。中共龙川县委、县人民政府历来十分重视畜牧和渔业生产组织机构和科技队伍建设。1951 年，龙川县成立农林科，下设水产养殖公司。几经更名改设，2008 年设立龙川县畜牧兽医渔业局，现核定编制 124 人（含镇级 75 人）。106 人取得专业技术职称，其中高级职称 3 人，中级职称 21 人，助理职称 72 人，技术员职称 10 人；4 人考取国家执业兽医资格证，5 人考取国家执业助理兽医资格证，61 人获颁官方兽医证书，121 人考取国家级动物检验检疫员资格证。由于畜牧和渔业科技的带动，单一家庭式生产逐步转变为规模化生产，提高了畜牧和渔业的产品质量和产值。

龙川县畜牧兽医渔业局获省级以上荣誉一览表

年份	获荣誉名称
2005	"猪品种改良与推广"获省农业技术推广三等奖
	获全省海洋与渔业系统"综合管理先进单位"
2009	获广东省农业技术推广先进单位
2011	获广东省"中牧怀"基层防疫人员防疫技术比武大赛团体一等奖
2012	渔政管理工作获省海洋与渔业局综合考评先进单位
	龙川县动物卫生监督所荣获广东省先进县级动物卫生监督机构
2013	龙川渔政大队队伍建设和执法工作获广东省渔政总队先进单位
	《龙川县耕牛寄生虫调查报告》获广东省兽医协会优秀论文三等奖

★**畜牧渔业产量产值**　中共十一届三中全会以来，龙川县畜牧渔业稳步健康发展。

2016 年牧业总产值 97 384.80 万元，占农业总产值421 590.89 万元的 23.1%，比 1978 年牧业总产值 805.47 万元增长 11 990.43%，比 2012 年牧业总产值 85 898.41 万元增长 13.4%。

2016 年生猪年末存栏 21.9758 万头，比 1978 年末 6.2371 万头增长 252.34%，比 2012 年末 24.8136 万头增长 – 11.44%。生猪良种化率达 95%，瘦肉率达 65% 以上。

2016 年牛年末存栏 3.5832 万头，比 1978 年末 2.9091 万头增长 23.17%，比 2012 年末 3.4384 万头增长 4.21%。

2016 年羊年末存栏 0. 2615 万头，比 1978 年末 0. 0895 万头增长 192. 18%，比 2012 年末 0. 2978 万头增长 – 12. 19%。

2016 年家禽年末存栏 270. 627 万羽，比 1978 年末 63. 86 万羽增长 323. 78%，比 2012 年末 329. 426 万羽增长 – 17. 85%。

2016 年渔业总产值 13 659. 38 万元，比 1978 年 64. 21 万元增长 21 172. 98%，比 2012 年 13 058. 12 万元增长 4. 6%。

2016 年渔业养殖面积 2 150 公顷，比 1978 年 935 公顷增加 129. 95%，比 2012 年 1 831 公顷增长 17. 42%。

2016 年渔业总起水量 14 480 吨，比 1978 年 470 吨增长 2 980. 85%，比 2012 年 13 900 吨增长 4. 17%。

★规模化基地化生产　2016 年底，龙川县建成生猪标准化规模养殖场 13 个，水产健康养殖示范场 3 个，肉鸡标准化养殖场 4 个，4 个畜牧水产养殖场取得"广东省无公害农产品"认证。全县重大动物疫苗群体免疫密度 100%，动物免疫抗体合格率达 70% 以上。

龙川县义都镇油茶种植农民专业合作社承建的肉牛规模养殖示范基地，现有草地 233. 33 公顷，人工种草 73. 33 公顷，现有黄牛和水牛两个品种，存栏牛 450 头，其中母牛 380 头，达产后可出栏牛 300 头。

龙川县鑫炬种养农民专业合作社承建的南方现代草地畜牧业推进行动项目的山羊规模化养殖基地，位于龙川县紫市镇新南村，现有优质牧草基地 33. 33 公顷，种羊 800 头，年出栏种羊、肉羊 3 000 头。

★生猪高床发酵生态养殖技术正式投产　龙川东瑞农牧发展有限公司成立于 2012 年 7 月，是河源市高床发酵生态养殖示范基地，位于龙川丰稔镇十二排村，猪场占地面积 84. 67 公顷，第一期生产线于 2015 年 11 月正式投产，设计规模为能繁母猪 2 500

头，年出栏生猪 50 000 头；第二期生产线 2016 年 6 月动工建设，2017 年底正式投产，设计规模为存栏母猪 2 500 头，年出栏生猪 50 000 头，完全达产后母猪存栏 5 000 头，生猪出栏 100 000 头。整个生猪养殖过程中采用自动温度控制、全封闭、不冲水，该养殖模式比传统养殖模式节水达 80%，养殖污水经过厌氧发酵、生物处理后达标排放，环保压力大大减少。

★**东江渔业生态资源**　东江流经龙川境内，县渔政大队认真履行监管职责，严格落实休渔期制度，实施东江全流域人工增殖放流活动，重点打击电、毒、炸等违法行为，落实渔民休渔期禁渔补助和渔船柴油补贴，有效地保护了东江龙川段的渔业资源。

四、建设优美林业生态和水利防灾减灾设施

龙川是八山一水一分田的山区县，江河支流多，高排山坑田多。由于防灾抗灾能力差，旱涝灾害频繁发生。中华人民共和国成立后，中共龙川县委、县人民政府发动全县人民群众大兴修水利，绿化造林。在 20 世纪 60 年代初，全县建造了五大中型水库（上板桥、黄江、高陂、新村、霞沙洲），使龙川县水利设施有了很大改善。1985 年始，开展了"五年消灭荒山，十年绿化龙川"的大会战，大大提升了龙川县的森林绿化率，同时加强了森林资源和水力资源的管理、保护、开发利用，使龙川县城乡始终保持一片优美的绿水青山。龙川现是国家级重点生态功能区，粤港地区重点水源保护区。

（一）建设优美林业生态

龙川县山多且高，1950 年后，山林遭到破坏，一度成了广东省的荒山大户，林业生态环境日益恶化，"天晴张牙舞爪，下雨头破血流"。进入 20 世纪 80 年代，中共龙川县委、县人民政府加大了对林业生态县建设和发展油茶产业的工作力度，发动群众向

荒山开战，绿化造林，消灭荒山，取得了显著成绩。2014 年被广东省政府授予"广东省林业生态县"称号；同年 5 月县城被评为"中国深呼吸小城 100 佳"；2016 年县林业局被全国绿化委员会、人社部、国家林业局联合授予"全国绿化先进集体"荣誉称号。

★**林业体制改革** 1950 年龙川县森林面积 24 万公顷，森林蓄积量 313 万立方米，后因"大跃进"和"文化大革命"，龙川县森林资源遭受到严重破坏。据 1984 年森林资源二类调查结果：龙川县林地面积 23.35 万公顷，森林面积 12.39 万公顷，无林荒山面积 10.96 万公顷，森林蓄积量 133.61 万立方米，比 1950 年减少了 179.39 万立方米，森林覆盖率只有 35.12%，龙川县成了广东省荒山大户之一。

1982 年，龙川县全面落实林业"三定"（稳定山林权、划定自留山、确定林业生产责任）政策，刹住了乱砍滥伐的歪风，调动广大群众造林绿化积极性，促进了林业生产的发展。

★**造林绿化达标** 1985 年广东省委、省政府作出《关于加快造林步伐，尽快绿化广东的决定》，号召全省人民"五年消灭荒山，十年绿化广东"。中共龙川县委、县政府认真贯彻执行广东省委、省政府的决定，发动全县人民集中人力、财力向 10.67 万公顷荒山开战。经过 8 年的艰苦努力，至 1993 年，龙川县完成造林面积 8.38 万公顷，其中飞播面积 3.27 万公顷，种果面积 0.75 万公顷，疏林补植改造 0.66 万公顷。森林覆盖率从 1984 年的 35.12%，提高到 61.7%。经广东省绿化达标组验收，1993 年广东省政府批准龙川县为绿化达标县，提前两年实现了绿化达标目标。

★**林业生态县建设** 中共龙川县委、县政府认真贯彻执行广东省委、省政府《关于加快建设林业生态省的决定》，确定走以生态建设为主的林业可持续发展道路，做好规划，四管齐下：坚持造林灭荒，做好林地保护利用工作，严厉打击涉林违法犯罪行为，全方位推进林业生态县建设。2012—2016 年，龙川县完成森林碳造林 2.87 万公顷，完成生态景观林带示范段建设 35.8 万千米、143.2 公顷。2016 年龙川县林地面积 23.23 万公顷（其中生态公益林面积 12.68 万公顷），森林面积 21.28 万公顷，比 1984 年增加了 8.89 万公顷；森林蓄积量 749.4 万立方米，比 1984 年增加了 615.79 万立方米；森林覆盖率达到 73.3%，比 1984 年提高了 38.18%。

枫树坝省级自然保护区

★**国家油茶产业发展试点县**　2009 年龙川县被列为国家油茶产业发展试点县后，采取了一系列有效措施，全面推进油茶产业发展，至 2016 年全县油茶种植面积 2.73 万公顷。其中挂果成片老油茶 1.2 万公顷，零星分布油茶林近 0.4 万公顷（主要是本地油茶），近年来新种油茶林面积 1.13 万公顷（主要是赣无系列、赣石系列、湘林系列等国家认定油茶品牌）。逐步推进油茶生产产业化，现有省级油茶龙头企业 3 家。全县新老茶油挂果面积 2.07 万公顷，年产油量 4650 吨以上，年产值 6.5 亿元。龙川县茶油销售渠道从传统的自产自销，店面销售拓展到电子商务销售。

（二）逐步完善水利防灾减灾设施

龙川水力资源丰富。全县水力资源理论蕴藏量41.64万千瓦，可开发利用水力资源29.18万千瓦。

★**水利设施**　中华人民共和国成立之初，龙川县农田多靠山泉和引水灌溉为主。1950年，全县水旱田为3万多公顷，有水利工程灌溉的仅有0.67万公顷左右。1950年后，龙川县重视水利设施建设，至2016年，全县耕地为3.15万公顷，其中有效灌溉面积为2.35万公顷。旱涝保收面积为1.81万公顷，比1978年增加了0.59万公顷，增加了48.4%。

1. **蓄水工程**　龙川拥有大型水库1宗，中型水库5宗，小Ⅰ型水库11宗，小Ⅱ型水库136宗，塘库326宗。蓄水总库容20.42亿立方米，有效灌溉面积1.03万公顷。进入21世纪后，对全县152宗中小型水库进行了除险、加固，前后总投资1.95亿元。

2. **引水工程**　龙川县近年来，把1 632宗木石陂和损毁的引水坡进行修复、改造，现有引水工程2 892宗，引水量20.9立方米/秒，有效灌溉面积1.02万公顷。

3. **提水工程**　龙川县现有电力排灌工程111宗，装机容量2 427千瓦、136台，灌溉面积0.19万公顷。

在龙川水利工程建设上涌现了很多好人好事。如：1956年冬，龙母镇小庙村民全民上阵建设了10千米"长藤结瓜"的布里环山水利工程。时任县委书记吟诗一首："圳流二十华里长，环山绕过水清凉。十四山头穿越过，五百亩田免灾殃。"1958年11月21日，小庙共青团书记邹水民代表这一工程，出席了在北京体育馆召开的全国第二次青年社会主义建设积极分子代表会议，受到朱德和周恩来接见。

★**水土保持**　1983年，龙川县用航测与实测对水土流失面积进行普查。全县有水土流失面积722.1平方千米，占全县总面积的23.4%。此后，由于毁林开荒，新增水土流失面积86.2平方千米，水土流失总面积增至808.3平方千米，占全县总面积的26.2%。

1985年，龙川县积极响应广东省委、省政府"五年消灭荒山，十年绿化广东"的号召，对水土流失面积进行全面整治。1996年广东省八届人大常委会第十七次会议通过了继续整治东江、韩江、北江上游水土流失的实施意见，龙川县持续整治水土流失。1999年龙川县被国家财政部和水利部定为全国水土流失治理示范县，小庙河小流域和田心小流域被定为全国水土流失治理示范小流域。至2004年，龙川全县808.3平方千米水土流失面积全面得到整治，有效地遏制了水土流失的发生。在"十二五"期间，龙川县对水土流失治理的重点是巩固、提高、补毁、补漏和综合治理，综合治理水土流失面积205.97平方千米，有效地保护了良田，保护了青山，使龙川山村更绿更美！

★**小水电建设**　2012年至2016年新建水电站9宗，装机容量4 760千瓦，增容扩容改造工程25宗，增加装机容量7 100千瓦。至2016年年底，龙川县已建成小水电站187宗，装机容量117 797千瓦，年发电量4.3亿千瓦时，年收入1.82亿元。

★**饮水工程**　1978年前，龙川县城拥有自来水厂，乡镇街道及农村群众饮用水采取自行打井或挑水饮用。改革开放后，随着农村经济的发展，加快了农村饮用水工程建设。至2016年，县城建有自来水厂2座，各镇街道建有自来水厂，315个行政村均有自来水供水工程，有部分村已实现了自来水全覆盖。日供水规模大于20吨或供水人口大于200人的集中供水工程有371宗，设计日供水规模11.1万立方米。

★**防灾减灾**　龙川县东江和韩江河段支流多，河堤修筑差。

1973 年前，一遇到大雨、暴雨、山洪暴发，河水就急剧上涨，泛滥成灾。韩江上游龙母段的张坊村曾流行着一首民谣："张坊张坊，水打水汪，十年种，九年荒。"为了抗御洪水侵害，中共龙川县委、龙川县人民政府十分重视修筑河堤，改河工程建设。2012 年后，加大力度对大江大河的整治，实施县域防洪工程建设，经上级批复防洪堤线总长 41.76 千米。其中一期工程 12.76 千米，二期工程 29 千米。该工程大大提高了县城防洪能力。2014 年，投资 2 493 万元，整治铁场河铁场圩段；投资 2 616 万元，整治鹤市河登云圩段；投资 4 772 万元，整治小庙河综合流域；投资 941 万元，治理铁场河山洪沟。

2015 年，龙川县开始实施山区五市中小河流治理项目，对全县中小河流进行治理，规划治理河长 304.1 千米，规划投资 5.17 亿元，到 2020 年全面完成治理任务，将对龙川县防灾减灾产生巨大作用。

枫树坝水库始建于 1970 年 7 月，1973 年 9 月下闸蓄水，水库集雨面积 5 150 平方千米，库容 9.2 亿立方米，水库对龙川县防洪减灾起到了举足轻重的作用。2005 年龙川县遭受百年一遇的洪涝灾害袭击，6 月 23 日 22 时枫树坝水库水位 164.44 米（超防限水位 3.44 米），最大泄洪流量 135 立方米/秒。枫树坝水库下泄流量的调控，极大地减少了水库下游圩镇、村庄、县城的淹浸损失。

五、逐步加强环境保护工作和旅游产业开发

龙川县是山区县，山清水秀，但随着城镇化的推进和工业、农业生产的快速发展，也给生态环境保护提出了警示。进入 20 世纪 80 年代后，中共龙川县委、县人民政府把生态文明建设定为全面建设小康社会的重要目标。经过不懈的努力，龙川县环境保护事业取得了积极的成效，仍是保持着绿水青山，天蓝气清。龙川县在注重环境保护的同时，加强了对"古色""红色""绿色"旅游资源开发的力度，使龙川县成了各方游客旅游的好地方，从而带动了龙川县第三产业的发展。

（一）加强环境保护

为给子孙后代营造优美的工作生活环境，1981年10月，龙川县人民政府成立了环境保护办公室，与县建委合署办公。1990年6月成立龙川县环境保护局，加大了对全县环境保护的管理力度，使龙川县空气质量、水环境、声环境都达到国家规定的优质标准。

★空气质量　中华人民共和国成立以来，龙川县总体空气质量维持在优良水平。县城区二氧化硫年平均浓度0.012毫克/立方米，达到国家《环境空气质量标准》（GB3095－1996）二级标准（0.06毫克/立方米）；二氧化氮年平均浓度0.013毫克/立方米，达到国家《环境空气质量标准》（GB3095－1996）二级标准（0.04毫克/立方米）；可吸入颗粒物年平均浓度0.028毫克/立方米，达到国家《环境空气质量标准》（GB3095－1996）二级标准（0.10毫克/立方米）。龙川县全年空气质量API指数范围0—50，达到Ⅰ级（优）空气质量标准。

★水环境质量　龙川县境内主要河流东江水质（含支流）和韩江水质良好，均达到中华人民共和国《地表水环境质量标准》（GB3838－2002）Ⅱ类标准。地表水水质达标率为100%，跨县区河流交接断面水质达标率为100%。龙川县城集中式饮用水源水质持续稳定，达标率为100%；乡镇集中式饮用水源地达标率为100%，县城生活污水处理率达79.04%。

★声环境质量　龙川县城乡声环境质量稳定地控制在达标范围内，县城区域环境噪声平均值49.6分贝，交通干线噪声平均值67.4分贝，达标率均为100%。

★污染防治 龙川县逐年加大了对治理环境污染的力度，2016 年完成环境污染治理项目 24 个，总投资 8 853.99 万元，是 2015 年 3 500 万元的 2.5 倍。"十二五"期间，建成了县城生活污水处理厂和宝通（鹤市）污水处理厂，并投入运营。至 2016 年，龙川全县工业废水处理率和排放达标率均达到 100%。工业废水重复利用率达到 50%。关闭了东江两岸违规的矿石场、船坊及露天垃圾点，还清理搬迁县城禁养区内 200 多家畜禽养殖场点，确保了饮用水源水质安全；关闭了一批违规的小钢铁、小水泥、小选矿污染企业，确保了主要污染物，排放总量控制在允许的指标范围内，使龙川县空气达到优良水平。

★生态文明建设 龙川县共创了生态文明示范村 31 个，其中省级生态村 2 个，市级生态村 29 个。通过开展生态文明建设示范村的创建工作，有力地推动了生态环境质量的提高，同时也推动了"绿色学校""绿色社区"的创建工作。龙川县共成功创建绿色学校 17 间，其中省级绿色学校 6 间，市级绿色学校 11 间。

（二）旅游产业开发

20 世纪六七十年代人们的温饱没有解决，谈不上旅游。改革开放后，人们的生活好起来了，有了旅游的需求。1984 年 8 月龙川县成立旅游公司。1985 年 10 月，经广东省旅游事业管理局批准为二类旅行社，1992 年 8 月成立龙川县旅游局，副科级事业单位，1998 年 6 月升格为正科级事业单位，从而全面推进了龙川县旅游产业的开发发展。

★旅游产业发展概况 龙川县于 1998 年 8 月始，先后对霍山、水坑进行开发建设。至 2004 年，龙川县已有 5 个景区景点。2005 年始，陆续对七目嶂、佗城、塔西温泉、鹿湖禅寺、九龙潭、五兴龙县苏维埃政府旧址进行开发保护，并相继对外开放。2015 年，龙川县打响旅游产业提升大会战，推动全县旅游产业转型升级。至2016年，全县有13个景区景点，旅行社3家，主要宾馆酒店20多家，龙川县旅游业稳步发展。

2016年，龙川全县旅游接待总人数333万人次，比2012年183.14万人次增长81.83%，是1999年34.72万人次的9.6倍，实现旅游总收入28亿元，比2012年15.19亿元增长84.33%，是1999年0.75亿元的37.3倍，实现了旅游经济快速增长。

★**重点景区景点简介** 龙川县置县于秦始皇三十三年（公元前214年），至今有2230多年的历史，是世界地名文化遗产"千年古县"，是"原中央苏区县"和"全国油茶示点县"。

龙川县旅游资源丰富，有以广东省首批历史文化名城——佗城、千年宝刹鹿湖禅寺为代表的人文景观，有以广东七大名山之一——霍山、九龙潭为代表的国际生态度假园，有以广东省第二大人工湖——青龙湖为代表的生态观光，有以佗城温泉国家度假区、水坑生态旅游娱乐区、知青部落·龙飞度假村为代表的休养度假区，有以五兴龙县苏维埃政府旧址为代表的红色旅游经典景区，有以深圳宝安（龙川）产业转移工业园为代表的产业园。其中霍山、佗城景区和红色旅游是龙川县重点打造的旅游资源。

霍山旅游风景区

1. **霍山旅游风景区** 因秦代霍龙自吴迁越，避乱隐居于此，结庐讲学，传播中原文化，后功成仙去，时人感其恩泽，将此山命名为"霍山"。霍山位于龙川县中部,距县城37千米,方圆10平方千米,海拔550米,以奇岩秀石、险峻挺拔和丹霞第二著称。名胜颇多,有险峰峦三百七十二,著名者有四十八峰、二十七岩、十三奇石、十一泉池、八大洞府,皆鬼斧神工,非假人力。

2002年,霍山被定为国家AAA级风景区。霍山景区的开发始于1998年8月,至2003年,先后投入2 200万元对旅游设施及道路进行建设完善。2015年4月,龙川县人民政府与广东民建实业有限公司签订霍山景区合作开发合同书,拟打造成集观光旅游、红色体验、农业休闲、养生度假等为一体的生态旅游综合体。现已完成栈道建设4 700米、玻璃栈道200米,大型玻璃飘台396平方米以及游道和南门建设,栈道的配套设施正在逐步完善中。该景区已列为河源市重点建设项目,正被努力打造成河源的旅游名片。

2. 佗城景区　2016年被评定为国家AAA级景区。佗城,原称龙川城,是秦朝岭南四大古邑唯一保存最完整的古城,素有"秦朝古邑,汉唐名城"的美称。1991年,佗城被广东省人民政府认定为广东省首批省级历史文化名城。至今保存有秦时的越王井、南越王赵佗故居遗址,汉代的砖瓦窑,唐代的正相塔,宋代西门古码头、苏堤,明清时期的越王庙、学宫、考棚、古城墙等120多处文物古迹。2016年4月,佗城景区南门古渡码头挖出明代文物(距今已有600多年)赑屃,形似龟。

从2004年开始,对佗城古建筑进行修缮。2010年,投入6 000多万元,改造学宫、考棚、北城门等项目。2015年4月,龙川县人民政府引进企业投资,改造了佗城影剧院,新建了非物质文化展示长廊,动工建设南门古码头,改造中山街"穿衣戴帽工程"等。同年,龙川县人民政府聘请北京大学陈可石教授为佗城景区的总规划师,按规划设计推进佗城景区建设。

广东省级历史文化名城——佗城

3. 红色旅游　2011年，龙川县被中共中央党史研究室确定为"原中央苏区县"，并加入"中央苏区红色旅游联盟"，龙川仍存各种革命旧（遗）址共68处，主要有：上坪仰天堂革命旧址、五兴龙县苏维埃政府旧址、福建会馆、黄居仁故居等。

2011年，投入1 000万元，对部分革命旧（遗）址进行了修缮。2014年3月龙川纳入赣闽粤原中央苏区振兴发展规划范围。2016年，五兴龙县中央苏区苏维埃政府旧址及兵工厂旧址列入全国红色旅游经典景区名录。五兴龙县苏维埃政府旧址规划建设中央苏区留守红军纪念园项目，于2016年12月3日成功奠基。

★旅行社　2016年，龙川县共有3家旅行社：龙川旅游总公司、龙川县客都旅行社和龙川县绿色阳光旅行社。旅游总公司是龙川县第一家旅行社，1992年成立，县旅游局直属国有企业，曾获"全国旅游系统先进单位"称号。客都旅行社成立于2006年，曾获"市青年文明号单位""河源市首届市民最信赖旅行社"称号。绿色阳光旅行社成立于 2012 年，是一支年轻化队伍。2016 年，全县旅行社接待人数 13 912 人，是 2012 年 2 165 人的 6.4 倍，三家旅行社导游共 40 多人。

★住宿接待　2016 年，龙川县主要宾馆酒店有 20 多家，星级宾馆酒店有 4 家，其中三星级 2 家（霍山宾馆、旅游大酒店）、二星级 2 家（花苑宾馆、新港大酒店）；还有四星标准的东方名源酒店、鸿景大酒店以及全国连锁的维也纳酒店。2016 年，龙川全县住宿房间数有 3 445 间，星级宾馆接待人数 182 079 人，比 2012 年 113 848 人增长了 59.93%，营业收入 3 211.2 万元，比 2012 年 2 047.4 万元增长了 56.84%。

六、普及提高科技水平和全面开展扶贫攻坚

龙川县是广东省相对贫困的山区县。1985 年被国务院定为全国贫困县之一，1996 年被广东省委、省政府定为全省特困县。龙川县贫困的其中一个重要原因就是科学技术水平落后，生产出来的工业、农业产品是"大路货"，在市场上缺乏竞争能力。中共十一届三中全会后，随着改革开放的深入，中共龙川县委、县人民政府把普及提高全民科学技术水平当作第一生产力来抓，发展教育，引进人才，全面推进高新科技的创新发展，全面推进科技扶贫，开展扶贫攻坚和精准扶贫，从而加快了贫困户脱贫和全面建设小康社会的步伐。

（一）推进科技创新

中华人民共和国成立之初，龙川县科技事业一片空白，工业基础薄弱，农业生产落后。为推动龙川科技的发展，1958 年成立龙川县科学技术研究所；翌年春，成立龙川县科学技术委员会。1972 年 12 月设立龙川县科技局，1978 年 5 月又复称龙川县科学

技术委员会。1996 年 6 月又改称龙川县科学技术局，2010 年 12 月，龙川县科技局加挂龙川县知识产权局的牌子。由于加强了对科技工作的领导，龙川科学技术事业有了长足的发展。

★**农业科技**　20 世纪五六十年代，在农业生产上，推广精耕细作，小科密植和挣稿改翻耕、单造改双造等耕作技术，选用珍珠矮、溪南矮等水稻品种，施用化学肥料，提高了粮食生产的产量。20 世纪八九十年代后，推广杂交水稻、尼龙育秧、科学肥水管理、改造低产田等良种良法，龙川县在河源市首先实现了"吨谷县"的目标。"十二五"期间，扶持农业企业开展东魁杨梅、红肉脐橙、金钩豆等优良品种栽培技术研究，努力做好杨梅高效安全，金柑无核诱变和果实留树保鲜、金柑标准生产规程等新技术的示范推广工作，逐步淘汰了低产低质劣质水果，生产金柑、红肉脐橙等高效优质水果。

★**工业科技**　龙川县的国家高新技术企业，从 2010 年前的空白，发展至 2016 年的 6 家。

★**创新平台**　龙川县以"工业园区扩能增效大会战"为创新平台，在深圳宝安（龙川）产业转移工业园的带动下，高新技术产业集群快速发展。2012 年以来，龙川先后引进各类科技型企业 70 余家，其中空气能企业 24 家，认定为国家高新技术企业 6 家，高新技术企业入库培育 6 家。到 2016 年底，龙川县高新技术产值可达 34 亿元，同比增长 72%。

龙川县国家高新技术企业一览表

年份＼名称	国家高新技术企业名称
2010 年前	无
2011 年 12 月	广东国医堂制药股份有限公司 景旺电子科技（龙川）有限公司
2015 年 10 月	龙川耀宇科技有限公司
2016 年 3 月	广东迈诺工业技术有限公司 龙川纽恩泰新能源科技发展有限公司 广东星汇生物科技有限公司

龙川县农业、工业技术研究中心一览表

研究中心级别＼项目	时间	研究（创新）中心企业名称
省级工程技术研究中心（2 家）		景旺电子科技（龙川）有限公司
		龙川耀宇科技有限公司
市级工程技术研究中心（5 家）		景旺电子科技（龙川）有限公司
	2015 年 12 月	广东国医堂制药股份有限公司
	2016 年 12 月	龙川耀宇科技有限公司
	2016 年 12 月	龙川纽恩泰新能源科技发展有限公司
	2016 年 12 月	广东星汇生物科技有限公司
市级农业创新中心（5 家）	2008 年	龙川县上坪镇上坪（金柑）
	2009 年	龙川县振新农业发展有限公司
	2011 年	龙川县赤光镇新润种养场
	2015 年 12 月	广东星汇生物科技有限公司
	2016 年 11 月	龙川绿油农业发展有限公司

★**奖项获取** 2011 年至 2016 年获河源市科技进步奖 17 个，其中一等奖 3 个，二等奖 5 个，三等奖 9 个。青少年科技创新大赛共获得 132 个奖项，其中一等奖 19 个，二等奖 38 个，三等奖 75 个。科技辅导员优秀科技创新奖共获得 46 项。景旺电子科技（龙川）有限公司完成的"金属基绝缘孔高导热印制板关键技术研究及应用"科研成果项目，荣获 2015 年度广东省科学技术奖二等奖，是河源市 10 多年来在省级科学技术奖获奖等次最高的一次。

★**专利申请** 龙川县在"十二五"期间，申请专利的总数达到 1 365 个，是"十一五"期间专利申请 280 个的 4.9 倍。

龙川县"十二五"期间申请专利情况变化表

时间 项目	专利申请数（个）	同比增长%
合计	1 365	
2012 年	112	107
2013 年	213	90.2
2014 年	173	− 18.8
2015 年	414	139.3
2016 年	453	9.4

（二）全面开展扶贫攻坚

中共十一届三中全会后，为全面推动全县的扶贫开发工作，打好扶贫攻坚战。1981 年成立龙川县贫困地区山区工作领导小组办公室（简称"县山区办"），挂靠龙川县农业委员会；1986 年更名为龙川县扶贫开发领导小组办公室（简称"县扶贫办"）；仍挂靠龙川县农业委员会。2001 年 12 月，县扶贫办由副科级单位提升为正科级单位，更名为龙川县扶贫开发办公室，具体负责全县扶贫开发工作，在不同的历史时期负责完成不同的扶贫开发任务。

★**帮扶高寒山区贫困自然村解决温饱**　1981 年至 1985 年扶贫工作的重点是帮扶全县高寒山区 72 个自然村解决温饱问题，采取三条措施：一是改造低产田（挖沟、改土、增肥），二是推广杂交稻和尼龙育秧，三是进行科学种田。高寒山区 72 个自然村农民轮流到县、镇进行农业技术培训，学习科学种田技术。经过几年的努力，高寒山区水稻单造亩产，由原来 225 千克左右，提高到 350 千克左右，解决了他们的温饱问题。

★**开展以种养为主的扶贫开发**　1985 年前，龙川县既没有连片 13.33 公顷以上的果场，也没有养猪上千头的猪场。1986 年至 1995 年扶贫开发的重点是培植种养示范点，推动全县"三高"农业的发展。在佗城镇大坪山办了一个连片 26.67 公顷的果场，边远山边有 60 多户农民落户果场，靠种果脱贫。在贝岭镇罗塘坪办了一个连片 66.67 公顷的柿子基地，带动全县农民种果。在五官塘扶持曾联生办起了养猪上万头、养鱼过百亩的养殖场，推动了全县养殖业的发展。在那个时期，全县掀起了以种养业为主，发展"三高"农业的高潮，从而增加了农民的收入，全县贫困户明显下降，由 1985 年底的 47 590 户、254 845 人，下降到 1996 年的 2 142 户、11 463 人。

★**打好以解决贫困户温饱为中心的扶贫攻坚战**　1996 年至 1997 年扶贫工作的重点是解决全县贫困户的温饱问题。1996 年底，全县农民人均纯收入不到 1 000 元，未解决温饱的贫困户 2 142 户、11 463 人。龙川县各级领导认真组织扶贫攻坚，从河源市委书记到镇委员以上干部，都要与贫困户结对挂钩帮扶，时称"千干扶千户"。经过一年多扶贫攻坚，取得了显著的效果，1997 年终，经广东省检查组验收，达到省提出的各项要求，被广东省政府、河源市政府评为"特困县脱贫特等奖",奖金25万元。

★**帮扶枫树坝库区"淹田不淹屋"贫困农民脱贫** 枫树坝水库建设恰逢"文革"时期,166～169.2米高程的2 396户、14 305人本应列入移民,但因受历史条件的限制,没有把他们列入移民。他们赖以生存的土地、山林被淹,生产生活条件差,上学、饮水、走路、用电很困难。1997年至2001年扶贫工作重点是帮扶他们脱贫,广东省人民政府下拨人均补助资金4 000元。龙川县采取了三种帮扶方式:一是投资2 130.5万元,在老隆镇建设月乐堂移民新村。1998年冬筹建,2001年春节前迁入枫树坝库区"淹田不淹屋"贫困户301户(含枫树坝库区内部分移民户)、1 507人,人均水泥房面积13.3平方米、耕地0.017公顷、鱼塘0.003公顷、山地0.051公顷;二是投资3 542.86万元,内调安置了2 382户、12 247人;三是投资7.75万元,支持31人投亲靠友。通过三种方式的安置,改善了枫树坝库区"淹田不淹屋"贫困农民的生产生活条件。

★**实施"双到"精准扶贫开发工作** 2009年至2020年扶贫开发工作的重点是实施"双到"(规划到户、责任到人)精准扶贫开发工作,全面建成小康社会。

2009年至2012年,实施第一轮扶贫开发"双到"。龙川全县省定贫困村67个(其中老区村47个),核定贫困户27 569户,118 758人,占农村总人口的12.91%;由县直以上180个单位挂钩帮扶,累计投入资金3.8亿元,有效地提高了贫困户和村级集体收入,改变了村容村貌。2012年底,贫困人口人均收入达到7 375.77元,比2009年增加了5 066.77元;67个贫困村集体收入平均达7万元以上,比2009年增加了4.35万元。2012年,龙川县扶贫办被评为"广东省扶贫开发系统先进单位"。

2013年至2015年实施新一轮扶贫开发"双到"。龙川县省定贫困村 78 个（其中老区村 51 个），核定贫困户 16 249 户、71 487 人，占农村总人口 8.72%。由县直以上 176 个单位挂钩帮扶，累计投入资金 5.8 亿元，村集体、贫困户收入显著提高，村容村貌明显改变。2015 年年底，贫困户人均纯收入 9 675.33 元，比帮扶前增加了 7 211.33 元，村集体收入 6.85 万元，比 2012 年增加了 5.48 万元。

从 2016 年开始，实施新时期的精准扶贫。省定贫困村 70 个（其中老区村 41 个），核定贫困户 11 193 户、29 694 人，占农村人口的 3.57%，由县直以上单位派出驻村第一书记，进行具体帮扶，在各级党委、政府的高度重视下，发动群众开展精准扶贫攻坚，取得了明显的成效。

例如，岩镇山池村共有 1 350 户、5 145 人，是省定贫困老区村，有相对贫困户 122 户、442 人。2016 年 5 月始，由国信证券股份有限公司帮扶，村党支部书记谢振南勇于开拓创新，结合实际，开发本地资源，创办企业，采取"公司＋基地＋农户"的方式，对贫困户进行精准扶贫。一是统筹财政帮扶贫困户资金 198.2 万元，建设光伏电站，装机总功率 224 千瓦，售电收入主要用于建档立卡有劳动力贫困户分红。二是通过村委会指导农户成立运营养蜂和养鸡两个农民专业合作社，给每个合作社 15 万元，作为贫困户入股股金，从合作社效益中分红。合作社带动贫困户养鸡，给贫困户发放鸡苗，进行技术指导，定价收购（80 元/只～90 元/只）。

山池村贫困户经过精准扶贫后，实现有效脱贫。2017 年，全村贫困户人均收入达 8541.88 元。2016—2017 年贫困脱贫 101 户，脱贫率达 82.79%。

龙川县两轮扶贫"双到"和精准扶贫，省定贫困村一共 215 个（其中老区村 139 个），占全县行政村的 68.25%，核定贫困户

省定贫困老区村——岩镇山池村

55 011 户、219 939 人。经过扶贫"双到"和精准扶贫，省定贫困村、贫困户都能如期实现脱贫目标。

创新管理体制，加快各项事业建设

随着改革开放的深入，龙川县经济高速发展，加大了对公路交通、电力通信、文化教育、体育卫生、社会福利等事业建设的资金投入，全面推进管理体制创新，从而加快了各项事业的建设；逐步提高了广大人民群众的幸福指数，使普通老百姓不断享受到改革开放的伟大成果。

一、城乡交通、公路建成现代网络化

龙川县长期以来靠河道木船运输，因交通闭塞，严重阻碍着经济的发展。中华人民共和国成立后，大大改善了交通条件，特别是"十一五""十二五""十三五"期间，举行交通、公路建设大会战，使城乡交通、公路建得四通八达，相连成网。路通财通，有力地带动了龙川经济的高速发展。

（一）全面提升交通运输能力

2016年，龙川县公路通车总里程2 911.32千米（其中高速公路33.502千米，国道35.295千米，省道195.871千米，县道253.621千米，乡道1 633.923千米，村道759.108千米），是1978年754千米的3.86倍。

2016年，龙川县公路网密度为94.5千米/百平方千米，比1978年的24.5千米/百平方千米，增加了70千米/百平方千米。

★铁路运输 纵贯中国南北九省的京九铁路与贯穿广东省东

西的广梅汕铁路在龙川县城交汇设站（龙川站），大型编组站（龙川北站）和机务段（龙川机务段）、粮食储备、通信段，是岭南地区重要的铁路枢纽之一。京九铁路与广梅汕铁路于1991年开工，1994年建成通车。目前开通客运班列35对，至2016年底，年均客流量约140万人次，货流量82万吨。2016年取得赣深高铁经过龙川，并设龙川西站，现已动工建设，计划2020年底前完工通车。

龙川火车站

★**公路运输** 2016年，龙川县有客运企业4家，出租车企业2家，公共交通企业1家，驾培学校5家，货运公司4家。客运站场情况如下：二级站1个，三级站2个，五级站2个，简易站11个，招呼站10个。

2016年，龙川县拥有载客汽车180辆，是1978年19辆的9.47倍，比2012年187辆减少了7辆，下降了3.74%。

2016年，龙川县全年完成公路营业性客运量358万人，是1978年100万人的3.58倍，比2012年的494万人减少了136万人，下降了27.53%。

2016 年，龙川县公路旅客周转量 50 832 万人/千米，是 1978 年 3 530 万人/千米的 14.4 倍，比 2012 年 61 514 万人/千米，下降了 17.37%。

2016 年龙川县公路客运量、公路旅客周转量为什么会下降？其因是人民生活水平提高，私家车拥有量逐年增加，村村公路硬底化，人们出行直到家门口；公路网络和铁路的快速发展，让人们出行有了更多的选择。

2016 年龙川县拥有载货汽车 2 066 辆，是 1978 年 193 辆的 10.7 倍，是 2012 年 1 274 辆的 1.62 倍。

2016 年龙川县完成公路货运量 778 万吨，是 1978 年 18 万吨的 43.22 倍，是 2012 年 587 万吨的 1.33 倍。

2016 年龙川县公路货物周转量 81 488 万吨/千米，是 1978 年 968 万吨/千米的 84.18 倍，是 2012 年 56 257 万吨/千米的 1.45 倍。

★**水路运输**　1978 年前，龙川县水运市场较为昌盛，货运物 14 万吨，货物周转量 4 508 万吨/千米。但随着经济的不断发展，公路运输兴起，建桥撤渡，水路运输的地位逐渐下降，且因龙川段水域修建了 6 座水力发电站（枫树坝、龙潭、稔坑、罗营口、苏雷坝、枕头寨）严重制约了水路运输发展。至 2016 年仍有 8 个镇保留渡口渡船（佗城、四都、黄石、黎咀、车田、麻布岗、岩镇、新田），共有 9 座码头、14 艘渡船。

★**路通财通**　1978 年前，龙川县农村道路都是砂石道路，至 2008 年年底，全县 315 个行政村全面实现了村村通水泥路。不但解决了农民群众"行路难"的问题，而且推动了农村经济的发展，给农民带来了财路。如龙川县义都镇红星村，已形成了规模化农业产业化基地三个：牛膝、牛大力为主的中药种植基地 120 多公顷，柑橘基地 40 多公顷；油茶基地 66.67 公顷。红星村贫困户实现了持续稳定增收脱贫，该村贫穷落后的面貌有所改变。

★**前景喜人** 1980 年初，龙川县以公路运输为主要交通方式，1994 年京九铁路和广梅汕铁路通车后，通过铁路运输方式，到达珠三角地区由原来的 6～8 小时缩短为 4 小时，2005 年高速公路的建成，进一步缩短龙川与珠三角地区的时空距离，驱车约 3 个小时到达。在未来，赣深高铁和"双龙铁路"通车营运后，龙川县到达珠三角地区只要 50 分钟。这对打造龙川成为粤东北地区人流和物流中心，将龙川县融入珠三角一小时生活圈具有重大意义。

（二）公路建设相连成网

2016 年，龙川县公路局管养的国、省、县、乡道 13 条（国道 1 条：G205 山深线；省道 3 条：S227 下龙线、S228 车丰线、S339 大利线；县道 4 条：X151 牛大线、X152 牛双线、X158 麻参线、X159 老径线；乡道 5 条：Y031 黄贝线、Y032 江上线、Y033 二官线、Y034 收大线、Y035 矿水线），共 291.73 千米（水泥路面 276.66 千米，沥青路面 15.07 千米）。通行路段全部为三级公路以上，其中一级公路 17.05 千米，二级公里 175.04 千米，三级路 99.64 千米。

★**公路建设历程** 中华人民共和国成立以来，龙川县公路建设大致经历了三个阶段：

普及阶段（1949 年至 1978 年）。1949 年至 1953 年，整修了民国时期留下的 5 条旧公路，分别为官汕线、老隆至洋田、洋田至黎咀、珠塘至铁场、牛屎坳至鹤市，使公路迅速恢复通车；1954 年至 1966 年 2 月，简易修筑洋田至上坪、麻布岗至贝岭、黄塘下至细坳、上坪至江广亭等公路；1967 年至 1978 年底，修筑车田至贝墩、细坳至参前、回龙至分水凹 3 条省养公路，对官汕线 36.6 千米和牛鹤线 6.33 千米铺筑沥青。

改善阶段（1979 年至 2011 年）。1994 年 12 月，205 国道佗城至柳城段公路改造竣工，其中龙川段 6 千米；1997 年 5 月，205 国道蓝关至两口塘段 16.43 千米公路改造竣工；2008 年 9 月，205 国道县城过境姑娘坑至佗城段 13.16 千米一级公路改造竣工；1993 年开始对隆江公路全线 115 千米进行改造，1999 年完工；1982 年至 2005 年期间，对和洋线、S339 线、X158 线、Y035 线等公路进行改造，至 2005 年底止，龙川县公路局管养的 13 条线路已全部消灭沙土路，实现了道路硬底化；2006 年至 2011 年期间，对 205 国道佗城至柳城段、S227 线、X151 线、Y032 线等公路段进行路面大修。梅河高速龙川段 35 千米，于 2003 年 9 月开工，2005 年 10 月完工通车，结束了龙川无高速公路的历史。

快速发展阶段（2012 年至 2017 年）。在这期间，完成建设里程 111.75 千米，完成工程投资 3.04 亿元，路段建设发展比较快的有几条：

205 国道龙川段改造示范工程，长 35.605 千米，工程投资 7 000 多万元，2013 年 3 月动工，11 月完工，其中蓝关至两渡河段 13.87 千米由原来的 14 米加宽至 16 米；205 国道龙川东至水贝加油站段加铺沥青 3 千米多，2015 年 10 月完工；大修珠塘至铁场段，长 10.6 千米，投资 1 824 万元，于 2013 年 7 月动工，2014 年 1 月完工；大修黎咀至龙母段，长 11.05 千米，投资 2 100 万元，于 2013 年 11 月动工，2014 年 9 月完工；S227 线老隆养护中心至 205 国道连接线一级公路，改建工程（又称县城北出口工程），长 2.12 千米，路幅全宽为 23.5 米，路面宽 14 米，工程投资 3 150 万元，2013 年 5 月动工，2014 年 1 月完工。汕昆高速龙川段长 21 千米，2015 年 6 月动工，2017 年底建成通车。

★桥梁发展概况 2017 年年底，龙川县公路局管养的桥梁 93 座，比 1978 年的 29 座，增加了 64 座。93 座桥总长 4 735.62 米，比 1978 年 29 座桥总长 1 360 米，增加了 3 375.62 米。93 座桥梁中，大桥 6 座，中桥 15 座，小桥 72 座，桥梁结构由单一的石拱简易 T 形梁发展到铪预应力 T 梁桥等。在东江河面上，龙川县有8 座大桥：

2016 年 12 月，宝龙东江大桥竣工通车

1. **佗城东江大桥（大江桥）**　位于 Y034 线 K1＋469 处，始建于 1931 年 11 月，1933 年竣工通车。1938 年 9 月遭日本飞机炸坏 5 跨，直至 1951 年修复通车。2016 年 12 月宝龙东江大桥竣工通车后，于 2017 年 3 月封闭。为龙川人民服役了 84 年的大江桥正式退役，将以文物形式保存。

2. **彭坑东江大桥**　位于 S227 线 K45＋629 处，枫树坝水库区内，南北端分属龙川县赤光镇和岩镇，全长 301.01 米，于 1976年建成通车，是广东省第一座水库内的公路桥梁。后来，桥面出现裂痕，水泥块脱落等问题。为确保桥梁安全运行，2014 年至2017 年采取人工值守及设置限高 2.7 米的龙门架等措施，并着手新桥的建设工作。

3. 老隆东江大桥　位于县城 G205 线 K2735＋213 处，由广东省交通厅长大公司承建，桥长 367 米，1992 年 1 月竣工通车。

4. 老隆东江二桥　位于县城矿水线 K0＋792 处，1998 年由马来西亚商人投资承建，桥长 404 米，建成通车后，扩大了龙川城区面积。

5. 黎咀东江大桥　位于 S228 线 K15＋018 处，2000 年由江门市路桥公司承建，桥长 390 米，结束了黎咀镇东江两岸过渡的历史。

6. 宝龙东江大桥　位于佗城镇东谣村，因宝安区帮扶 2000 万元，遂起名宝龙东江大桥，桥长 385.74 米，于 2014 年 9 月动工，2016 年 12 月建成通车。

7. 黄石东江大桥　为 X174 线四都至黄石公路跨东江大桥，桥梁长 197.36 米，桥宽 8.5 米，总造价 622.25 万元。该桥由核工业华南建设集团公司河源分公司中标承建，于 2004 年 12 月开工建设，2007 年 10 月建成通车。

8. 佗城东江大桥（汕昆高速龙连段主桥）　主桥长 100 米，桥梁宽 26 米，双向四车道高速公路等级，由广东省南粤交通投资建设有限公司承建，中铁六局集团有限公司负责施工。2015 年 7 月开工，2017 年底建成通车。

★**获得荣誉**　龙川县公路局 1982 年被广东省交通厅评为先进单位，1983 年被广东省政府评为先进单位，1984 年被广东省公路局评为"好路工区"，1989 年被广东省公路局评为"好路局"，1991 年被广东省公路局评为先进单位。2005 年，龙川县公路局被河源市委市政府评为"6·20"抗洪先进单位。2013 年，龙川县公路局被广东省委、省政府评为扶贫开发"规划到户、责任到人"工作先进单位。

二、电力、通信与电子商务网络城镇、农村全覆盖

中华人民共和国成立后的 20 多年中，龙川县电力严重缺乏，城乡居民夜间照明以煤油灯为主，烧水做饭以柴草为主。通信落后，大部分村没通电话。随后，国家、省、市加大对龙川贫困山区、革命老区的扶持力度，加快了电力与通信设施建设，使龙川电力与通信网络覆盖到龙川县山村的每一个角落、每一户人家。发展工业有了充足的电力保证，从而加快了龙川县经济发展以及全面建设小康社会的步伐，提高了人民群众的生活质量。

（一）电力快速发展

龙川县供电局前身是私营龙跃电厂，1950 年由罗原英、钟明、余嘉祥三人合资兴办，用一台 16.5 千瓦柴油发电机组发电，供电半径约 1 千米范围，年发供电量约 0.25 万千瓦时。1951 年私营龙跃电厂转为公私合营电厂。1957 年公私合营龙跃电厂正式转为地方国营老隆电力厂。1963 年 7 月 1 日，县内上板桥水电站一级电站建成投产。龙川电力迈入由水电供电更替火电供电，设置配电变压器高压输电，年发电量 56.1 万千瓦时。自 1971 年至 1986 年期间，龙川县电力管理机构名称更改多次（龙跃电厂、公私合营龙跃电厂、地方国营老隆电力厂、上板桥水电站，龙川县电力管理站、电力管理总站、电力排灌总站、供电公司、供电局）。

2007 年 8 月，龙川县供电局被广东电网公司接管。龙川县电力发展进入快车道。至 2016 年 12 月，供电面积 3 081.3 平方千米，供电客户 25.8 万户，管辖 25 个供电所，营业网点 28 个。县内变电站 13 座，10 千伏开关站 1 座，主变 23 台，变电总容量 1 139.3 兆伏安。其中 220 千伏变电站 1 座，总容量 330 兆伏安；110 千伏变电站 11 座，总容量 793 兆伏安；35 千伏变电站 1 座，总容量 16.3 兆伏安。110 千伏输电线路 22 回，线路长度 350.77

千米。35千伏输电线路7回，线路长度59.95千米。10千伏配网公用线路79回，线路长度2 905.26千米。公用配变1 876台，公用配变容量296.9兆伏安，低压线路总长9 529.5千米。2016年7月27日电网负荷260兆瓦，是目前龙川历史上最高负荷。

★**电网建设**　1978年前，龙川仅有35千伏老隆变电站1座，高输电线路47千米，只向老隆、氮肥厂和驻军供电。1979年后，随着社会经济发展，龙川变电站和城乡输电线路建设逐年加快。

1999年前，龙川县农村电网多头管理，线路布局不规范。2000年后，电力部门加大农网改造力度，"十一五"期间，全县完成农网改造资金2.4亿元（不含主网），新建110千伏变电站6座（佗城、田心、通衢、上坪、贝岭、黎咀变电站），新建35千伏变电站1座（车田变电站），扩建110千伏变电站2座（老隆、麻布岗变电站）；新建35千伏及以上线路60.68千米，新建及改造10千伏线路411千米。"十二五"期间，全县投入电网建设资金5.39亿元，新建、扩建110千伏变电站各1座，新增110千伏线路115千米，增容35千伏变电站1座，新增和改造10千伏线路281千米，增加配变电676台。

★**电力供应**　1978年前，龙川电力供应主要靠本县小水电，县内水电站发电效率不足50%，电力供应紧张。1979年起，龙川掀起了政府及个人大办水电站的高潮，至2016年12月底，全县小水电站187座（不含省属枫树坝水电站），装机容量11.78万千瓦。同时，县内新增了山门前等风力发电厂和佗城佳派、岩镇山池等光伏发电，在多种电能结构下，完全满足了龙川电力需求。

1988年，龙川县用电覆盖面积92%，至2001年10月实现了100%全覆盖，彻底消灭了无电村。2016年全县供电量13.18亿千瓦时，比2012年增长了66.9%；售电量12.64亿千瓦时，比2012年增长了72.1%；综合电压合格率99.99%，比2012年增加了 3.91%；最高负荷 260 兆瓦，比 2012 年增长了 52%。自 2008 年起，全县未发生对居民生活用电的限电，确保了龙川县居民生活正常用电。

★**电价** 1978 年前，龙川县电价较高，每千瓦时电价均在 1 元以上，个别边远山区达到 3 元左右；1998 年 11 月 13 日，农村到户电价调整为 1.50 元／千瓦时；1999 年 1 月 1 日，住宅电价下调至 0.905 元／千瓦时，农村住宅到户电价最高限价 1 元／千瓦时。

2000 年 1 月 1 日，实施"两改一同价"后，龙川县城住宅和农村住宅电价 0.995 元／千瓦时（原住宅电价低于 0.79 元／千瓦时的，按 0.79 元／千瓦时标准执行；原住宅电价 0.79 元／千瓦时～0.995 元／千瓦时的，按原电价标准执行）；2002 年 1 月 1 日，农村住宅到户电价最高限价 0.89 元／千瓦时；2008 年 7 月 1 日，龙川县住宅电价下调至 0.64 元／千瓦时，同时对商业、工业等电价作适当调整。

2012 年 7 月 1 日，首次实施阶梯电价，龙川居民生活电价分三档：第一档 0.64 元／千瓦时，第二档 0.69 元／千瓦时，第三档 0.94 元／千瓦时。此阶梯电价至 2016 年 12 月，居民生活电价一直沿用。

★**安全运行** 龙川县电网调度始于 1963 年冬。1976 年 5 月，35 千伏老隆变电站建成投产后，龙川电网与大电网连成一体。1990 年前，电力调度室与变电站之间通过外线电话语音通话，变电站之间通过载波实现语音通话。

1990 年 1 月，龙川电网调度通过有线电缆经老隆，枫树坝变电站、枫树坝水电站载波机转接与河源调度联网，实现了电力线载波通信组网。调度室可以通过电力通信网对老隆、枫树坝、牛屎坳、麻布岗、田心等变电站进行语音调度。

1997 年 1 月，全省微波通信网建成投产，龙川电力通信进入微波通信时代，老隆、枫树坝、田心变电站均通过微波与调度室实现语音及数字通信。

2002 年 10 月，随着龙鹤线光缆的投入使用，龙川进入了电力光纤通信时代。龙川电网调度自动化主站建成投产，采用南自DS3100 系统对 110 千伏鹤市变电站实现了"四遥"（遥信、遥测、遥调、遥图）；2010 年 6 月，调度主站升级为东方电子DF8003S 系统；2011 年 12 月，最后一个无人值守变电站 35 千伏新城变电站投运，龙川实现了对主网全面调度自动化。

2015 年 6 月起，在 10 千伏配网线路安装自动化开关和故障指示器，将信息通过无线公网上传到配网调度主站，与计量自动化数据整合龙川电网调度进入配网自动化时代。

截至 2016 年 12 月 31 日，龙川电网安全运行 6 179 天。

（二）电子通信与电子商务

1949 年 5 月，龙川县人民电话所设西门子总机 2 座，总容量150 门，话线长度 148 线对公里，电话通达兴宁、五华岐岭、和平东水。

★有线电话　1950 年至 1952 年，龙川县各区（乡）均通电话，县内有固定电话 88 户。1965 年电话交换机总容量 300 门，有固定电话 931 户，其中市区 235 户，农村 696 户；1979 年，电话交换机总容量 2 485 门，为纵横制交换机和人工交换机，全县有固定电话 1 097 户，其中县城 362 户，农村 735 户。1965 年至1979 年这 14 年中，龙川县固定电话发展缓慢，固定电话只增加了 166 户，增长 17.8%。1990 年，电话交换机总容量 7 890 门，全县有固定电话 4 676 户（其中县城 1 774 户，农村 2 902 户），是 1979 年 1 097 户的 4.26 倍。2004 年年底，电话交换机总容量17.05 万门，全县有固定电话 12.46 万户（其中县城 3.86 万户，农村 8.6 万户），是 1990 年 4 676 户的 26.65 倍。龙川县电话普及率达 14.37 部/百人。2016 年，全县固定电话 8.74 万户比 2004 年减少了 3.72 万户，其因是移动电话快速增加，无线通信程度提高。

★**无线通信** 1994 年龙川县开通模拟移动电话，网络容量 400 户，基站分别建在县城、大牛牯和红星林场，年底用户 100 户，初装费 1.3 万元，月租费 120 元。1996 年开通数字移动电话，1998 年 9 月邮电分营，电信业务出现电信、中国移动（1999 年 1 月 28 日正式挂牌成立中国移动龙川分公司）、中国联通（2003 年 9 月 29 日升格为中国联通龙川分公司）、铁通（2004 年 4 月在龙川开设电信业务）多家经营的局面，加快了龙川无线通信的高速发展。1994 年全县移动电话只有 328 户，经过 10 年的发展，至 2004 年年底，全县移动电话 10.13 万户；再经过 13 年的发展，至 2017 年 6 月，龙川县拥有手机上网网民 94 万户，宽带上网网民 30.08 万户，宽带覆盖率 94%，4G 网络覆盖率 91.9%。2016 年年底国际互联网用户 4.11 万户。

★**农村信息化建设** 2016 年 4 月，龙川县通衢镇梅城村开展农村超高速无线局域网应用试点工作，经过两个多月建设，较好地完成了梅城村无线局域网建设和工业园区的无线视频监控工程建设，成为粤、闽、赣三省原中央苏区农村超高速局域网建设的首个应用示范点。梅城村是广东省试点建设示范村，该村建设了一个无线发射点，安装了 3 台中心发射设备，共派出 290 台终端给村民、运行稳定。

★**电子商务** 2015 年龙川县投资创建县级电子商务服务中心并挂牌运营。入驻电商企业 6 家，建成电商产业园 1 个；园内入驻电商企业 32 家，建成 24 个镇级服务站，203 个村级服务站。全县新增农村网店 148 家，新增电商企业 15 家，限额以上电商企业

3 家。电子商务交易额从 2015 年的 3.17 亿元，上升至 2016 年的 8.62 亿元，同比增长 171.92%。

龙川县电子商务产业园

三、加强国土资源管理和全面推进城镇化、新农村建设

20 世纪 80 年代龙川县经济的发展，需要大量的土地资源。为了有计划、有效地开发、利用土地资源，中共龙川县委、县人民政府加强了国土资源管理保护，全面推进了城镇化、新农村建设的步伐，也加快了农业、工业、服务业的发展。

（一）国土资源管理

1985 年前，龙川县未设国土管理机构，土地由各级政府或集体（社、队组织）负责管理。1986 年成立龙川县国土局（后改为国土管理局），各镇相继成立国土办公室（后改为国土管理所）。1990 年 5 月 19 日，国务院颁布《中华人民共和国城镇国有土地使用权出让和转让暂行条例》。龙川县对宅基地进行清理与发证，并向土地用户开始征收垦复基金。1992 年 6 月，龙川县人民政府印发《龙川县国有土地使用权出让和转让暂行办法》，实行土地补偿使用的政策。龙川县国土管理局在全县范围内进行土地资源和利用现状的调查，加强国土资源管理工作。1998 年各镇国土所划属县国土管理局管理。1999 年开始征收耕地开垦费，以保证今后开发土地资金的需要。2001 年 12 月，龙川县国土管理局与龙川县矿产资源管理办公室合并为龙川县国土资源局。从此，龙川县土地和矿产资源管理工作逐步规范化、制度化。

★**依法依规做好用地保障**　龙川县 2012 年至 2016 年经广东省国土资源厅批准用地 22 家，总面积 499.82 公顷，其中落实征地面积 364.72 公顷，征地率是 72.97%。在征而未供用地方面，龙川县 2012 年至 2016 年已供地 287.75 公顷，供地率是 57.57%。龙川县征地率与供地率基本达到广东省国土资源厅的需求，同时还加强了工业园用地的管理。

★**加强矿产资源监督管理**　2017 年，龙川县有持证矿山 14 个，其中广东省级发证 2 个，河源市级发证 5 个，龙川县级发证 7 个，6 个矿山处于长期停产状态，8 个矿山处于正常生产状态，严格执行开发矿山审核上报制度。按照 2013 年至 2018 年龙川县采矿设置计划，严格执行勘查开发准入制度。

★**加强基本农田保护力度**　龙川县严格落实耕地保护责任制，坚持耕地保护红线，制定了《龙川县高标准基本农田建设项目工程管理规定》，实行项目法人责任制、合同制、公告制、招投标制和监理制的"五制"管理制度。2011—2017 年，全县完成了 0.72 万公顷标准基本农田建设任务。至 2017 年年底，全县耕地占补平衡，耕地保护量 3.15 万公顷。

（二）城镇扩容和乡村建设

中华人民共和国成立前，龙川县衙设在今佗城镇。1949 年 5 月，龙川县解放，县治迁老隆镇，老隆镇成为全县政治、经济、文化中心。老隆原称老龙，清康熙二十七年（1688 年）改称老隆；1949 年前，老隆是东江上游的商贸重镇。

★**县城建设**　龙川县城从不足 2 万人的贫穷小镇发展成了经济繁荣、交通便利、环境优美，拥有 30 多万人的县城。

1. **人口与面积**　1980 年，老隆城区面积 2.3 平方千米，城镇人口 1.5 万人。经过 10 年的努力，至 1990 年，城区建成面积为 5.2 平方千米，县城人口增至 5.3 万人。1991 年始，随着国家京九铁路和广东省广梅汕铁路在龙川县附城镇水贝村交汇，并设立二级四场编组站和火车站，龙川县抓住这一大好时机，设立新城经济开发区；组织修编新城经济开发区 20 年总体规划，确定 3 个"20"的规模：建设期限 20 年，人口规划 20 万人，开发区面积 20 平方千米。新城经济开发区的设立，加快了龙川县城的发展。至 1995 年，城区建成面积 9 平方千米，比 1990 年增加了 3.8 平方千米，县城人口 7 万人，比 1990 年增加了 1.7 万人。随着城镇化的推进，县城扩容非常快速。至 2004 年，城区建成面积达到 15.4 平方千米，县城人口增至 12 万人。随着龙川县经济的发展，龙川县城发展更快。至 2016 年，城区建成面积 22.86 平方千米，比 2012 年增加了 3.94 平方千米，县城人口增至 32 万人，比 2012 年增了 6 万人。

2. **交通**　1950 年，龙川县有木帆船、艇 480 多艘（含和平县）。那时老隆人出行、货运，主要是靠木帆船。现龙川县城交通十分便利，至 2016 年有两铁（京九、广梅汕铁路）、两道（205 国道、S227 省道）、一高（河梅高速公路）穿越县城老隆，融入珠三角生活圈只需 3 小时左右，比 20 世纪六七十年代缩短了 3～5 个小时。

3. **环境**　饮水优质，空气清新。县城东江两岸、文化公园、体育公园、水坑生态公园、羊山岌公园、烈士陵园、龙山公园成

位于龙川县文化广场的社会主义价值观主题公园

为美丽的风景线，县城绿化、亮化、美化水平不断提升，成为人们工作、生活的优美住处。

4. 扩容提质　随着工业化和城镇化的推进，龙川县城扩容提质成为龙川人民的迫切要求。2015 年后，按照"生态优县、产业大县、交通强县、人文名县"的总体目标，以创建国家历史文化名城、省文明城市和省卫生城市等重点工作为抓手，加大力度推进龙川县城扩容提质工作。几年来，完成了几大工程项目：一是建设县城一环路。全长 8.6 千米，2017 年 2 月动工建设，2018 年 4 月完工，总投资 14 360 万元。二是建设下穿京九铁路隧道。长 45 米，宽 35 米，双向 6 车道，总投资 11 500.14 万元，2018 年春完工。三是建设站前路。火车站广场至建设东路段，总长 770 米，宽 50 米，总投资 1 492.15 万元，2018 年春完工。四是新建幸福大道。总长 1 042 米，双向 6 车道，总投资 4 280 万元。五是新城大道升级改造。火车站至新一中体育馆路段，总长 1 300 米，总投资 3 700 万元，2018 年春已完工。六是升级改造铁路货场。工程投资 5 100 万元，2017 年 12 月完工，2018 年 1 月 11 日开通运营。同时加大力度整治县城的"六乱"，提升了县城绿化、净化、亮化景观水平，市容环境面貌有了明显的改善，焕然一新，提高了龙川人民生活的幸福感！

★**新农村建设**　在 20 世纪 50 ～ 70 年代龙川县的广大农村里，农民居住的仍是老旧的上下一、二层土木结构的客家民房，大部分农村人均住房面积不足 10 平方米。直至 1980 年后，农村实行了家庭联产承包责任制，农民生活好起来了，掀起了建房的高潮，但多数建的仍是土木结构的砖瓦房。20 世纪 90 年代后，农村进行了农房改造，把砖瓦房改成钢筋水泥房，人均住房面积达 30 平方米以上。从 2003 年开始，政府及各扶贫单位在农村开展了安居工程建设，帮助贫困户进行危房改造的有 40 990 万多户，占农村总户数的 23.5% 左右。

龙川县 2003 年至 2016 年扶持农村住房改造情况统计表

项目 年份	补助户数 （户）	每户补助金额 （万元）	总拨付资金 （万元）
合计	40 990	—	50 855.2
2003—2010	10 082	0.5	5 041
2011—2012	9 785	1	9 785
2013	5 055	1.5	7 582.5
2014	5 800	1.5	8 700
2015	6 250	1.85	11 562.5
2016	4 018	三个档次： ①3.35 ②2.75 ③1.85	8 184.2

龙川县农村随着农房改造和精准扶贫推进，围绕新农村建设的目标，制定了《龙川县农村人居环境综合整治实施方案》《龙川县70个省定贫困村创建社会主义新农村示范村工作方案》《龙川县省定贫困村创建新农村示范村项目库编制导则》等相关制度、指导文件。经过多年来的努力，全县农村面貌发生了巨大的变化，提高了村集体、农民的收入，完善了社会福利保障制度，逐步推进全面建成小康社会。

例如，黄石镇长洲村有373户、1 315人，是省核定的贫困老区村。中共十八大后，黄石镇党委加强了长洲村"两委"班子建设，骆飞田连任第六、七届村委会主任（书记、主任一肩挑）。2016年始，河源市纪委、国资委、质监局对长洲村进行帮扶，开展扶贫攻坚，加快了新农村建设的步伐，取得了令人可喜的成果。

第一，改变了村庄面貌。全村道路实现了硬底化，98.9%农户住上了钢筋水泥房。投入35万元安装了152盏路灯；投入63万元建设了2 200平方米的文化广场；投入47万元建设了323平方米文化活动中心大楼；投入10万元修缮小学基础设施，投入26.6万元帮助11户贫困户改造危房；投入16万元新建1个村级卫生站；投入40万元改造自来水工程；投入10万元绿化村道，美化绿化面积达到200多平方米，村庄森林覆盖率达75.5%；投入120万元新建污水处理工程；投入139万元清理房前屋后和村巷道杂草杂物、建筑积存垃圾、沟渠池塘淤泥等210多处，拆除危旧弃房舍374间（11 041平方米）；投入2.4万元购买垃圾车1辆，垃圾桶50个，并配备2名专责保洁员，村庄垃圾处理率80%以上。人居环境条件得到极大改善，村容村貌焕然一新。

第二，提高了村民收入。2017年，村集体经济收入9万元，比2012年增加7万元；农民可支配收入9 369元，比2012年增加4 113元，增长78.25%。他们根据本地山多的实际，采用"公司+

基地＋农户"的方式，增加农民收入，创办了 1 家省级油茶重点农业龙头企业（龙川县星汇山林开发有限公司，品牌"上山打油"），年收购长洲油茶鲜果 160 多吨。公司带动农户种植油茶391.93 公顷，种植油茶农户年人均油茶经济收入可达 2 000 元以上。

第三，精准帮扶贫困。为帮扶贫困户脱贫，将有劳动力贫困户产业帮扶资金 42.7 万元和帮扶单位自筹资金 87.8 万元入股星汇公司，按固定收益分红。2017 年 12 月，星汇公司发放入股分红资金 13 万元，收益贫困户 16 户、61 人，每人每年可得分红2 131 元。村内九年义务教育贫困学生 14 名，每人每年资助 500元，中职以上贫困学生 5 人，每人每年资助 3 000 元。

★**中心镇建设**　在"十二五"期间，龙川县有规划、有步骤地推进两个中心镇建设。

1. **鹤市镇**　该镇位于龙川县东南部，地理位置优越，交通便利，是龙川县东南五镇的经济、文化、商贸、物流中心，辖区总面积近 52 平方千米，2016 年末人口 31 092 人。近年来，该镇加强了对红色资源的开发，在鹤市街口桥头建有"鹤市武装暴动"雕塑，此雕塑成了龙川县红色旅游胜地之一。

2. **麻布岗镇**　该镇位于龙川县北部、东江上游，距龙川县城76 千米，辖区面积 179.09 平方千米，2016 年年末人口 44 402 人。麻布岗镇与江西省定南、寻乌等县相近，与广东省兴宁县相邻，是龙川县北部商贸、物流、文化中心。在中心镇规划建设中，加强了对街道、过境公路的建设，建成了龙川县第二人民医院，提升了人民群众的医疗保障水平，从而带动了该镇经济的发展，出现了人流物流一片繁荣的景象。

四、建成全民社会福利保障体系，进行人力资源开发

1958 年龙川县农村全面实行人民公社制度后，各公社都建有福利院（敬老院）。对农村"五保户"，有的送到敬老院去度晚年；有的在家，由生产队给予物质照顾，政府民政部门给予适当资金补助。对军烈属，政府民政部门和生产队给予一定的物质照顾。对在校学生，有部分学费减免，但对全社会福利保障是薄弱的。进入 20 世纪 80 年代后，随着龙川县经济的发展和改革开放的深入，中共龙川县委、县人民政府，在全面建设小康社会中，大力开发人力资源和全面推进社会保障事业的发展，使广大人民群众直接感受到学有所教、劳有所得、病有所医、老有所养、住有所居的幸福感，也直接感受到共产党和人民政府的亲切温暖。

（一）社会救助和优抚安置

1949 年 6 月，龙川县设立民政科，1972 年更名为民政局，民政局是县政府的职能部门之一，党和人民政府对广大人民群众的关怀、扶助、救助，要通过民政部门具体去抓落实。

★社会救助 龙川县人民政府对社会上的弱势群体，需要救助的人开展积极救助。

1. 城乡低保 1996 年 11 月 12 日，龙川县人民政府印发了《关于建立城乡居（村）民最低生活保障制度的实施意见》。1997 年 1 月，龙川开始实施城乡居（村）民生活最低保障制度，对低保实行动态管理。2017 年 9 月，龙川县城乡低保对象 10 651 户、26 267 人，占全县总人口的 2.6%。其中城镇 1 286 户、3 025 人，农村 9 365 户、23 242 人。城镇低保补助标准从 2012 年人月均 180 元提高到 457 元，农村低保补助标准从 2012 年人月均 130 元提高到 206 元。

2. 供养特困人员（五保） 至 2016 年底，龙川县建有福利

院（敬老院）27 间，可集中供养人数 567 人。至 2017 年 9 月，全县有特困人员供养 4 610 人，供养标准从 2012 年的集中供养 250 元，分散供养 180 元统一提高到每人每月 640 元。

3. 保障孤儿基本生活　从 2014 年开始，龙川县实施孤儿基本生活保障。2017 年 9 月有孤儿 479 人，其中集中供养 15 人，分散供养 464 人，供养标准从 2014 年的集中供养 1 150 元／人·月，分散供养 700 元／人·月，提高到现在集中供养 1 450 元／人·月，分散供养 880 元／人·月。

4. 保障事实无人抚养儿童基本生活　从 2016 年起，龙川县建立了事实无人抚养儿童基本生活保障制度，2017 年 9 月共有 399 名事实无人抚养儿童，发放标准为 500 元／人·月。

5. 大病医疗救助　龙川县逐步提高医疗救助人均补助标准，2017 年救助封顶线提高到 3 万元，农村五保户、城镇"三无人员"实行基本医疗费用（含门诊、住院）全额救助；低保对象、精准扶贫对象政策范围内住院自负医疗费用的救助比例达到 80% 以上。资助全县低保、五保对象参加城乡居民基本医疗保险，确保参保率达到 100%。

★"双拥"优抚安置　龙川县广泛开展了配合河源市创建全国"双拥"模范城"三连冠"活动，积极推进"双拥"优抚安置工作。

龙川县加强了对烈士纪念设施的保护，2014 年对县烈士陵园进行了全面的维修，提升了烈士设施主题教育褒扬功能。2017 年龙川军供站被国家民政部、解放军总后勤部授予"全国重点军供站称号"。

龙川县享受国家抚恤补助的各类优抚对象 6 000 多人，为了使抚恤工作形成制度化，建立了全县统一抚恤生活补助金季度首月发放制度；建立了优待对象抚恤补助标准自然增长机制，将优抚对象住院医疗费补助比例标准提高到50%以上。

龙川县将符合政府安排工作的退役士兵及伤残军人全部落实工作单位，支持退役士兵参加中等、高等职业技能培训。

★**基层民主政治建设和社区建设** 龙川县建成村委会服务站315个，覆盖率100%，社区公共服务站12个，覆盖率29%，家庭服务中心1个。

龙川全县315个村建立了村务监督委员会，落实每人每月500元的村务监督委员会补助。

★**专项社会服务** 1991年，建立龙川县殡仪馆，从2015年8月起全面落实殡葬基本服务由政府免费提供政策。2017年1—9月火化遗体2 269具，免除殡葬基本服务费累计达443.5万元。

2012年以来，龙川县登记的社会组织有102个，其中社团有17家，民办非企业85家；推进社会组织"三证合一"，对社会组织统一发放以统一社会信用代码为编码的新登记证书。

（二）开发人力资源，推进社会保障

龙川县大力开发人力资源，建立健全各种社会福利保障制度，不但稳定了社会，而且促进了龙川县各项事业的发展。

★**劳动就业** 龙川县大力引进外资及民营企业，拓宽劳动就业门路，扩大就业范围，使龙川县就业形势年年大好。2016年末，城镇就业人数70 336人，城镇登记失业人数1 741人，失业率2.47%，失业率一直控制在2.5%以下。

在新形势下，根据企业对岗位的需求，以及求职人员求职需求，利用微信，创立"龙川县企业用工招聘平台"。企业和求职者只需将资料上传此平台，即可实现互联互动，提高求职质量。

★**养老保险** 从1985年开始，龙川县在全县企业单位中开展社会养老保险统筹业务，征集养老保险金。从1994年起，社会养老保险的统筹业务扩大到机关、企事业单位，即所有单位和职工都必须参加社会养老保险，以后扩展到农村，参加社会养老保险人数逐年增加。1985 年仅 4 500 人，1995 年增至 25 000 人，2004 年增至 44 350 人，2016 年参加城乡居民养老保险人数增至 358 585 人，是 1985 年 4 500 人的 79.69 倍，实现了全民全覆盖的目标。

★**医疗保险** 2001 年 7 月 1 日，龙川县人民政府根据国务院城镇职工医疗保险有关规定精神，颁布了《龙川县城镇职工基本医疗保险实施办法》，规定龙川县境内所有企业、事业单位、国家机关、社会团体、城镇个体经济组织及其所属全部职工以及中央、省驻龙川单位其所属全部职工，都需要参加医疗保险，并从当年 7 月 1 日开始征收医疗保险费。2001 年底参加医疗保险人数 4 100 人，以后从城镇扩展到农村，参加医疗保险人数逐年增加。2004 年增至 13 970 人，2016 年增至 845 900 人，是 2001 年 4 100 人的 206.32 倍。从 2014 年至 2016 年共收取医疗保险费 123 121 万元，因病报销 106 720 万元，让人民群众病有所医，从中得到实惠。

★**技工学校** 龙川县技工学校于 2006 年秋季复办，2017 年秋季在校学生 2 300 多人，开办了 13 个专业，坚持以"德行天下，技能立身"为办学宗旨。应龙川县工业园区的需求，特为工业园区企业设置了对口专业，开设有电气自动化设备安装与维修、计算机网络等班，培养急需的专业对口技术人才。自技工学校复办以来，学校为各类企业培养输送了 11 266 名技术人才，学生就业率达到 97.6%。

五、各类教育和学校"改薄"，提升教育强县水平

龙川县教育始于先秦的儒家教育，世代相传，学崇周公、孔子。随着历史的变迁，教育事业不断发展，唐代创建了管理

儒学的县城学宫，宋代设立书院，明代设立社学、义学，清代兴办私塾。唐宋至明清，计有进士 28 人，举人 84 人（含武举 13 人），拔、岁、恩、贡 250 人。民国时期，大兴新学，相继办起了 7 所县立、私立中学，1 所师范学校，1 所助产学校和 40 所小学。

中华人民共和国成立后，龙川县教育事业迅速发展。到 1965 年，中学发展到 14 所，比建国初增加了 7 所，其中完全高中 3 所。龙川第一中学和广东老隆师范学校成了名牌学校，培养不少优秀人才。"文化大革命"期间，教育事业遭到严重摧残，教育秩序混乱，教育质量下降。中共十一届三中全会后，教育事业逐步走向正轨。1979 年基本完成扫盲任务，1984 年基本普及五年制义务教育，1985 年开始实施九年制义务教育。1998 年始，致力全县薄弱学校改造和全县学校布局调整，实施教育强县战略，基本实现了中小学"校舍钢混化，设备现代化，校园美丽化"。2015 年，龙川县成功通过了全国义务教育发展基本均衡县国家级督导验收和"广东省教育强县"省级督导验收。

（一）各类教育

★**小学教育** 清光绪二十九年（1903 年）春，在龙川县城三台书院创办龙川县第一间小学——县立高等小学堂后，又分别在通衢、鹤市、黄布、老隆水贝等地开办高等小学堂和初等小学堂。至民国 37 年（1948 年），全县有小学 404 所，其中乡中心学校及完全小学 87 所，教职员工 1 081 人。共有学生 33 777 人，其中完全小学学生 17 608 人。

1949 年 5 月龙川解放后，将国民学校更名为村初级小学，乡镇中心学校更名为区完全小学，适龄儿童入学率 76.1%。1950 年，全县有小学 496 所，在校学生 1.41 万人，工农子弟占了 87%。

龙川县中、小学教育发展情况统计表

项目 年份	学校数（所）						学生数（万人）				适龄儿童入学率（%）	入、升学率			中小学教职员工数（人）
	合计（所）	小学（所）	初中（所）	高中（所）	完中（所）	职业高中（所）	合计（万人）	小学生（万人）	初中生（万人）	高中生（万人）		小学生升学率（%）	初中生升学率（%）	高中生升学率（%）	
1950	503	496	4		3		1.75	1.41	0.32	0.02	85.6	62.2	33.3	14.7	1 999
1958	255	236	11		8		7.42	6.30	0.97	0.15	95.7	33.1	76.4	63.3	2 863
1978	359	332	19		8		13.31	9.60	2.84	0.87	97.7	90.0	33.7	1.00	6 518
2004	409	362	38		9		14.28	8.55	4.56	1.17	100	98	94	79	7 896
2016	431	390	29	4	7	1	10.79	6.54	2.69	1.56	100	100	100	92	8 951

在"文化大革命"中，小学教育受到冲击。1970 年陆续恢复公办小学编制，开始重视文化知识教育。1974 年学"屯昌经验"大办学校小农场，半农半读，实行"开门办学"。1977 年后，教学秩序逐渐步入正轨，恢复毕业与升学考试制度，撤销"贫宣队"；调整小学布局，撤销大队小学附设初中班，恢复与健全教师组织，狠抓校风建设，教学质量不断提高。1984 年基本普及五年制义务教育，2001 年始，实施农村贫困家庭子女免收义务阶段书杂费，全县每年有 1 万多名小学在校贫困生免收书杂费，享受面 18% 左右。

★**中学教育** 民国 2 年（1913 年），在龙川县城西门考棚创设县立第一所中学；民国 15 年（1926 年）冬，把县立第二高级小学（通衢景韩书院）改为县立第二中学；民国 28 年（1939 年），设在通衢的一中分校改办县立第三初级中学（后改名为金安中学）。至民国 37 年（1948 年）秋，在全县有 3 所完全中学，4 所初级中学。

1949 年 5 月龙川县解放后，龙川县人民政府接管全县中学。1958 年新办 6 所民办中学。龙母、黎咀、麻布岗（原壮士）、上坪 4 所附设初中班的小学改办初级中学。1966 年"文化大革命"开始后，学校"停课闹革命"，开始"大串连"。1967 年"复课闹革命"。1968 年工人、贫下中农宣传队进驻学校，1969 年实行学制改革，初中、高中学制各缩短为 2 年。1971 年提倡"山沟办学""茅寮学校"。1977 年恢复毕业与升学文化考试制度。1978年以后，恢复中学"三三"学制，撤销各中学分校及小学附设初中班，逐步调整中学布局，建立良好的教学秩序。

龙川县第一中学创建于 1913 年，简称"川中"。龙川一中是广东省最早备案的公立中学之一，现为国家级示范性普通高中、广东省一级学校。2007 年以来，获得全国学校体育卫生工作先进

龙川县第一中学（高中部）

单位、全国群众体育先进单位、广东省先进基层党组织、广东省文明单位、广东省普通高中教学水平优秀学校等 20 多项省级以上荣誉称号。

2003 年 2 月开始，中共龙川县委、龙川县人民政府共投入2.5 亿元，在老隆新城区建设龙川县第一中学新校区，学校占地面积 195 685 平方米。2004 年 8 月 25 日举校迁入新校区。2017 年秋季，有教学班 78 个，学生 4 313 人，教职工 312 人，其中特级教师 1 人，高级教师 92 人，研究生 6 人，在读研究生 13 人。

龙川县第一中学创办 100 多年来，先后培养了当代著名作家、文艺理论家萧殷，中国工程院院士容柏生，20 世纪中国知名理论经济学家钟阳胜，参加中国第一颗原子弹设计制造的专家张振先，首批参加南极考察的科学家钟振如，五夺世界摔跤冠军的优秀运动员钟秀娥，知名政治经济学博士、教授钟家新，"中国十大杰出青年"曾满军等一批优秀人才。

★**专业教育** 清光绪三十二年（1906年），在县立高等小学堂附设业余师范传习所。参加学习者多是在职塾师。民国时期，龙川县办有师范学校、助产学校。中华人民共和国成立后，龙川县认真办好广东老隆师范学校和龙川县卫生学校、龙川县技工学校，还创办了龙川大学、龙川县劳动大学及各种农林中学，因各种原因，大部分专业学校已停办，现在龙川县技工学校仍能稳步发展。

民国24年（1935年）秋，龙川县在通衢景韩书院创办省立老隆师范学校，民国25年（1936年）搬入老隆新校上课。中华人民共和国成立后，老隆师范仍为省立中专学校。"文化大革命"期间，学校曾三次搬迁，停止招生7年之久。1973年秋，重迁回原址办学，恢复招生。2001年秋，广东老隆师范学校升格为广东省河源职业技术学院。2004年9月，河源职业技术学院迁入河源市新校区上课，原老隆师范学校校址改为龙川县隆师中学。

广东省老隆师范学校创办80余年来，培养了千千万万的优秀教师和人才，对龙川教育事业的发展作出了巨大的贡献。代表人物有"全国劳动模范"黄伟忠。黄伟忠，男，龙川登云镇人，1980年7月毕业于广东老隆师范学校。他一直从事教育工作，任龙川教育局教研室主任期间，努力探索教学改革路，主持许多大型的教研活动，促进龙川教师业务水平和教学质量的提高。他勤于著述，撰写的教育教学论文在国家级、省级刊物上发表，并多次获奖。1995年被评为"全国优秀教师"，1996年被授予"龙川县第一批优秀科技人才"称号，1998年被评为"特级教师"，2000年被中共广东省委、省政府授予"广东省先进工作者"荣誉称号。

2001年，黄伟忠任龙川县教育局副局长兼龙川一中校长。他带领全体教师开拓进取，深化教育教学改革，教育教学质量全面提高。龙川一中被评为省一级学校，成为广东省国家级示范普通高中。2005年，黄伟忠被评为"全国先进工作者""广东省优秀党务工作者"；同年4月，被评为"全国劳动模范"，赴北京参加表彰大会。2007年6月，黄伟忠调任河源市卫生学校校长。

（二）学校教育的发展

★教师队伍建设　1993年国家颁布《中华人民共和国教师法》，教师地位明显提升，使更多新鲜血液补充到教师队伍中来。2001年至2010年的10年间，龙川县共招聘教师1 906人，其中研究生10人，全日制本科生655人，大专毕业生971人，中专毕业生270人。2012年至2016年的5年间，又招聘教师557人，都是大专以上的毕业生，龙川县教师队伍学历达标率大大提升。

龙川县中小学教师学历达标率提升表

项目 年份	高中教师学历 达标率（％）	初中教师学历 达标率（％）	小学教师学历 达标率（％）
1978年	47	4.5	15
2012年	83.6	98.08	99.9
2016年	99.9	100	100

2016年，龙川县高级、中级职称教师分别是1 041人、5 159人，分别占教师总数的12.7％、63％，涌现出了中共十八大代表、全国"五一"劳动奖章（2014年）获得者张雪萍老师，"全国优秀教师"（2015年）刘小英等一批优秀教师代表。

★教育教学质量　1978年是恢复高考的第二年，龙川县考入大专院校的仅有46人，考入中专的有200人，初中升高中升学率仅为33.7％。

从20世纪90年代开始，龙川县高考成绩喜人。1991年至

2000 年 10 年间，有 4 人考入清华大学、北京大学，1 人考入中国科技大学。2001 年至 2010 年 10 年间，重点本科录取 2 579 人，普通本科录取 9 061 人。本科入围率和录取率均居河源市各县区之首，有 18 人被北京大学、清华大学录取，1 人被香港中文大学录取。

2016 年，龙川县参加高考考生 6 642 人，本科入围 2 137 人，其中重点本科入围 560 人，大专入围 2 855 人，大专以上入围率达 74.8%。龙川一中被河源市教育局授予"2016 年普通高考教学质量优胜奖"。

★**学校校舍建设** 改革开放初期，百废待兴，龙川县学校校舍基本上是砖瓦土木结构，多年失修，已成危房。

校舍危房改造。1990 年至 1993 年，全县共投入资金 6 324.26 万元，新建、拆建及维修校舍 38.9 万平方米。随后在"普九"工程中，共投入 12 050.1 万元。56 所中学共建成钢混结构大楼 148 幢，建筑面积达 16.21 万平方米，使生均校舍面积小学达 4.9 平方米，中学 5.8 平方米，达到"普九"标准要求，被广东省政府授予"两基"教育先进县称号。时任龙川县县长陈潭孙，教育局局长谢锦坤、副局长黄伟平等 8 人被广东省政府授予"两基"工作先进个人称号。

薄弱学校改造。1997 年至 1999 年，龙川县"改薄"动工学校 355 所，占学校总数的 83%，其中省、县认定 247 所，共投入"改薄"资金 1.2 亿元，建成教学楼 211 幢，配置实验室 150 间，新建学生宿舍 4.1 万平方米，建筑总面积 18 万平方米。1998 年 10 月河源市在龙川县召开了改造薄弱学校暨教师住房建设工作现场会。2000 年 1 月，广东省又在龙川召开了"改薄"工作现场会。

学校标准化建设。2012 年至 2016 年，龙川县投入 9 亿多元，新增校舍面积 67 万平方米，新建或维修运动场 122 个，完全小学以上学校 100% 达到标准化学校的标准。龙川一中是国家级示范性普通高中，实验中学等 3 所高中为省一级学校。

★**教学设施设备** 20 世纪 80 年代，学校教学基本上是一块黑板、一支粉笔。到了 90 年代，各中学均建有图书馆（室），人均图书 22.5 册；均建成理化生实验室，教学仪器配齐率达 98%，各学校至少配置一个电脑室或语音室。2001—2010 年，教仪设备共投入 3 390 万元，建设中学、中心小学校园网，与县教育局互通互联，实现电子政务。

2011 年至 2016 年，教仪设备投入 8 000 多万元，加快教育信息化进程，中小学宽带网络"校校通"、优抚资源"班班通"和网络学习空间"人人通"，覆盖率达 100%。全县小学教学点都配备教学平台，数字教育资源实现全覆盖。

（三）各种形式的教育基金会

2008 年 9 月，在中共龙川县委、县人民政府的高度重视下，成立了龙川县教育发展基金会，初有教育基金 1 380 万元。理事长为丘钦城，副理事长为王海、张志君（兼秘书长）、胡本添、谢忠灵、袁坤林，理事有李伟民、陈添胜、吴子英（兼副秘书长）、冯锦标（兼副秘书长）。2008 年至 2017 年，扶助 10 762 名贫困学生上学，共资助资金 793.6 万元。在县教育发展基金会的带动影响下，各镇、村成立的各种形式的教育发展基金会如雨后春笋般涌现，扶助贫困学生上学，在教师、学生中开展奖教奖学活动。

龙川县下辖 24 个镇，其中已成立教育基金会的有 20 个镇，还没成立教育发展基金会的有 4 个镇（细坳、贝岭、岩镇、登云），成立最早的是车田镇嶂石教育发展基金会。累计资金最多的是龙川县教育发展基金会，累计金额达 2 481.45 万元。至

2017 年 9 月，全县共有各类教育发展基金会 64 个，累计资金达 7 698.99 万元，累计济困学生 12 449 人，金额 1 005.61 万元；累计奖励教师 5 562 人，学生 15 521 人，金额 1 099.1 万元。

六、传承开发古邑文化和广播电视事业发展

龙川是千年古县，有着十分深厚的文化底蕴。在"文化大革命"期间，龙川古邑传统文化受到了冲击。中共十一届三中全会后，在精神文化上进行拨乱反正。中共龙川县委、县人民政府加强了物质和非物质遗产的保护开发，使优秀传统文化与当代先进文化相映生辉。同时加快了龙川县文化广播电视事业的建设，为龙川县人民提供了丰富多彩的精神食粮，为建设发展龙川提供了强大的精神力量。

（一）文化机构、刊物及协会

1972 年，龙川县成立文化局，2006 年更名为龙川县文化广电新闻出版局，具体负责管理全县文化艺术，广播影视新闻出版工作。

★**公共文化机构** 龙川县文化局直属有文化馆、博物馆、图书馆等单位。

1. **龙川县文化馆** 1950 年成立龙川县人民文化馆，后更名为龙川县文化馆，几经迁址，规模逐渐扩大，现位于老隆镇文明路。文化馆大楼于 1976 年建成投入使用，占地面积 400 平方米，馆内设书画室、培训室、舞蹈室、排练室等，实行免费开放。2015 年被文化部评为国家二级文化馆。

2. **龙川县博物馆** 博物馆于 1981 年成立，位于县城革命烈士陵园山下，1985 年兴建，1988 年全面竣工并向社会开放，总建筑面积 1 100 平方米。博物馆内设有 4 个厅：革命文物展厅、历史文物展厅、黄居仁纪念厅及荷树排遗址、亨渡汉墓文物（临

时）展厅。馆内藏品时间跨度大，其中以新石器时期文物、战国时期文物、汉唐文物和明清文物为主要特色，以石器、青铜器和陶瓷器等文物为代表。目前博物馆共收藏文物 3 088 件，其中国家二级文物 17 件，三级文物 170 件。

3. **龙川县图书馆**　位于县城文明一路，建于 1983 年，建筑面积 1 600 平方米，现有藏书 5 万多册。图书馆内设施与场地免费开放，文化服务项目免费提供。

4. **龙川县新"三馆"**　龙川县文化馆、图书馆、博物馆新馆（简称"三馆"）位于县文化公园东侧，占地面积 10 000 平方米，建筑面积 2 000 平方米，总投资约 1.2 亿元。新"三馆"项目按国家二级馆的标准进行规划设计建设，内设有业务培训、非遗保护、群众艺术活动、文献收藏、知识信息传播、书刊阅览流通、社会教育、文化休闲娱乐、文物主题展览等数十个功能室。新"三馆"能更好地满足城乡人民的文化需求，进一步提升了龙川县的城市品位。

5. **文化站（室）**　至 2017 年，龙川县有 24 个镇综合文化站（其中二级站 7 个，三级站 17 个），315 个行政村文化室和 42 个居委会文化室，23 个村级综合文化服务中心示范点和 5 个特色文化室。

★**文化刊物及协会**　龙川县内部发行刊物主要有三家：《龙川文艺》《龙川文学》《循州诗词》。

由中共龙川县委宣传部、龙川县文学艺术界联合会主办的《龙川文艺》，2013 年复刊，现任主编王受庆。王受庆的代表作有《情满东山》《踏青》等。

由龙川县作家协会主办的《龙川文学》，2014 年创刊以来的主编是罗洪安。他的代表作有《桃红柳绿》《岁月如风》《那些藏于心底的话》等。

由中共龙川县委老干部局主办的《循州诗词》，1995 年创刊时的主编是蓝桥生，后是何福添、李万顺，现任主编钟家群。何福添的代表作有《龙川春色》。钟家群的代表作有《读〈易经〉与人生思考》《普通的人》《三十年日记节选》《晚年诗集》等。

龙川县在文学艺术方面还有多家协会：作家协会、书画协会、音乐协会、山歌协会、摄影协会等。现任龙川县书画协会会长钟力为的美术代表作品有《昔日功臣》《铁骨》和《铁骨 NO. 2》。《昔日功臣》2014 年入选庆祝中华人民共和国成立 65 周年——广东省美术作品展览，2015 年该作品被山东省泰安美术馆收藏；《铁骨》2017 年荣获第十三届广东省艺术节优秀美术作品展银奖；《铁骨 NO. 2》荣获首届广东省美术教师作品展一等奖。

★**物质文化遗产**　龙川县人文历史悠久，物质文化遗产众多，古邑龙川至今仍保存着众多文物古迹。目前县内有省级历史文化名城 1 座、文物保护单位 98 处（其中县级 80 处、市级 8 处、省级 10 处），省级古村落 6 个（黄布镇欧江村、丰稔镇黄岭村、麻布岗镇大长沙村、上坪镇青云村、细坳镇小参村、岩镇山池村）。

1. **佗城**　原名龙川城，20 世纪 40 年代为纪念首位县令赵佗而易名，位于龙川的西南部，是今佗城镇人民政府所在地。佗城始建于公元前 214 年，为龙川首位县令赵佗创建。自赵佗为龙川县令在佗城设治、驻军、施政至 1949 年 5 月，佗城一直为龙川县治所在地，也曾为龙川郡和循州的郡治州所。1991 年佗城被广东省人民政府公布为首批省级历史文化名城之一。

2. **龙川学宫**　位于龙川县佗城镇佗城村学前街，始建于明朝，重建于清康熙七年（1668 年），2006 年曾作修缮，坐北向南。原有棂星门、泮池、大成门、大成殿、明伦堂、尊经阁、东西庑、东西斋等，规制悉备。现仅存大成殿、明伦堂和尊经阁，总占地面积 3 645 平方米，龙川学宫于 2008 年被公布为广东省文

龙川学宫

物保护单位。

3. **龙川考棚**　位于佗城西门，建于清光绪二年（1876 年），2010 年修缮。龙川考棚为四进院落式布局，由大门楼、至公堂、官员寓所和文武考场等组成，建筑面积 2 000 多平方米，总占地面积 7 298 平方米，土木结构，抬梁与穿斗混合式木构梁架，灰瓦屋面，灰沙地面。龙川考棚于 2015 年被公布为广东省文物保护单位。

★非物质文化遗产　龙川县历史文化底蕴深厚，孕育出客家山歌、木偶、杂技等一大批非物质文化遗产。至 2016 年，龙川县列入市级非遗保护名录 16 项，省级非遗保护名录 1 项，2 位艺人被列为省级代表性传承人，建设手擎木偶戏传承基地 1 个。2016 年，山歌、杂技、木偶团改组合并为龙川县杂技木偶山歌艺术团，成为龙川县非物质文化遗产的传承主体。

1. **杂技**　龙川县被誉为"杂技之乡"，杂技团曾被誉为"南粤艺坛一葩",1956年上演的《咬花》曾获广东省汇演一等奖。20世纪70年代,杂技团曾为坦桑尼亚军事代表团访华演出,为新加坡开国总理李光耀先生访华演出。改革开放后,先后到中国香港、日本、美国、新加坡等地演出,其中在日本最长一次演出达1年。1983年《足蹬椅子顶》获首届广东省鲁迅文艺奖三等奖,1984年《双蹬技叠桌》《轻功滚碟》分别获首届广东省杂技发展创新二等奖、三等奖,1986年《双蹬技》获第二届广东省鲁迅文艺奖。

2. **客家山歌** 龙川客家山歌以地方客家方言传唱,极具地方特色,创作则以即兴为主,是龙川人民喜闻乐见的艺术形式。龙川客家山歌的集大成者为何海澄。何海澄(1933—2015),龙川县岩镇人,著名客家山歌师。他创作了大量的山歌作品,代表作有《山歌悠悠》《歌海传情》,其作品曾在国家及省市县刊物中多次刊载,屡获殊荣。1999年荣获中国客家文化节山歌擂台赛三等奖。

3. **木偶戏** 又称"傀儡戏""鬼子戏"。清末黎咀虎口老艺人骆七和骆三兄弟两人从福建引进了木偶戏,之后成立了"兆丰

龙川黎咀木偶剧团巡演于各大文化艺术节

年"和"贺丰年"两个戏班。1953 年，这两个戏班合并成龙川县文联线剧队。1955 年更名为"龙川线剧团"，1956 年调拨广西，成为广西木偶艺术团。2005 年，经过多方努力，重组黎咀木偶剧团。2010 年龙川黎咀木偶正式列入广东省非物质文化遗产名录。

（二）广播电视

中华人民共和国成立后，龙川县广播电视事业得到快速发展，固定资产由开办初期的 5 万元发展到现在的 9 000 万元；广播覆盖率从开办初期的 40% 发展到现在的 92%；电视覆盖率从开办初期的 20% 发展到现在的 93%。龙川县广播电视台在岗干部职工从开办初期 12 人发展到现在的 153 人，拥有各类专业技术人员 38 人，其中初级职称 27 人，中级职称 11 人。

★**历史沿革** 1949 年前，龙川广播电视事业一片空白。1950 年冬筹建龙川县收音站，1954 年 5 月，改称龙川县收音广播站；1955 年 5 月，又改称龙川县城镇广播站；1956 年 8 月，城镇广播站改称龙川县农村有线广播站；1957 年设置龙川县人民广播站，经费由行政全额拨款。后来，全县 21 个人民公社设有广播放大站，有专职人员 42 人，铺设广播专线 8 025 千米，入户播音喇叭 4 136 万只，至 1973 年 12 月全县农户平均每 2 户有 1 只喇叭。

1984 年 5 月，设置龙川县广播电视局。1997 年 1 月，改制为广播电视事业局，为县政府正科级事业单位。2002 年 4 月 25 日，又复称龙川县广播电视局。2005 年 7 月，撤销龙川县广播电视局，组建龙川县广播电视台。

2006 年 1 月，经上级批准，电视信息频道开通。时令宣传和广告经营有了自己的专属频道。2010 年 2 月，全县数字电视整改工作开始，至 2011 年底全面完成。有线电视节目套数从模拟信号 35 套提升到现在数字电视基本频道 70 套，付费频道 49 套。龙川全县有 22 个镇（除黄石、黄布两镇外）、211 个行政村、703 个自然村贯通了有线电视。调频广播从原来的 1 套提升到现在的数字广播 25 套。2012 年 8 月，龙川广播电视网站正式开通。

★**广播电视新闻**　龙川电视台无线电视发射功率 300 瓦，覆盖人口 30 万；龙川人民广播电台的发射功率 1 000 瓦，覆盖人口近 100 万。新闻舆论工作是广播电视的主功能，从 1999 年以来，实行了定时间、定频道、定栏目，设立新闻、专题、文艺等自办栏目 12 个，每天播出时间达 15 小时，通联工作电视类连续 8 年荣获全市第一，广播类连年排在全市前列，共有 67 件好新闻好作品在省、市评比中获奖。2016 年在省级新闻作品评比中获得一等奖 2 件，二等奖 1 件，三等奖 1 件的佳绩。龙川广播电视台安全播出 15 年事故率为零。

龙川经营中心从 2012 年一年播放公益广告 11 组 36 条（次），到 2016 年一年播放公益广告超过 1.5 万条（次），经济创收超过 200 万元。

★**基础设施投入**　龙川县广播电视加大对基础设施建设投入。从 1997 年至 2015 年的 10 多年投入资金近 6 000 万元。

龙川县广播电视基础设施建设资金投入表

年份\项目	投入金额（万元）	完成项目
合计	5 945	
1997	300	建成一幢 8 层，建筑面积 2 300 平方米的广播电视中心大楼
1999	380	建成 108 米全市第一高塔广播电视发射塔
2003	3 400	架设光纤光缆主干线近 600 千米
2003	300	购置一大批制作、播出设备
2011	1 200	建设了 24 个镇广播电视站

（续表）

项目 年份	投入金额 （万元）	完成项目
2012	47	对电视中心的非编系统进行数字化改造
2015	200	完成楼盘网络建设6个 收编整合村网3个 架设主干线35千米
	100	更新改造、完善了一批新闻采编播设备
	18	建设广播电视网站

七、积极推进建设现代体育医疗卫生服务体系

中华人民共和国成立后，中共龙川县委、县人民政府重视发展体育医疗卫生事业，卫生院和卫生站分布各乡村。农村实行人民公社化期间，各公社建有卫生院，农村各大队设有合作医疗站，有1～3个赤脚医生，中西医结合，多用中草药，农民就医看病很方便。随着农村体制的变革，农村合作医疗站功能淡化，在农村中出现了"看病难，看病贵"的问题。为解决此问题，中共龙川县委、县人民政府紧紧围绕全面建设小康社会这个目标，全面推进公共医疗卫生体系建设，逐步完善和提升了县、镇、村三级医疗卫生机构基础设施建设和医疗水平，人民群众"看病难，看病贵"的问题有效地得到了解决，计划生育得到了全面落实，妇幼保健得到了加强。

龙川人民热爱体育运动有悠久的历史。改革开放后，中共龙川县委、县人民政府积极推进发展体育产业，全民健身运动在县城、农村得到深入普及，竞技体育综合实力不断提升。从而，提高了龙川县人文素质、健康素质，加快推进了物质文明、精神文

明建设的步伐。

（一）医疗卫生与计划生育

中共十一届三中全会后，龙川县医疗卫生水平日益提高，计划生育全面落实。

★**医疗卫生** 2016年，龙川县共有公办医疗卫生单位34个，其中县级综合医院2间：龙川县人民医院、龙川县第二人民医院（麻布岗中心卫生院）。中医专科医院1间：龙川县中医院。妇幼保健专科医院1间：龙川县妇幼保健计划生育服务中心（龙川县妇幼保健院）。直属医疗卫生单位7间：龙川县卫生监督所、龙川县疾病预防控制中心、龙川县慢性病防治院、龙川县药械站、龙川县卫生机关幼儿园、龙川县康复医院、龙川县矿泉治疗所。乡镇卫生院23间，村卫生站486间。

至2016年，龙川全县医疗卫生单位建筑面积共16.1万平方米，比1978年的1.2万平方米增加了14.9万平方米，比2016年的13.2万平方米增加了2.9万平方米。

2016年，龙川全县医疗卫生单位病床总数3 342张，比1978年的813张增加了2 529张，比2012年的1 988张增加了1 354张。

2016年，龙川全县共有医疗卫生从业（在岗）人员4 474人，其中卫生专业技术人员3 581人，其他技术人员和管理、技能人员893人。卫生专业技术人员中，有主任医师14人，副主任医师135人。在加强医疗卫生队伍建设的同时，加大资金投入，逐步使医疗设备不断更新，不断完善。

★**计划生育** 2016年，龙川全县妇幼保健院与计划生育服务机构整合，原24个镇计划生育服务所并入各镇卫生院，成立妇幼保健计划生育服务站。全县共有计划生育专职干部1 007人。

龙川县人民医院

龙川县人口与计划生育情况变化表

项目 年份	全县总人口 （万人）	人口出生率 （‰）	自然增长率 （‰）
1978	61.33	14.52	9.3
2012	95.62	12.83	8.34
2016	99.6	13.37	7.36
2017 （1月1日—8月31日）	—	8.29	6.34

　　2009 年，龙川县被评为全国婚育新风进万家活动先进单位，2016 年龙川县被评为全国计划生育优质服务先进单位。

　　★妇幼保健　2016 年，龙川全县孕产妇系统管理率94.64%，住院分娩率100%，孕产妇死亡率为0（达到国际先进水平）；出生缺陷发生率43.36‰，新生儿疾病筛查率81.33%，新生儿死亡率0.92‰（达到国际标准），无新生儿破伤风发生；0～6岁儿童系统管理率93.44%，0～3岁儿童系统管理率91.58%，婴儿死亡率1.15‰，5岁以下儿童死亡率1.84‰。

龙川县妇幼保健院，从2008年以来，先后被国家、省授予"全国医药卫生系统先进集体""全国人文科室（儿科）""广东省文明单位""广东省妇幼保健院先进单位""南粤女职工文明岗"等荣誉称号。2015年，在全省58个县级妇幼保健服务能力综合评价中排列第三名。2017年，顺利通过国家妇幼保健优质服务示范工程省级评估。

★**中医药特色**　龙川县中医院骨伤科、康复科是国家级农村医疗机构中医特色专科，糖尿病专科是"国家级农村医疗机构中医特色专科"创建单位，肝病科、肺病科是广东省中医特色专科创建单位。2014年6月，通过"二级甲等中医医院"评审。在医、教、研各方面取得了令人瞩目的成绩，名列全省县级中医院前茅。

（二）体育事业

1950年，龙川县成立体育运动委员会，几经更名，2003年更名为龙川县体育局。中共十一届三中全会后，群众性体育快速发展，各项体育竞技都已进入河源市的前列。

1998年，龙川县被国家体委评为"全国群体工作先进单位"；

2000年，龙川县被国家体育总局评为"全国体育先进县"；

2012年，龙川县被国家体育总局评为"全国群众体育先进单位"；

2007年，龙川门球协会被评为"中国门球先进单位"；

2008年，龙川被评为"迎奥运亿万老人健身行全国先进单位"；

1993年，龙川一中被中华人民共和国运动会授予"全国群众体育先进单位"；

1999 年，龙川一中被教育部、国家体育总局授予"全国学校体育卫生工作先进单位"；

2008 年，龙川一中被第 29 届奥林匹克运动组委会、国家教育部评定为"北京 2008 年奥林匹克教育示范学校"；

2008 年，龙川一中被第 29 届奥林匹克运动组委会授予"为北京 2008 年奥运会、残奥会奥林匹克教育工作做出贡献奖"；

1985 年，刘荣煊被授予"新中国体育开拓者"；

1992 年，黄麦祥被授予"全国农村优秀体育教师"；

2000 年，吴永光被授予"全国农村优秀体育先进积极分子"；

2003 年，钟启章被授予"全国老年人先进体育工作者"；

2008 年，巫永扬被授予"迎奥运百万老人健身全国先进个人"；

2012 年，徐远增被授予"全国群众体育先进个人"；

1956 年至 1987 年，龙川县先后为北京体院、武汉体院、广东省体校、广州体院等 9 个单位输送了杨超英、潘允忠、潘强等 52 名体育人才，陈伟雄入选中国少年足球队。

★**群众体育**　1951 年"八一"建军节，龙川县举行中华人民共和国成立后首届体育运动会。1980 年，在县城举行了新长征环城赛跑，参赛人数 15 000 多人。1990 年至 2008 年，龙川县每年举行一次县城乙级男子篮球赛、县城甲级男子篮球赛、领导干部篮球赛、三八女子篮球赛、贺岁杯足球赛。县直各单位及系统也相继举办乒乓球、棋类等项比赛。

龙川县人民群众喜爱参加太极拳、剑术、木兰拳、扇功、腰鼓、秧歌、散步、爬山、跑步、足球、门球、羽毛球、气排球、乒乓球、羽毛毽、游泳等项体育活动，体育锻炼已成为人们每天生活中的一种习惯。全县体育运动人口达 59%。2004 年 5 月，龙川老年腰鼓队、秧歌队代表河源市参加广东省首届老年广业杯广场秧歌、腰鼓大赛，腰鼓荣获特等奖，秧歌荣获二等奖。

★**竞技体育** 龙川县体育竞赛活动十分频繁，全县先后开展各类体育竞赛147届次，其中举办第二、三、四届全县体育运动会3次，举办大型龙舟赛2次，承办国家级赛事6次，承办省级赛事6次。

2004年至2008年，龙川体育健儿每年参加河源市各项体育竞赛都获得特别优秀的成绩。

至2006年12月，龙川县中学生代表队六届均获河源市中学生运动会金牌、奖牌、团体总分第一，豪取六连冠。其中在2003年河源市第五届中小学生运动会上，荣获男、女子篮球，初中女子乒乓球，田径项目总分第一，摘金牌45枚，银牌8枚，铜牌8枚，团体总分614分的优异成绩。

2006年12月，龙川县小学生代表队参加河源市第六届小学生运动会，揽得37枚金牌，金牌、奖牌及总分第一，实现了六连冠目标。

★**龙舟运动** 龙川与龙舟运动有着千丝万缕的关系，"川"是象形字，就是江河的意思，"龙川"，即龙在江河之上飞舞。龙川龙舟赛起源于明朝万历年间，至今有400多年的历史。中华人民共和国成立后，龙川县举办过各种类型的龙舟赛事。

2001—2003年，龙川县在县城东江河道上举行了第一、二、三届龙舟赛。2004年6月、2005年6月龙川龙舟队参加了河源市第二届运动会龙舟赛和河源市首届客家龙舟赛。2006年5月，龙川县龙舟队参加了福建省上杭举办的世界客属龙舟赛，在比赛中获得了冠军。

2011年6月，在龙川县城东江河道上承办了广东省"泰华城杯"龙舟锦标赛，龙川龙舟队获得男子直道500米第6名的好成绩。该届龙舟赛是省级单项龙舟赛级别最高的龙舟赛事。参赛队

2011 年 6 月 23 日，广东省"泰华城杯"龙舟锦标赛在龙川举行

分别来自珠三角、港澳台地区，运动员水平很高，不少队员是国家队、省队现役运动员，共有 32 支参赛队。其中，南海九江女子队是国家队。赛况空前，吸引了省内外知名媒体齐聚龙川，观看观众达 20 多万人次。

★**场地建设** 龙川县拥有"一场一馆一池一园"公共体育设施，人均拥有公共体育活动场所面积达 1.58% 以上。

龙川体育馆于 1994 年 5 月竣工使用，总占地面积 3 000 平方米，座位 2 380 个，开创了粤东北体育馆的先河。

2008 年，龙川体育公园建成开放，总占地面积 1.5 万平方米，建有标准的各项体育配套设施。

至 2008 年，龙川全县建有 400 米标准田径场 4 个，200 米以上田径场 60 个，不同规格的足球场 3 个，水泥篮球场 420 个，水泥羽毛球场和排球场一大批。

2012 年 9 月，龙川县被广东省体育局评定为广东省龙舟训练基地。广东省龙舟（龙川）训练基地于 2014 年 7 月动工建设，2017 年 12 月竣工验收，占地总面积 5 964 平方米，建筑面积 581.98 平方米，总建筑面积 3 346.5 平方米。

★**体育精英**　1980 年至 2003 年，龙川籍运动员参加省级、国家级、世界级体育比赛共获奖牌 131 块，其中金牌 42 块，银牌 46 块，铜牌 43 块。在金牌中，世界级 8 块，国家级 3 块，省级 31 块。

黄秀芳，女，1968 年 11 月出生在龙川老隆镇一个普通家庭。1982 年 6 月，她首次代表中国中学生体操队，参加法国举行的第五届中学生体操锦标赛，荣获女子团体、个人全能、高低杠 3 项冠军和自由体操赛亚军。

钟秀娥，女，龙川县紫市镇人。她代表国家摔跤队先后参加 1991、1992、1993、1996、1997 年的世界自由摔跤锦标赛和世界女子摔跤锦标赛，连续 5 次夺得 52 公斤级摔跤冠军。

曾玉梅，女，龙川县铁场镇塘江村人，1984 年 11 月，她代表广州参加亚洲 14 个城市的田径对抗赛，荣获 800 米跑第一名。

魏祖军，男，龙川县龙母镇人，2008 年荣获世界轮椅网球冠军，入围里约残奥会，成为龙川第一位奥运选手。

甘清莲，女，龙川县铁场镇人，1990 年参加亚洲无线电测向比赛，夺得冠军。

中共十八大以后，龙川人民在中共龙川县委、县人民政府的领导下，更加紧密地团结在以习近平总书记为核心的党中央周围，高举习近平新时代中国特色社会主义思想伟大旗帜，坚定不移地走中国特色社会主义道路！健全了全党的学习制度，加强了党的政治建设、思想建设、组织建设、作风建设和纪律建设。严格执行党中央的"八项新规定"，从严治党，加大了党内反腐败的力度，用铁的手腕，严惩了党内的腐败分子，使党更加纯洁，深得民心。龙川县人民弘扬老区革命精神，不忘初心，牢记历史，开拓进取，牢牢抓住以经济建设为中心这条主线，全面推进公路、铁路、电力、环保等项基础设施建设，全面推进教育、科技、体育、医疗卫生等项事业的发展，不断把龙川工业园做强做大，不断提升工业产品的市场竞争能力。深化农村改革，不断把农业推上产业化、集约化、规模化、商品化的发展道路。弘扬中国优秀传统文化，大力发展文化、旅游产业。紧紧围绕国家"两个一百年"的发展目标和乡村振兴战略，发动群众全面打好以扶贫"双到"、精准扶贫为核心的扶贫攻坚战，有力推进了社会主义新农村建设和城镇化建设。中共十九大后，龙川人民认真贯彻落实中共十九大精神，深化改革，扩大开放，积极开展"大学习，深调研，真落实"活动，全面推动经济高质量发展的体制机制和现代化经济体系建设，使龙川县进入高质量发展新时期。龙川人民上下一心，团结一致，努力把龙川县建设成富强、民主、文明、和谐、美丽的新龙川！

附　录

附录一 龙川县重要革命史迹概况

一、龙川县重要革命旧址和重要革命文物

在火红的革命斗争年代中，龙川县遗留下来了众多红色革命旧（遗）址和一些革命文物，大部分保存至今，并得到了保护与开发利用。根据近年来对县域革命旧遗址普查，全县共遗存有重要革命旧遗址 40 多处，其中列为省文物保护单位的 1 处，市文物保护单位的 4 处，县文物保护单位的有 20 处；列为省、市、县级爱国主义教育基地的有 10 多处，其中闽粤赣边五兴龙县苏维埃政府旧址于 2014 年列为省级爱国主义教育基地、"文化名人大营救"中转站（老隆福建会馆）被列为广东省党史教育基地。本节选择其中一些较具代表性的革命旧址和革命文物作介绍。

（一）广东新学生社龙川铁场支社旧址

广东新学生社龙川铁场支社旧址位于龙川县铁场镇铁场小学。

1923 年 6 月 17 日，广东社会主义青年团外围组织——广东新学生社在广州成立，时于广东省立第一甲种工业专科学校就读的龙川青年黄居仁，在同为东江籍进步学生阮啸仙、刘尔崧等人的介绍下加入广东新学生社并成为该社骨干。是年暑假，黄居仁趁返乡之机，携带革命报刊，在家乡积极宣传新学生社反帝爱国宗旨，宣讲广州青年学生反帝爱国运动情况，组织铁场镇罗裕文、黄其鹏等一批知识青年学生学习革命理论，接受马克思主义。经

一番宣传发动后，黄居仁在铁场中心小学成立广东新学生社龙川铁场支社。支社的成立对宣传马克思主义，促进龙川青年觉醒，起了很好的先导与促进作用。

广东新学生社龙川铁场支社旧址

（二）龙川县第一个农会组织旧址

龙川第一个农会组织旧址位于龙川县黄布镇欧江村塘耙屋，所以亦称塘耙屋农会。

1924 年 7 月 3 日，第一届广州农民运动讲习所开学，来自龙川黄布的黄超凡参加讲习所学习。毕业后，黄被任命为国民党中央农民部特派员，后受组织派遣回家乡开展农民运动。同年 9 月，黄超凡在家乡欧江塘耙屋建立龙川第一个农民协会组织，开龙川农民运动之先河。因农会设在塘耙屋，固称"塘耙屋农会"。黄超凡任会长，后由黄伯隆接任。在塘耙屋农会的影响下，龙川县其他地区农会组织迅速发展起来，大大促进全县农民运动的蓬勃发展。

龙川县第一个农会组织旧址

（三）中共龙川特别支部、县农民协会遗址（佗城戴家祠）

中共龙川特别支部、县农民协会旧址位于龙川县佗城镇百岁街戴家祠。

1925年10月，受中共广东区委派遣，随第二次东征回乡的共产党人黄觉群、曾培霖等，国民党人张重耳等10多人，奉命留驻龙川县城。黄觉群、张重耳以国民党广东省党部特派员身份，从事领导与开展龙川国民革命运动。随东征军返乡的还有曾在法国勤工俭学时"与周恩来同学很知己"的邹世骏。邹受周恩来指派，以东征军总政治部社会科特派员身份回乡开展工农运动。

同年11月，黄觉群、黄天泽发展黄日初、杨复生、黄鸿良、黄伯隆、邓国章、黄自强、陈增翼、罗一如等加入中国共产党，并于龙川县城戴家祠创立中共龙川县特别支部委员会（简称"中共龙川特支"），由黄觉群任特支书记，直属中共广东区委领导。

中共龙川特支建立后，相继成立社会主义青年团特别支部，由杨复生任支书。

同月，国民党龙川县第一次党员代表大会在县城召开，大会通过成立县党部，与中共龙川特支于戴家祠合署办公。黄觉群、杨复生、黄天泽（三人均为共产党员）、李云山、张重耳等被选为执行委员。

东江各属行政委员公署行政委员周恩来指派邹世骏、骆汝骧为执行委员，由黄觉群任常委，工人部部长、农民部部长、妇女部部长分别由杨复生、黄天泽、罗一如担任，从而开创了龙川的第一次国共合作的局面。在黄觉群等一批共产党人领导下，工农革命运动迅速在全县各地开展起来。

1926 年 5 月，龙川县第一次农民代表大会在县城（今佗城）召开，成立了县农民协会，黄觉群当选为县农协主席。大革命时期，中共龙川特支和县农民协会领导与开展龙川农民运动，名振

中共龙川特别支部、县农民协会遗址

东江地区，戴家祠是这两机关的办公地址。1986 年，戴家祠被县政府认定为县文物保护单位。

（四）龙川县农民军总部旧址（佗城朱家祠）

龙川县农民军总部旧址位于龙川县佗城镇百岁街朱家祠。

1926 年 5 月中旬，龙川县农民协会成立后，为适应农会斗争需要，6 月初在县城朱家祠成立县农民自卫军总队（简称"县农军部队"），以保卫县城各革命团体，保护"二五"减租的顺利进行。广州农讲所毕业的龙川籍学员黄自强任总队长，队员由各区、乡农民协会选调 80 余名青年农民组成，后发展到 400 余人。经培训后的县农军总队，分赴各区乡为组织农民武装斗争打下基础，为保卫农会政权和维护社会秩序起了积极作用。

龙川县农民军总部旧址（朱家祠）

县农军总队队部设在县城朱家祠。该宗祠建于清代，为三进院落四合院式布局，建筑为硬山顶，面积 300 平方米左右，今基本保存完好。2011 年，县政府投入专项资金进行了维护修缮。1986 年 9 月 3 日被县政府认定为县文物保护单位，2011 年被定为第四批河源市爱国主义教育基地。

（五）**龙川县农民运动讲习所旧址（佗城郑家祠、叶家祠）**

龙川县农民运动讲习所旧址位于龙川县佗城镇百岁街郑家祠、叶家祠。

在广州农讲所的影响下，1927 年 1 月，广州农讲所第五届学员黄自强，在龙川郑家祠堂创办县农民运动讲习所，国民党县长罗俊超兼任班主任，黄自强为副班主任具体负责班务。龙川农讲所仿效广州农民运动讲习所的办学宗旨与具体做法，举办农运训练班，招收学员 100 人。学员一半来自龙川各区乡选送，另一半为兴宁、河源、和平三县学员。县农讲所学员均自费，吃住在客栈，每日三课两操在所内进行，还兼有阅览室供学员阅读进步书

龙川县农民运动讲习所旧址（郑家祠）

刊。农讲所原定学员 4 个月毕业，后因蒋介石发动政变，提前结业，回到各自区域开展农运。

县农讲所旧址设于县城郑家祠与叶家祠。两祠均建于清代，为四进院落四合院式布局。其中，郑家祠近 600 平方米，硬山顶，梁檐雕刻讲究，四周尚有通道走廊，今大部分为佗城卫生院使用，且已改建，部分房屋仍存旧貌。1986 年 9 月 3 日，郑家祠被龙川县政府认定为县文物保护单位。

（六）中共五兴龙县临委旧址（霍山太乙岩）

中共五兴龙县临委旧址位于龙川县霍山风景区太乙岩。

1928 年春，五华、兴宁、龙川的中共组织执行中共东江特委指示，组织举行"年关暴动"，失利后先后退守霍山。为有力打击敌人，推动革命斗争发展，三县党员代表在霍山太乙岩召开会议，商议成立中共五兴龙县临时委员会，并推举叶卓（龙川人）为书记，刘光夏、蓝胜青（二人均兴宁人）、古清海（五华人）为委员。县临委随即作出决定：由刘光夏、蓝胜青率十二团突围，突围后队伍化整为零，分散于兴龙北部边境隐蔽活动。

1962 年，中共五兴龙县临委旧址被龙川县政府认定为龙川县重点文物保护单位，2006 年被定为第二批河源市爱国主义教育基地。

中共五兴龙县临委旧址

（七）上坪仰天堂革命旧址

仰天堂革命旧址位于龙川县上坪镇金龙村，旧址建于清代，坐东北朝西南，三进四横一围龙，正屋为上下五布局，总占地面积约 1 200 平方米。

仰天堂地处粤北赣南边境，自古为粤赣两省交通要道和兵家必争之地。土地革命战争时期，仰天堂的贫苦民众积极参加赣南苏区红军和龙川县边境游击大队（后编入五兴龙游击大队），艰苦卓绝开展革命斗争活动。1929 年 1 月底，毛泽东、朱德率江西井冈山红四军主力抵达粤赣边境。其间，毛泽东在古柏等人的带领下来到仰天堂作短暂调查，指导龙川革命斗争，并留宿了一晚。在毛泽东建立农村革命根据地进行武装割据思想的指导下，龙川乃至东江地区革命热情高涨，一个月后，闽粤赣边五兴龙县苏维埃政府于龙川大塘肚成立，率先在闽粤赣边区建立了革命根据地。

仰天堂也先后建立了农会、地下党小组、游击队和地下交通站，成为粤赣边境重要的革命活动据点，积极开展打土豪、斗恶顽、接待和护送革命干部，运送食盐、火水、布匹、药品到赣南苏区，解决物资供给之不足，为中央苏区革命根据地发展、壮大作出了很大的贡献。

上坪仰天堂革命旧址

仰天堂是龙川县近年挖掘发现的重要革命史迹，填补了土地革命战争早期毛泽东率红四军在粤赣边境开辟根据地时抵龙川的历史空白，进一步丰富了龙川苏区的革命斗争历史，具有重要的历史价值和意义。旧址由于长年风蚀雨浸，久无人居，已破败不堪，亟须修缮。目前，仰天堂革命旧址已列为县文物保护单位，并启动抢救性保护工作。

（八）闽粤赣边五兴龙县苏维埃政府旧址

五（华）兴（宁）龙（川）县苏维埃政府旧址位于龙川县

回龙镇大塘肚村。

1929 年 1 月，为配合毛泽东、朱德率江西井冈山红四军主力分兵向闽粤赣边扩展，建立革命根据地，中共东江特委巡视员刘琴西于一、二月间，在叶卓、罗屏汉等陪同下，多次勘察回龙大塘肚、兴宁的二架笔、双头山等地的地形，并最终确定以大塘肚为五兴龙三县革命中心根据地。

1929 年 3 月初，受中共东江特委派遣，在特委巡视员刘琴西的具体指导下，五华、兴宁、龙川三县工农代表大会在大塘肚长塘面召开，出席大会代表 80 余人。大会通过成立五兴龙县苏维埃政府，选举曾不凡为主席，潘火昌为副主席；罗屏汉、胡燧良、古汉忠、罗文彩、蓝素娥（后增补）为常务委员。同时还分别建立赤（岗）龙（母）铁（场）区、龙（县城）老（隆）鹤（市）区、岗（罗岗）马（石马）坪（大坪）区、罗（浮）黄（陂）区等 4 个联区政府及其中共区委，骆均光（后曾彪）、崔兰、蔡梅祥（后罗宝良）、刘汉（后刘卓中）分别任 4 个区的区委书记。与此同时，将东江、龙川县游击大队共 80 多人枪合编为五龙兴县游击大队，罗柏松任大队长，潘火昌兼政委。

五兴龙苏区是闽粤赣边区建立的第一个县级苏维埃政权。五兴龙苏区的创建是三县党组织践行毛泽东关于建立农村革命根据地以农村包围城市走武装夺取政权道路理论的具体表现。在土地革命战争时期的中共东江特委辖区内，是继 1927 年 11 月成立的海陆丰苏维埃政权后，又一个新生的联县苏维埃政权。五兴龙苏区的发展与巩固直接关联着中央苏区的发展，它的诞生，对中央苏区具有重要的战略意义。

1986 年五兴龙县苏维埃政府旧址被龙川县政府认定为龙川县重点文物保护单位，2010 年被定为第三批河源市爱国主义教育基地，2014 年被定为第六批广东省爱国主义教育基地。

修缮后的五兴龙县苏维埃政府旧址

（九）五兴龙县苏维埃政府兵工厂旧址

五兴龙县苏维埃政府兵工厂旧址位于龙川县回龙镇大塘肚村。

旧址原为一打铁铺，面宽 8 米，建筑面积 64 平方米。坐东向西，建于清代，灰沙夯墙基土砖墙体，灰瓦屋面，土泥地面。内有金字架屋架，西南角有一小房间。1929 年春，闽粤赣边五兴龙县苏维埃政府在大塘肚成立，为适应革命斗争需要，五兴龙县苏维埃在该铁铺设立兵工厂，有铁炉 14 座，雇请工人 40 多名，以修理和制造枪械等兵器。20 世纪 50 年代至今，该旧址被当地村民用作榨油坊。2011 年，龙川县政府按原貌进行重修。

五兴龙县苏维埃政府兵工厂

（十）中共龙川县委旧址——回龙园田村袁高榕屋

中共龙川县委旧址位于龙川县回龙镇园田村袁高榕屋。

鹤市暴动失败后，中共龙川特支和县苏维埃政府领导人，遭到疯狂的围捕与杀害。生还者均被悬红追捕，被迫背井离乡外出谋生，龙川的革命斗争活动逐渐由川南地区向川中、川北转移。

为适应新的革命斗争形势，1929 年 1 月，中共东江特委决定在大塘肚成立中共龙川县临时委员会（简称"县临委"）和龙川县临时革命委员会（简称"县临革委"），以领导和组织大塘肚农会以及龙川中、北部地区的农会抗租废债，打击地主豪绅等反革命势力。叶卓任县临委书记，陈锦华为副书记；胡燧良任县临革委主任，曾彪、吴子廉任副主任。同时建立龙川县游击大队，陈锦华兼任大队长。

同年 12 月，县临委遵照中共广东省委给中共东江特委"关于至龙川工作如已有相当发展可以成立县委"指示精神，在回龙园田禾场背召开龙川县第一次党员代表会。到会代表 30 余人，大会通过成立中共龙川县委和县革命委员会（县苏维埃政府），选举陈锦华为县委书记，叶卓、曾彪、吴子廉分别为组织部部长、宣传部部长和共青团书记，蓝素娥为妇联主任；选举袁祥钦为县革委主任。县委、县革委机关驻地设园田禾场背袁高榕家，下设赤岗、龙母两区委，傅仕添任赤岗区委书记，张权任龙母区委书记。

中共龙川县委旧址

（十一）重建党组织后龙川第一次党代会、解放老隆战役指挥部旧址

1938 年 12 月下旬，中共广东省委常委、军委书记尹林平抵老隆指导工作，尹在听取县临工委组织部部长李健行的龙川工作汇报后，在莲塘小学主持召开县临工委会议，传达广东省委指示，将县临工委改为县委，李健行任县委书记。

次年 2 月间，李代表中共龙川县委参加在紫金古竹举行的东江党代表会议，回到老隆后，于 2 月 24 日在莲塘读书坝余进文家楼上，主持召开龙川重建党组织后第一次党员代表会。参加会议的有全县各地各届党员代表 12 人。主要议程是选举中共龙川县委成员，黄慈宽当选为县委书记，张凤楼为组织部部长、魏南金为宣传部部长、刘汝琛为青运部部长、张克明为统战部部长，刘春乾、余进文为县委委员。

会议作了三项决定：一是加强党对抗日群众团体的领导。二是举办党员培训班，学习党章，加强党的纪律教育。三是发展党组织，特别对空白地区要积极发展党员。同时宣布成立老隆、鹤市、龙母三个区委：老隆区委书记刘春乾，鹤市区委书记方云生，龙母区委书记魏则鸣。

解放老隆战役指挥部旧址

此次中共龙川县党员代表会议是龙川重建党组织后第一次党员代表大会。会后，与会代表回到各地，认真贯彻县党代会精神和县委的决定。从此，龙川党组织迅速发展壮大起来。

此处还是解放老隆战役指挥部旧址。1949 年 5 月 13 日，在粤赣湘边纵队司令员兼政委尹林平、副司令员黄松坚、副政委梁威林、政治部主任左洪涛、参谋长严尚民的部署下，严尚民、钟俊贤、魏南金、郑群、黄中强以及起义的保安十三团少将团长曾天节组成解放老隆战斗前线总指挥部，总指挥部设距老隆不远的读书坝余进文家，严尚民为总指挥，负责部署指挥次日解放老隆战役。

（十二）"文化大营救"老隆中转站旧址（福建会馆）

1941 年年末，香港沦陷。一批暂居香港的文化界名人、抗日爱国民主人士身陷囹圄，周恩来指示八路军驻香港办事处负责人廖承志、连贯组织营救，在广东地方党组织的紧密配合下，滞留香港的文化名人和民主人士及其家属 800 余人，经东江抗日游击队和中共东江特委的精心安排，从水陆两路，由东、中、西三线，越过重重封锁，闯过层层关卡，在经历了半年多的时间后，安全地撤离了香港，转移到大后方。在这场被茅盾称为"抗日以来最伟大的抢救"的大营救中，老隆作为营救路线上的重要中转站发挥了重要作用。

1942 年 1 月初，连贯奉命沿东江逆水而上前往老隆开展营救工作，并沿路考察转移路线。抵隆后随即与后东特委书记梁威林以及龙川地方党组织负责人一起研究部署老隆营救事宜，如文化名人在隆食宿问题、江面防查和安全上岸问题以及设计老隆转移路线等等。在后东特委和中共党员、老隆区长黄用舒的引荐下，连贯以老乡的身份长住"侨兴行"，并说服在龙川同具高声望和地位的"义孚行"协助，两商行成为老隆大营救的办事处与联络点。

同时，指示后东特委和龙川地方组织筹集资金，购买"难民证"和贿赂关卡顽军。另外，利用中共抗日民族统一战线，积极争取国民党左派民主人士如李章达、许崇清等人的支持，以及利用时任老隆区区长兼电话所所长的中共地下党员黄用舒的特殊身份，与驻龙顽军和地方军警拉拢关系，疏通关卡，为抵隆的文化名人和爱国民主人士能安全出入旅馆以及转移韶关做好准备工作。

1942年春，廖承志、何香凝、柳亚子、茅盾、邹韬奋等文化名人和爱国民主人士先后分批抵隆，在后东特委和连贯的具体指导和龙川地方党组织竭力协作下，顺利入住事先预备好的旅馆里，多数人稍作停留后，便陆续以"香港难民"身份乘坐"侨兴行"的汽车顺利转移到韶关，再往衡阳、桂林（西线），最后到达大后方。从1942年春节后到9月底，历时半年多，后东特委和龙川党组织利用"侨兴行"的汽车，顺利通过了国民党中统特务从老隆至韶关沿途设立的4个检查站，毫发无损地把"香港文化精英"全部送达目的地，圆满完成了中共交予的任务。

经老隆转移的部分文化名人塑像

据不完全统计，从老隆转移到韶关的文化界名人、爱国民主人士以及他们的家眷有 300 多人，其中包括：何香凝、茅盾、邹韬奋、夏衍、柳亚子、张友渔、胡绳、张铁生、千家驹、廖沫沙、胡风、蔡楚生、丁聪、李伯球、陈策以及余汉谋夫人上官贤德等著名文化人和知名爱国民主人士。

（十三）后东特委、粤北省委交通站旧址

后东特委、粤北省委交通站旧址位于龙川县老隆镇水贝村黄氏大宗祠。

1941 年 2 月，中共东江后方特别委员会（史称"后东特委"）在老隆水贝村一合面屋成立，书记梁威林，下辖中共紫金、五华、河源、龙川、和平、新丰县委及连平县工委党组织，党员 1 100 多人。后来，党组织还发展到兴宁、惠阳等边境地区，辖区人口 170 万。是年冬，中共地下党员黄用舒为解决党组织活动经费和人员给养，以振兴家乡工业名义，带头捐资筹款，在村上的黄氏大宗祠内办起了星光染织厂，并以染织厂的公开合法身份作掩护，开展革命活动。该厂既是后东特委机关又是中共粤北省委驻老隆交通总站的掩蔽点（站长蓝训才兼染织厂经理）。

黄氏大宗祠，建于清代，为二进院落四合院式布局，硬山顶建筑，内辟 6 房 2 厅，占地面积约 300 平方米。20 世纪 90 年代，经该村民集资及在政府有关部门支持下，对宗祠进行了维修，并在宗祠大门侧立了一座革命斗争历史纪念碑（由原后东特委特派员钟俊贤撰写碑文）。

1986 年 9 月 3 日，后东特委、粤北省委交通站旧址经龙川县政府认定为县文物保护单位，1995 年被定为河源市爱国主义教育基地。

后东特委、粤北省委交通站旧址

（十四）《星火报》、后东特委兵工厂旧址

后东特委创办的《星火报》、兵工厂旧址位于龙川县紫市镇嶂红村南客寮张屋。

后东特委成立后，贯彻中央"隐蔽精干、长期埋伏、积蓄力量、以待时机"的方针，依据东江抗日后方国统区的实际情况，在龙川为"后东"所辖的各县党组织骨干举办各级各类学习训练活动。其间，在紫市镇南客寮张屋举办了多期培训班。当时，南客寮是后东特委在龙川活动的主要阵地，设有情报交通站、电台，并在南客寮印刷《星火报》等抗日宣传报刊。后东特委书记梁威林常住南客寮，带领东江上游各县党组织，开展宣传抗日和党组织活动。1944年，为加强抗日武器装备，后东特委还在南客寮建立兵工厂，制造兵器、子弹和维修枪械。

南客寮张屋

（十五）龙川县青年抗日先锋队总队旧址

龙川县青年抗日先锋队总队旧址位于龙川县佗城中心小学。

1938年底，刘汝深率广东青年抗日先锋队东江区队抵老隆开展抗日宣传工作。在龙川县党组织和抗日东江区队的宣传发动下，龙川抗日救亡保家卫国的热忱日渐高涨，建立了许多抗日救亡机构与团体，如龙川县抗敌后援会、龙川县民众抗日战时动员委员会及其政工队、龙川抗日自卫团等。各区、各乡抗日救亡组织亦相继诞生，如抗日自卫队、农救会、民众抗日自卫协会、青年救亡先锋队、青年工作团等。

为统一领导全县各抗日组织和抗日团体，形成更强大的民众抗日力量，1939年2月28日，龙川当局在县城小学（今佗城中心小学）礼堂召开大会，成立全县青年抗日统一组织——龙川青年抗日先锋队。会上决定，县长刘鸿芹任总队长，张克明任秘书长，魏南金任组织部部长。龙川青年抗日先锋队下设三个区队：一区队队长张其初，二区队队长方云生，三区队队长魏则鸣。

龙川青年抗日先锋队在 1940 年 4 月被迫停止活动。龙川青年抗日先锋队在 1 年多的时间里，积极发动广大民众，利用各种方式形成宣传抗日热潮，在龙川抗日救亡运动中发挥了先锋模范作用，队员一度发展到 3 000 多人，涌现出不少爱国进步青年。中共龙川县党组织从中发展了一批党员，培养成为抗日与解放战争中地方与军队的中坚力量。

龙川县青年抗日先锋队总队旧址（今佗城中心小学）

（十六）粤赣湘边纵队东江第二支队司令部旧址（蕴庐）

粤赣湘边纵队东江第二支队司令部旧址位于老隆镇水贝村。旧址是一座两层的砖石结构建筑，名曰"蕴庐"，又名"水贝大洋楼"，占地面积共约 2 700 平方米，其建筑风格独特，中西合璧，原是当地一豪绅私宅。龙川解放后，该豪绅定居香港，私宅闲置，后无偿捐赠政府使用。

1949 年 1 月中国人民解放军粤赣湘边纵队（军级）成立，1 月 17 日原粤赣边支队改编为粤赣湘边纵队东江第二支队。5 月 14 日，东二支队在边纵领导下解放老隆后，支队司令部移驻水贝大洋楼，以大洋楼作为首脑机关，指挥围歼龙川北部残敌以及部署龙母战斗等。其间，边纵党委、司令部和九连地委曾一度迁驻大洋楼，边纵副政委梁威林，东二支队司令郑群、钟俊贤（后），政委黄中强，东江人民行政委员会主任谭天度等人居住大洋楼。

（十七）霍山反"围剿"战斗旧址

1928 年 4 月 3 日，国民党当局探悉五兴龙三县中共组织领导人退守霍山后，纠集五（华）兴（宁）龙（川）三县地方武装 1 000 余人，合力"围剿"霍山，而三县工农军队伍仅 200 多人。为摆脱困境，中共五兴龙县临委统一部署作战方案：由刘光夏、蓝胜青率队突围，并决定突围后队伍化整为零，分散于兴龙北部边境隐蔽活动。突围战在傍晚打响，五兴龙工农革命军依托霍山险峻山势，在"一线天"、船头石下一带与敌周旋，激烈战斗至次日晌午，击毙敌人 100 多人，成功从北面突围出去。但战斗中分队长罗肇庆、刘道灵等 30 多名工农军人员壮烈牺牲，长眠于船头石下。

霍山反"围剿"战斗旧址酒瓮石

（十八）大塘肚苏区武装斗争旧址

闽粤赣边五兴龙县苏维埃政府成立后，颁布《大塘肚乡农会布告》，进行打土豪分田地，采取扩充武装加强军训、建立地下交通联络站、创建乡苏维埃政权、培训干部、抗租抗税保障供给等措施，有力巩固了苏维埃政权。从1929年6月至1930年冬，敌人对五兴龙县苏机关驻地大塘肚进行反复"围剿"，妄图扼杀新生的苏维埃政权。大塘肚苏区军民在县游击大队统一指挥下，男女老少拿起土枪土炮奋勇反击，进行反"围剿"斗争，不断打退装备精良的敌人。在一年多时间里，大塘肚根据地曾经历大小战斗24次，其中遭上千敌人进犯的有5次。

1929年6月，龙川县警大队长蔡雷鸣调集赤光、龙母、罗口等地民团400余人围攻大塘肚苏区。五兴龙游击大队和乡村赤卫队300余人，在大队长罗柏松率领下，与县警激战5天5夜，终因武器差、弹药缺，被迫掩护群众离开家园，撤退到深山固守。

同年 12 月 24 日，罗口乡地主、民团头目吴子韩探悉五兴龙县游击大队和区联队、赤卫队开往大信接受整编，后方空虚，便集中龙母、赤光、新田等地团警 200 多人，突然袭击大塘肚苏区，烧杀抢掠，全村群众在赤卫队掩护下走避深山。

1930 年初，赤龙铁区联队一部分指战员奉命从大信赶回大塘肚，联合大塘肚、罗底下、横江、桥背、岐岭等村赤卫队 500 多人，于白天袭击罗口民团头子吴子韩家，破仓分粮给贫困农民。

1930 年 10 月初，五兴龙县游击大队组织短枪队分别把甘陂恶霸地主邹梦鳌和罗岗大地主袁跛手之孙、新田土顽刁亚煌等抓获"人质"，关在大塘肚山寨里，叫其交枪交款。同月中旬，龙川县警大队长蔡雷鸣集中兴宁、五华、平远、和平等县武装团警 1 800 多人，分三路进攻大塘肚苏区，实行"五县大会剿"，奸淫抢掠，杀人放火。

大塘肚苏区几次遭劫后，田园荒芜，瓦砾成堆。五兴龙县苏维埃政府机关因供给困难而被迫转移至兴宁南扒村，大塘肚苏区只留下部分游击队员坚持斗争。

大塘肚村一角

（十九）茶活苏区反"七县会剿"战斗旧址

茶活苏区反"七县会剿"战斗遗址，位于龙川县上坪镇茶活村。

1932 年 8 月，广东军阀陈济棠令一主力团，会同龙川、兴宁、五华、平远、寻乌、定南、和平等七县的地方武装共 5 000 余人，配以多门火炮疯狂"围剿"五兴龙苏区上贝浮联区铁龙沙坪乡苏维埃政府（即茶活苏区）。上贝浮区苏维埃政府区长黄清鼎和铁龙沙坪乡苏维埃政府主席黄正卿，率苏区军民奋起反击。

茶活苏区反"七县会剿"战斗旧址

一面令熟悉地形的游击中队长钟其（茶活村人）率队掩护群众撤离到企壁寨等山上隐蔽，一面率区乡干部、游击、赤卫队队员及部分群众据守刘氏大屋独脚炮楼（茶活炮楼）奋勇抗敌。翌日，大雨倾盆，敌军四面围攻击炮楼，民兵们冒雨坚守炮楼。至第三日，炮楼遭敌击穿，楼内已弹尽粮绝，情况危急。最后，除10多名赤卫队队员和群众成功突围后，余18名区乡干部、游击、赤卫队队员，将楼内的煤油、松脂油，泼洒在楼板、柴草和每个人的身上，然后点燃火把，18名勇士葬身火海，全部壮烈牺牲。

茶活炮楼为清代建筑，楼墙用石灰、砂石等混合夯实而成，厚约80厘米，楼阁为木质架构共3层，每层约30平方米。今存部分残垣断壁。1986年列为龙川县重点文物保护单位。

（二十）古柏召开兴龙县领导人会议旧址

古柏召开兴龙县领导人会议旧址位于龙川县上坪镇青化村。

中央苏区红军长征后，中共中央指示闽粤赣边坚持开展游击武装斗争。1935年2月下旬，中央苏区留下坚持斗争的原苏区中央局秘书长古柏，以粤赣边区游击司令的身份来到龙川上坪青化鸳鸯坑土纸厂，召集龙川、兴宁边境的20多名苏区干部开会，传达上级指示精神（一说传达遵义会议精神），并设法与东江地区的古大存联系，开展游击武装斗争。会议期间，青化地下交通员叛变，向乡长兼自卫总队队长王敬卿告密，王即串通驻上坪的国民党县警100多人，于3月6日包围了鸳鸯坑。古柏率20多人仓促应战突围，战斗中，古柏为掩护其他人员突围，与另两名领导中弹牺牲，其余人员冲出重围。

古柏召开兴龙县领导人会议遗址（青化村鸳鸯坑）

位于上坪镇青化村的古柏烈士纪念碑

（二十一）冷水坑战斗旧址

冷水坑战斗旧址位于龙川县锦归镇冷水坑山。

1934年8月11日，兴龙县委委员曹进洪、邹高景在龙川锦归冷水坑山上召集游击队员开会，研究如何对付敌人穷追"围剿"，部署下一步工作。国民党邓龙江师吕炽营长获悉后，即率该营兵力及五华、龙川县警500余人，将冷水坑里外层层包围，为防群众进山给游击队报信，还将男女老幼村民强行关闭在张氏宗祠里。敌人趁秋高物燥，纵火烧山，逼迫游击队员就范。曹进洪、邹高景率游击队员沉着应战，双方激战2小时后，因敌人众多且无增援，曹进洪等只好率队强行突围。当冲到下沙湾处，为悬崖绝壁所阻，只好背水一战。激战中，曹进洪及叶林祥等4名游击队员壮烈牺牲，邹高景及叶荣章等4名游击队员被俘，解回冷水坑大坟墩后，他们大义凛然坚强不屈，均遭杀害。

（二十二）楠水坑战斗旧址

楠水坑战斗旧址位于五华县双头镇楠水坑。

1934年8月中旬，兴龙县委委员古汉忠率领驳壳枪队10余人，到楠水坑隐蔽。由于间谍告密，17日下午遭驻守登云东山的国民党独立师邓龙江部的一个营和地方武装等500余人包围。敌以火炮轰击，放火焚烧，游击队依邓屋楼阁作掩护，双方激战到天亮，终因弹尽粮绝、孤军无援，古汉忠、邓仁标、邓仁彬、叶贵周、叶伯华、叶赞等10余名游击队员集体高唱《国际歌》，砸烂武器，拉响最后一颗手榴弹，全部壮烈牺牲。尔后，敌逼村民将古汉平等10多名游击队员遗体抬至登云新街"示众"数日，后抛尸鹤市河。

楠水坑战斗旧址碑志

（二十三）径口战斗旧址

径口战斗旧址位于龙川县田心镇径口村。

1935 年 6 月，粤赣边军政委员会主席罗屏汉率一支游击队伍从寻乌丹竹楼转战到龙川县田心镇径口村时，被四五百敌军从大东坑、园田、大坪、兰塘井等地兵分三路围攻。罗率曾思古、袁胜云、曾玉莲（女）等 10 多名游击队员奋勇拼搏、英勇战斗，突围中多数队员被打散和牺牲，罗亦身负重伤，与警卫员潘秉星退至兴宁县大坪洛洞村山地时，无法再走，最后饮弹壮烈牺牲。

径口战斗旧址

（二十四）牙沙嶂战斗旧址

牙沙嶂战斗旧址位于龙川县四都镇牙沙嶂。

1948年，国民党龙川当局曾先后组织三次"清剿"驻牙沙嶂游击武装的行动。同年9月18日，在第二次"清剿"行动中，国民党龙川当局调集县、区自卫队、联防队，配合保五团近千兵力大规模"扫荡"牙沙嶂。时驻牙沙嶂的川中、川北大队主力在游击队队长魏洪涛、骆仰文等人率领下，军民团结一心，据险峻地势，采取灵活游击战术，机智与敌激战一整天，终使敌无功而返。

牙沙嶂战斗，游击队武装以少胜多，以简易武力装备抗击装备精良的国民党军队，充分显示了游击武装力量和游击队员不怕流血牺牲的斗争精神。据不完全统计，在多次牙沙嶂反"围剿"战斗中有谢雄等30多名战士光荣牺牲。

牙沙嶂战斗旧址碑志

（二十五）解放老隆寨顶战斗旧址

解放老隆寨顶战斗旧址，位于龙川县老隆镇寨顶。

老隆地处粤东北，是东江上游的重镇，其军事地位十分重要。1949 年 4 月 21 日，毛泽东主席、朱德总司令向中国人民解放军发布了《向全国进军的命令》，在全国胜利形势以及九连地区"五战五捷"的鼓舞与影响下，根据地逐渐由山区向城区发展。

1949 年 5 月 13 日夜，保十三团起义军进入老隆，将驻隆国民党保四师师部包围。14日，边纵东江第二支队和起义部队通牒驻守老隆城寨顶的保四师副师长彭健龙，限令他于中午以前率部放下武器投降。彭凭寨顶的防御工事顽抗，同时向驻和平东水的副师长列应佳、驻河源城的一九六师以及国民党广东当局紧急救援。

14日12时正，保十三团起义部队用一个营的兵力，向保四师师部发起猛烈的攻击，用多门迫击炮、平射炮向寨顶守敌轰击。傍晚时分，列应佳率领的驻和平保五团两个营的援兵在行至距离老隆4千米的乌石坝时，被埋伏在乌石坝的东二支队主力截击打垮。至15日早晨，彭健龙见得不到救援，本人又负伤，只好打白旗投降，所属700多人除被中共击毙30多人外，全部缴械。此战共缴获迫击炮2门，重机枪4挺，轻机枪4挺，枪榴弹筒26支，

老隆寨顶一角

步枪 238 多支，子弹及军用品一大批。当时的县治所在地佗城，13 日也被保十三团所控制，龙川国民党县长黄学森被俘。14 日上午 10 时，东二支队独二大队进驻佗城，宣告龙川县解放。

（二十六）乌石坝阻击战指挥部旧址

乌石坝阻击战指挥部旧址，位于龙川县丰稔镇回霍庵。

1949 年 5 月 14 日，老隆战役打响。为有效阻击驻和平东水的国民党广东保四师五团前来老隆援救，老隆战役总指挥部指示郑群，率边纵东江第二支队主力，埋伏在距老隆数千米的东江上游河岸阻击援兵。郑群派出主力三团云南队及起义部队保十三团搜索连在乌石坝制高点设伏，三团其他连队及飞鹏队则在右侧埋伏。如同中共军队战前分析一样，老隆敌保四师师部被包围后，副师长彭健龙即向和平驻军求援。

下午 3 时许，保四师副师长兼保五团团长列应佳率驻和平的两个营 1 000 多人的兵力，顺水路往老隆方向赶来。当援兵船只抵达乌石坝时，突遇中共军队的猛烈炮火阻击，国民党军顿时乱了阵脚，溃败而退。军官用枪口顶着士兵的脑袋要他们轮番冲锋，受到阻击部队猛烈炮火打击。在正面对敌打击后，预先埋伏在右侧的 4 个连向敌背后迂回进攻，使敌人腹背受敌，死伤惨重，许多士兵纷纷跳进东江河里，溃不成军。激战至傍晚，敌两个营兵力全部被打垮。是役，击毙敌政训室主任区晋生，以及敌官兵 100 多人，击伤副团长龚耀辉，俘敌连长及博士兵 240 多人，缴获八二迫击炮 2 门、六〇炮 2 门、轻重机枪 13 挺、长短枪 250 支、掷弹筒 11 支、电台 1 部、战马 3 匹。副师长列应佳跳入东江河的草篷里，借夜色逃至四都街后，回东水收拾残部。乌石坝的回霍庵是当年战斗的指挥所。

乌石坝阻击战指挥部旧址

（二十七）龙母战斗指挥部旧址

龙母战斗指挥部旧址位于龙川县龙母镇大塘村。

老隆解放后，以老隆为中心的粤东北地区，除驻河源城的一九六师外，国民党军及地方政权或起义，或被歼，或投降。唯有谢鸿恩、黄道仁的县武装 500 多人，龟缩在龙川北部山区，蓄谋与胡琏残部联合反攻老隆。

1949 年 7 月中旬，谢、黄两部窜回龙母镇时，被边纵获悉。为彻底消灭这股土顽，边纵副司令员黄松坚命魏南金立即率边纵四团一营和县公安总队围歼，要求务必彻底歼灭勿再被流窜。同时，边纵决定成立龙母战斗指挥部，总指挥魏南金，前线指挥由四团参谋长陈苏担任。县长魏南金随即在老隆水贝召开会议传达边纵指示，进行龙母战斗部署。

7月22日，前线指挥陈苏在龙母白佛召开战前作战会议，对各队任务作出具体部署与安排，并决定在大塘村的隆泰乡中心小学设立前线指挥部。命令独立四团第一营（原主力三团）600多人主要负责围歼驻葛布岭的谢鸿恩部队，县公安总队600多人主要围歼驻藕丝塘村的黄道仁部队，当地铁场区政府副区长黄刚负责后勤与调动民兵支援前线。23日夜各部队已秘密完成包围敌人任务。

24日凌晨，龙母战斗打响，驻守在藕塘村的黄道仁被边纵快速歼灭，黄乘夜色沿河逃走。谢鸿恩部死守在葛布岭邓屋一炮楼内，负隅顽抗。第一营将炮楼团团包围，在中共军队喊话劝降无效后，一营在团参谋长陈苏、营长麦启华、副营长曾坤延（炎）、教导员陈君明的指挥下，对谢部进行强攻，激战3天。至27日，炮楼终被攻破，谢鸿恩被生俘。龙母战斗除被击毙的守敌外，其

龙母战斗指挥部旧址

余 300 多人全部被俘。缴轻机枪 8 挺，步枪 500 多支。战斗中中共军队伤亡 20 多人，一营机炮连连长欧阳珍在战斗中身先士卒，壮烈牺牲。

（二十八）黄居仁故居

黄居仁故居，位于龙川县铁场镇桥头岭下定，建于清代，坐西北向东南。原为三进二横，正屋上五下五布局，客家方形屋，总面宽 32.8 米，总深 29.5 米，建筑占地面积 967.6 平方米。故居土木结构，灰沙夯墙和土砖墙混合墙体，硬山顶，灰瓦屋面，泥土地面。大门前檐二圆麻石柱承二步梁。大门麻石质门框、门槛，木门页，枋门。

黄居仁（1904—1928），出生在广东省龙川县铁场洋贝村，广东早期青年运动杰出领导人之一。大革命时期与阮啸仙、刘尔崧一起，被誉为"东江三杰"。

1920 年，黄居仁就读于龙川县立中学（今龙川一中）。1922 年考入广东省立第一甲种工业专科学校。1923 年，加入中国社会主义青年团。1925 年 3 月，转为中国共产党党员，任共青团广州地委书记兼组织部部长。

1926 年，先后任共青团广东区委组织部部长、代理书记，中共广东区委青年运动委员会书记、国民党中央农民部特派员等职。

1927 年，任共青团广东区委书记，同年 8 月任中共汕头市委书记。其间接应周恩来率领的南昌起义军入汕，参与建立"潮汕七日红"政权。后任中共广东省委特派员、巡视员等职。同年冬参加广州起义。

1928 年，任中共惠阳县委书记，中共广东省委巡视员。同年秋，联系、恢复广州地区党团组织工作时，与妻张雪英（共青团广州地委副秘书长）一起，为敌特所捕，夫妇俩同于广州就义，黄居仁时年 24 岁。

　　中华人民共和国成立后，黄居仁被追认为烈士，在县博物馆辟"黄居仁纪念室"，他少年时就读的桥头小学易名为"黄居仁学校"以表纪念。广东革命历史博物馆、河源市革命历史纪念馆、龙川县博物馆（黄居仁纪念室）均有黄居仁生平事迹展览。1988 年广东人民出版社出版《黄居仁研究史料》一书。2011 年黄居仁故居被定为第四批河源市爱国主义教育基地。

　　2011 年，县政府投入专项资金按原貌对黄居仁故居进行重修。

黄居仁故居

（二十九）黄克故居

黄克故居位于广东省河源市龙川县佗城镇四甲上印村，建于清代，坐东向西，二进二横，正屋上三下三布局。面宽21米，深15米，建筑面积315平方米。

黄克（1905—1928），字新发，别号新强，龙川县佗城镇四甲村人。1922年投身革命，从事青年运动。1924年被选送到广州农民运动讲习所，参加第二期学员学习班，并加入中国共产党。毕业后任国民党中央农民特派员，在东江、北江从事工农运动。1927年参加广州起义。广州起义失败后，受命回家乡改组中共龙川特别支部，并担任书记。

1928年2月初，黄克在四甲上印寨其祖屋组织召开附近乡农会、县农协会和农民自卫军代表大会，成立龙川县苏维埃政府。黄克当选县苏维埃政府主席，并将四甲、坪田及鹤市、通衢、登

黄克故居

云、黄布等地革命武装合编为东江工农革命军第一军，任东江工农革命军第一军总指挥。3月10日，为配合东江年关大暴动，黄克率400余革命军武装人员攻占鹤市，打响了龙川工农革命第一枪。因密送情报人员被捕，暴动队伍得不到援助，被迫撤回四甲坚守。几天后，与战友黄德初前往紫金苏区途中被捕，被解回龙川佗城惨遭杀害，时年23岁。

（三十）叶卓故居

叶卓故居位于广东省河源市龙川县登云镇东山村东苏，建于清代，坐南向北。三进三横（左一横）二围陇，正屋上三下三布局。面宽39米，深51米，建筑面积1 989平方米。

叶卓（1891—1930），原名卓庆，龙川县登云镇东山村人。1922年加入广州石行工会，投身工人运动。1925年春加入中国共产党。1926年积极参与省港大罢工斗争，同年10月回家乡协助

叶卓故居

整顿双桥乡农会组织，开展"二五"减租斗争，后回广州担任石行工会主席。1927 年 10 月回龙川开展工农运动，1928 年 2 月当选为龙川县革命委员会委员，参与筹划鹤市武装大暴动。同年 4 月上旬在霍山成立中共五兴龙县临时委员会，并被选举为书记。翌年 1 月兼任中共龙川县临时委员会书记，12 月兼任中共龙川县委组织部部长。1930 年 7 月，在龙母田北不幸被捕，12 月在佗城被杀害，时年 39 岁。

（三十一）龙川农会组织使用的犁头旗

犁头旗，由龙川农会组织制作，现存于龙川县博物馆。1926 年 5 月，龙川县第一次农民代表大会在县城（今佗城）召开，成立了县农民协会，黄觉群当选为县农协主席。6 月，县农协会印制了"二五"减租布告，订罚则、刻会章、制犁头旗和标语口

龙川农会组织的犁头旗

号，分发各区、乡农协会使用。为适应农会斗争需要，一些区、乡设立农协联防办事处，组织农民自卫军，反击地主豪绅的反抗，以保护"二五"减租的顺利进行。

（三十二）闽粤赣边五兴龙县苏维埃政府印章

闽粤赣边五兴龙县苏维埃政府印章，原件现存不详，图为龙川县博物馆藏复制品。1929 年 1 月，为配合毛泽东、朱德率江西井冈山红四军主力分兵闽粤赣边扩展，建立革命根据地，中共东江特委巡视员刘琴西于 1、2 月间，在叶卓、罗屏汉等陪同下，多次勘察回龙大塘肚、兴宁的二架笔、双头山等地的地形，并最终确定以大塘肚为五兴龙三县革命中心根据地。3 月初，受中共东江特委派遣，在特委巡视员刘琴西的具体指导下，五华、兴宁、龙川三县工农代表大会在大塘肚长塘面召开，出席大会代表 80 余人，大会通过成立五兴龙县苏维埃政府。

闽粤赣边五兴龙县苏维埃政府印章

（三十三）五兴龙游击队花名册

赤龙铁区五兴龙游击队花名册为国家二级文物，现藏于龙川县博物馆。1929年春，闽粤赣边五兴龙县苏维埃政府在回龙大塘肚成立，同时设立赤（岗）龙（母）铁（场）、龙（县城）老（隆）鹤（市）、岗（罗岗）马（石马）坪（大坪）、罗（罗浮）黄（陂）区等4个联区政府及其中共区委，骆均光（后曾彪）、崔兰、蔡梅祥（后罗宝良）、刘汉（后刘卓中）分别任4个区的区委书记。1932年，为适应斗争需要，中共赤龙铁区委从回龙园田迁至田心东友村，继续领导赤岗、龙母、铁场人民坚持游击战争。

五兴龙游击队花名册

二、纪念场馆

（一）龙川县苏维埃政府纪念馆

龙川县苏维埃政府旧址位于龙川县佗城镇三印村上印寨。

1928年春，龙川县早期共产党人、广州农讲所第二届学员、四甲青年黄克，在参加广州起义后奉中共广东省委之命回乡坚持革命斗争。黄克回到龙川后，改选了中共龙川特支，任中共龙川特支书记。2 月初，黄克在四甲上印寨组织召开附近乡农会、县农协会和农民自卫军代表大会，成立龙川县苏维埃政府，下设财政、宣传、农运、军事等 4 个部。大会推选黄克、黄觉群、杨复生、陈济平等人为政府执行委员，黄克为县苏维埃政府主席。四甲、坪田及鹤市、通衢、登云、黄布等地革命武装合编为东江工农革命军第一军，中共东江特委巡视员刘琴西挂军长衔。县苏维埃政府成立后，贯彻执行上级的指示精神，配合中共东江特委实施"年关大暴动"的计划，迅速组织发动了震撼东江上游的龙川鹤市武装暴动，从而开创了中共龙川组织领导工农群众武装夺取政权的先河，为龙川人民坚持长期革命斗争奠定了基础。

该旧址原为客家方形屋，砖木构筑，面积近千平方米。1986 年被龙川县政府认定为龙川县重点文物保护单位，2010 年被定为第三批河源市爱国主义教育基地。由于年久失修和风雨侵蚀，近年崩毁。2009 年在原址重建。该建筑坐东向西，二进院落式布局。面宽 16 米，进深 15 米，建筑面积 240 平方米。青砖墙体，水泥方柱、灰瓦屋面，水泥地面。

重建后的龙川县苏维埃政府纪念馆

（二）龙川县革命烈士陵园

龙川县革命烈士陵园，位于龙川县老隆镇铁场坑。

龙川地处东、韩江上游，革命斗争历史悠久。早在大革命时期，龙川邑人受五四爱国运动影响，为寻求革命真理，或赴远洋勤工俭学，或在穗参加"宣讲员养成所"学习。1925年，随二次东征抵龙川的共产党人黄觉群等人，在家乡建立了党组织，成立县农民协会、总工会、共青团等革命群团组织，积极开展工农运动。

土地革命战争时期，龙川党组织奉上级党组织指示，成立了苏维埃政府，开展了一系列的工农武装斗争，领导苏区军民与国民党当局进行了艰苦卓绝的斗争。

抗日战争时期，中共广东省委派麦文到龙川重建党组织，在重建的中共组织领导下，利用合法名义创办《龙川日报》，举办"青年自我教育训练班"，成立龙川青年抗日先锋队等群团组织，全县形成了抗日民族统一战线，大力开展抗日救亡运动。

解放战争时期，在中共组织的带领下，龙川军民奋起反抗，与国民党龙川当局和县警自卫总队进行殊死的斗争。自1925年11月，中共龙川组织成立以来，龙川人民在共产党的领导下，为推翻"三座大山"而英勇抗争，抛头颅、洒热血，至1949年5月龙川解放，建立人民民主政权。据不完全统计，有500多位优秀英雄儿女在这块热土上英勇牺牲。在社会主义革命与建设时期，龙川又有170多名优秀儿女为祖国的独立和解放，为保人民群众的生命财产安全，献出了宝贵的生命。还有外县一些优秀人士，为社会主义事业和人民的幸福，把鲜血洒在这片古老的土地上。

1958年，中共龙川县委、县人民政府为纪念这些优秀的英雄儿女，奠基兴建龙川革命烈士陵园。1962年，龙川县革命烈士陵园被龙川县政府认定为龙川县重点文物保护单位，1995年被定为第一批河源市爱国主义教育基地。

龙川县革命烈士陵园

（三）黄居仁纪念室

黄居仁纪念室位于龙川县城革命烈士陵园山麓的龙川县博物馆内。

纪念室于 1984 年由广东省有关部门拨款，经龙川县政府决定，与县博物馆合署兴建。原建筑面积 60 多平方米，于 1988 年 10 月竣工。同年 11 月 25 日县委政府隆重举行龙川县博物馆开馆暨黄居仁纪念室揭幕典礼。

黄居仁纪念室展厅内，安放有黄居仁半身铜像。四周的展橱内，展出部分当年他给团中央写的工作报告与函件等亲笔手稿（复印件），以及在当年报刊登载过的部分文章和 1981 年以来有关褒扬他的部分报刊和书籍等，以表对黄居仁烈士的缅怀、景仰与纪念之情。

其中，在纪念室展览的《黄居仁研究史料》一书，是由广东省档案馆、广东青运史研究委员会等合编，1988 年 11 月由广东

黄居仁铜像

人民出版社出版发行。该书收录了 1923—1928 年间，中共广东党、团组织反映黄居仁的革命史料及在此期间黄居仁给团中央、中共广东省委所撰写的绝大部分工作报告、书信往来和发表于报刊的文章等，共计 27 万字。该书对研究中共党史，特别是广东早期党、团组织史，极具参考价值。

纪念室于 1995 年被定为第一批河源市爱国主义教育基地。

（四）鹤市武装暴动纪念雕塑

鹤市武装暴动纪念雕塑位于鹤市镇街头、紫市与黄布镇分贫口处，2011 年由县政府出资铸造。

纪念雕塑正面刻"鹤市武装暴动（1928）"几个大字，背面刻有碑志。1928 年春，龙川县苏维埃政府和东江工农革命军第一军在佗城四甲成立。为配合东江地区"年关大暴动"计划，县苏维埃政府决定发动鹤市暴动。3 月 10 日凌晨，总指挥黄克率 400 多工农革命军向国民党县警大队驻鹤市警所发起进攻，与守军展开激烈战斗。至天亮，敌军败退，黄克率队冲入街内占据国民党鹤市区署，缴获长枪 25 支、战马 1 匹，俘敌一批。战斗结束后，农军张贴布告与标语，鼓励商店开门营业，将缴获的粮食分发给附近农民。上午 10 时，黄克获悉负责向鹤市周围地区各编队传达暴动命令的共产党人钟彪在暴动前被捕杀，深感其他农民编队难以接应，会造成孤军无援，遂下令全军退出鹤市。队伍刚退至街口，即遭国民党和地方民团武装 1 000 多人围堵，黄克率农军且战且退，突破重围，撤回四甲苏区，激战中工农革命军伤亡数十人。随后，龙川国民党当局大举报复，反复"围剿"四甲苏区。3 月 24 日，县苏维埃政府主席、暴动总指挥黄克与黄德初前往紫金向上级组织请示途中被捕，继后被押回佗城杀害。

　　鹤市武装暴动，在一段时间内牵制了五华、河源、龙川等地的国民党地方武装主力，有力打击了国民党当局的嚣张气焰，震撼了东江上游地区，开创了龙川工农革命以武装夺取政权的先例，为龙川县苏区的创建和形成积累经验创造有利条件。

矗立在鹤市街口的"鹤市武装暴动"雕塑

附录二 革命历史文献资料辑录

一、历史文献和重大革命事件记述文章

龙川第一次国共合作与斗争

叶送青 整理

(一)

五四运动前,战乱、天灾交织下的龙川城乡经济萧条、文教事业落后。县里近30万人口中,大地主不多,中小地主和富农却不少。而占总人口八成以上的农户中,多是佃农,赤贫农或自耕农。他们无政治地位,忍受着官吏和地主的盘剥、压榨,过着苦难生活。上、中半县失去土地的农民,被迫扶老携幼离乡背井逃荒赣南各地,多有客死他乡者。鹤市地区大批破产农民涌进城市卖苦力谋生,不少人还被"卖猪崽"去了南洋。那时,全县只有一间中学和六七间高等小学,除此皆为拜孔子为师的私塾,以四书五经为主课。

1919年,五四运动冲涤着封建污泥浊水,民主革命思潮覆盖这个岭南古县。那时,龙川县城(今佗城)和鹤市、龙母、车田一些敢于探索的知识青年,因不满社会现状逐步走上革命征途。其中较突出者,首推鹤市欧江仙寨村的黄觉群。

　　黄觉群从小学到中学均在教会学校读书，接触西方文化较多，尚有科学救国之志。但目睹教会中帝国主义分子和本国贪官污吏狼狈为奸，压榨人民、压制学校师生爱国，便对压在中国人民头上的"三座大山"深恶痛绝。五四运动前，他在教会学校丢了教席，生活潦倒，随破产农民大军涌进广州谋职。五四运动爆发时，踯躅在珠江河畔的黄觉群，看到了国家民族的曙光，心情激动，与同乡的青年学生黄云阶、邓冰、邬宝良等投入爱国反帝运动。黄觉群以自开的小车子铺为阵地，通过交朋友，谈乡情，从中向龙川旅省各业人士不断进行爱国宣传，将报道各地爱国运动的报刊寄回家乡，促进了一批进步青年的觉醒。

　　五四运动后，广州出现了共产主义小组。共产党广东支部成立后，阮啸仙、刘尔崧、张善铭等参加了党组织。惠州（十属）会馆成了他们主要活动场所。而社会主义青年团员黄觉群正好在这里兼任职员，与刘尔崧、阮啸仙等人同为十属同乡，不仅有机会接触马克思主义，还通过刘、阮等的关系，与廖仲恺、陈独秀、周其鉴、罗绮园等相识，在他们熏陶下，坚定了走向革命道路的信心。

　　1921年初，由黄觉群、黄雨春、邬宝良、黄东江等在广州发起组织龙川旅省同乡会，出版《雷声》刊物。同乡会表面上是联络同乡感情，实际在于结成团体力量，推动乡梓政治、经济和教育的变革。那时，黄觉群和黄日初、邓国章、骆汝骧进入培养共产主义宣传员的广州宣讲员养成所学习。稍后，邹世骏、彭思华、骆开先、黄焕章、骆汝骧赴法勤工俭学。另有一些工人如叶卓、叶恒等进入各类学习班进行学习。

　　1924年春，国共合作后，先后办起了以共产党人为主导的黄埔军校、广州农民运动讲习所，培训了大批革命干部。那时，黄觉群被选为广州国民党第五区党部第五区分部执委，负责国民党改组工作。黄超凡、黄克、罗思源、黄鸿良、黄伯熙、黄天泽、黄自强和钟彪、曾培登等 20 多个知识青年或工人，通过他的推荐，分别进入黄埔军校及广州农讲所学习。这些人中多数是意气相投、刻苦学习马克思主义，决心为振兴中华、服务乡梓而献身的同志。从 1924 年春起，在广州、北京、上海学习或工作的同乡，总是想方设法把宣传联俄、联共、扶助农工三大政策和宣传中国共产党革命主张的报刊，散发到龙川各地，促使城乡掀起思想上的波涛，震撼冲刷根深蒂固的封建主义。

（二）

1925 年 10 月，广东革命政府第二次东征。黄觉群、黄云阶、曾培霖（均共产党员）和黄伯熙、黄鸿良、张重耳、李云山、骆汝骏等数十名留省青年学生和工人随东征军第三纵队（纵队长程潜）经河源蓝口于 26 日抵达老隆。黄觉群、张重耳以省特派员身份率这些人组成的政治宣传队进驻了县城（佗城）。因当时的龙川县县长梁耀宗被东征军吓跑，故主政无人，东征军纵队部召集各界公团 600 余人开会，公举川中教务主任黄林祥（黄麟书）任代理县长。黄立即划拨经费支持东征军，并成立国民党龙川县党部筹备委员会，由黄觉群、张重耳、李云山、骆汝骏任筹备委员。

县党部筹委会成立后，根据东征军总政治部指示，派出政治宣传员深入城乡宣传三大政策，安抚人心。按县 11 个行政区派出 2～3 个筹办员，分头到各区征集国民党员关于建立区党部或区分部的意见。第三区（鹤市）人口多、文化教育亦较发达，特派本区罗觉凡任该区筹备主委。经短时间的筹备，同年 11 月间召开国民党龙川县首次党员代表大会，正式成立县党部执行委员会，选出黄觉群等 5 人为执行委员，邓国章、黄国俊等为监察委员，黄日初为干事。为加强国共两党合作，东江各属行政委员公署行政委员周恩来指派东征军政治部专员邹世骏（共产党员）和骆汝骧回县参加县党部执委，黄觉群为常务执行委员。

那时，共产党组织也在同步发展。黄觉群、黄天泽分别介绍黄自强、黄日初、邓国章、杨复生（杨福生）、黄云五、张伯隆、黄鸿良、罗一如等人参加中国共产党。接着在佗城戴家祠建立中共龙川特别支部，黄觉群任特支书记；黄天泽、邹世骏为委员，直属中共广东区委领导。与此同时，建立了共产主义青年团特别支部，由杨复生任特支书记。翌年夏，邹世骏调离龙川，留下一部分马列主义书籍和留法勤工俭学时的学习资料，供中共龙川特支同志学习。

从此，共产党组织便在龙川扎下了根。

（三）

中共龙川特支创立后，以秘密方式进行活动，组织学习，发展党员。黄觉群按上级指示，早在1923年便以社会主义青年团员（特别团员）的个人身份参加了国民党组织，所以，他的公开身份为国民党员。因此，他能充分利用国民党特派员和国民党县党部常委身份，向县、区政府部署工作，国民党县党部下属机构绝大多数由共产党员掌握。其中，黄天泽负责组织县农民协会，杨复生负责组织县总工会，李云山（非共产党员）负责组织县商民协会，骆汝骧（非共产党员）负责组织县青年同志会，罗一如负责组织县妇女解放协会。县党部执行委员也作了分工，分片检查督促各区党部或区分部的组织建设和县、区农协的筹备工作。一、三、四、十区和川中地区，群众较易接受新事物，发展党员工作较顺利，建立区党部和区分部亦较快。而群众团体发展最快最有力量的是各级农协会。一、三、十区农协会在1925年底就已建立起来，其余8个区亦于同年夏收前陆续建起筹备会，在筹建各级农协会中，乡村农会发展更为迅速，第三区 52 个乡在夏收前均成立了乡农协会。会员以佃农、赤贫农占优势，提出"一切权力归农会"的口号。鉴于当时阶级阵线比较模糊，某些区、乡、村农会组织为地主爪牙所操纵，他们往往和农民对立起来，起破坏作用。工会、青年会、妇女会、商会亦有一定发展。唯当时没有工矿企业，就连手工小作坊亦为数不多，只能先在老隆建立挑担工会，然后再在较大乡镇次第建立理发、爆竹、木排、土纸业等工会。县城、老隆商民协会的头目，政治上反动，而老隆商民协会还拥有一二十名对付工人的反革命武器。

为提高群众组织中干部的素质，县城及较大乡镇还举办过农讲所、农训班、工人文化补习班、党务人员养成班等。县工农运动的蓬勃发展，触犯了国民党右派和地主豪绅的利益。代表这一利益的张重耳，伙同新任县长陈逸川首先跳出来作梗。张重耳，鹤市黄布人，在陈炯明部下混过多年。东征前夕，他揣测到陈逆将被消灭，便背主潜往广州，通过惠州十属同乡会的关系，钻进东征军政治部工作，第二次东征被任为省党部特派员，与黄觉群等一起随军赶回龙川。这政治投机者了解到陈逸川是老同盟会会员，陈的一个兄弟又在广州国民政府监察院任委员，倚此靠山，便一头栽到陈县长怀抱，互相勾结，拉帮结派，助纣为虐。1925年 11 月 21 日，陈逸川走马上任时，集会宣布政见，就受到张重耳怂恿，裁撤了前任县长为解决党务经费、支持革命而设的地方财政处，集财权于一身，妄图以削减经费破坏国共合作，扼杀工农运动。同时卖官鬻爵，将 3 个区长的缺额，每名以 200—400 元光洋出卖给投机钻营者。陈逸川为巴结张重耳，将贪污有据、已被扣押查办的第五区区长张重耳胞弟张卓人，无罪释放。县城公众对此哗然，黄觉群、黄林祥、杨复生、彭泽霞（老同盟会会员、原国参议员）等人，更是大声疾呼。

1926 年 1 月 3 日，一区区党部在县城朱家祠开成立大会，张重耳、杨复生列席参加。张重耳登台演说，含血喷人，攻击共产党人。共产党员杨复生即席予以驳斥，张重耳理亏，为川中（含一高）左派师生等起哄，秩序一时大乱。张重耳并不甘心，立即向陈逸川告状，即晚陈邀张、杨到县署"排解"。排解中陈逸川明目张胆袒护张重耳，杨复生盛怒之下，拍台与陈逸川冲突。过不了几天，嗜好鸦片烟的陈县长吸食鸦片，为第六军政治部主任唐卜年抓获，消息传开，佗城、老隆两地公众怒火万丈，"打倒陈烟长"之声四起，纷纷要求国民党县党部予以弹劾。县党部为了顺乎民意，准备开会质询，但遭陈逸川、张重耳一伙干扰破坏。1 月 11 日以县党部、县农协筹备处、县挑担工会、县青年同志会等名义，向广东国民政府监察院、省工农厅、东征左路军参谋部、东江行政委员会驰电，指控陈逸川吸食鸦片、贪赃枉法十大罪。

东江行政委员会周恩来即派陈挺专程来县查办此案。陈逸川有恃无恐，将陈挺倒打一耙，说县党部为人利用，并由张重耳指使第三区爪牙张雨民、黄镇一伙非法组织区党部，公开闹分裂。张重耳唯恐天下不乱，还暗派一批悍卒到各区煽风点火，鼓动各区右派和土劣之流另组区党部、伪农协。第四区巫仰先一伙右派兴风作浪，另组第四区区党部，配合陈逸川、张重耳破坏国共合作。陈逸川一伙背离孙中山所倡三大政策的行径，激起公愤。1926 年 2 月底，县教育界人士 200 余人集会于县城北阁，由杨复生主持会议，通过驱陈决议，拟在鹤市镇召开县国民大会，但被张重耳指使张雨民、张培珊一伙右派从中作梗，结果县国民大会欲开不能。川中革命师生闻讯不胜愤慨，到处抨击。3 月 12 日，在纪念孙中山逝世周年大会后，公演话剧《烟长末日》以讽陈。陈逸川临场看到讽己话剧，怒不可遏，喝令维持秩序的警兵捉拿剧中人。警兵是国民党进步人士、县游击大队长黄惠普的部属，他推说没有黄大队长的命令，不便胡乱抓人。陈逸川被气得咬牙切齿。第二天早上，陈逸川叫卫兵雇艇同往老隆找徐谦告黄觉群、黄林祥、杨复生、黄惠普等人的黑状，阴谋镇压共产党人和国民党左派。黄觉群等探悉陈逸川恶毒阴谋，采取先发制人的策略，复以县党部，县学联会名义，向省及东江行政委员会各级政府驰电控陈逸川敌视党务、破坏国共合作等 15 条罪状。当省民政厅派黄子清会同陈挺前来查处时，徐谦却密令驻军陈青云部配合陈逸川党羽突然包围县城革命机关和学校，缴警察局及县游击大队枪械。又因大肆搜捕黄觉群、黄林祥、杨复生、黄惠普等人不获，对川中副校长张镇江、学监戴凤章（兼副县参议长）、学生谢汝尧、教育局局长黄国俊、县府收发员邓国章（共产党员）、一区区长徐序东等 9 人加以逮捕，投入狱中进行密审。陈逸川将黄觉群、黄林祥、黄惠普、杨复生诬以黄强、张化如的余党，下令通缉，并指使军队占驻县党部、川中，使机关瘫痪，制造了震动全县的大冤狱案。三区保卫团、四区民团头目亦配合行动，占据区农协会，气势汹汹，不断制造摩擦。老隆反动商会会长气焰更为嚣张，指使资本家向挑担工会挑衅，公然殴打工会组长及其家属致伤。老隆工人组织上街游行示威，商会反动武装及二区署出面干涉，冲散游行队伍。受害者向县法院起诉，法院慑于陈逸川的淫威，为资本家袒护。

黄觉群面对这一股逆流，毫不畏缩，他仍以县党部常委名义号召国民党左派，共同发动县城工农商学各界集会声讨，指派黄林祥往广州、杨复生往兴梅串联，发动同乡各界声援。经过一个多月的斗争，至 4 月 21 日由东江行政委员周恩来下令将陈逸川撤职查办，张重耳便携款潜逃香港，斗争取得胜利，这是第一个回合。

陈逸川下野当天，周日耀接任龙川县长，周是左派，支持工农革命运动。但黄觉群为顾全龙川的国共合作，缓和紧张气氛，便辞去县党部常委之职，并上报裁定县党部改选。4 月 24 日，中共惠州地委决定派刘战愚负责改选龙川县党部。省党部加派黄振汉、彭学源（共产党员）、黄宗治（共产党员）为特派员前来指导龙川县党部的改选。5 月 15 日县党部通过召开第二届全县党员代表大会，选举黄自强、黄天泽、黄日初、邓国章、杨复生（以上 5 名均共产党员）、黄伯熙、黄道成等 7 人为执委；陈觉非（共产党员）、陈联标、巫超贤 3 人为候补执委；黄国章（黄思岳，共产党员）、陈复中（陈济平）、李子廷为监察委员；李云山、张耀初、叶棠华、王绍杰、陈佛安、陈启明为干事。县党部具体分工如下：黄自强为常委，黄日初为组织与宣传部部长，黄伯隆为农民部部长，陈觉非为青年部部长，罗一如为妇女部部长，李云山为商民部部长，黄伯熙为工人部部长。为加强对农民运动的领导，由黄天泽、黄伯熙、黄道成任农运专员，分片深入督促。在县党部新执委领导下，各区党部、区分部进行了改选。黄云泉、黄梅友、罗俊波为三区改组委员，邓玉树、陈珲琛、彭雨青为七区改组委员，黄壮猷、黄旦华、戴开、钟铭辉、王达贤为四区改组委员，钟培捷等为十区筹备委员。各区党部、区分部通过改选，清除了一批占据党部机关内的敌对分子，提高了国民党威信，不少工农群众都要求加入国民党。黄觉群虽不再担任国民党县党部常委职务，仍挂省特派员衔，悉心从事中共龙川特支的组织建设工作。1926 年夏秋间，办了两期农民运动积极分子学习班，从中发展了各区乡一些共产党员，为区乡建立基层党组织打下基础。

在大好的革命形势下，县内大地主、恶霸骆伯骙、沙宝璜、邓连史、黄竹卿等不满农会"二五"减租，进行恶毒攻击。鹤市、龙母、登云的一些地主还持枪上门收租，指使爪牙殴打农会干部。就在此时，国民党省党部为贯彻执行蒋介石反共的"整理党务案"，于 8 月间指派极右分子陈伯益（和平人）负责整理龙川党务。他下车伊始就听信骆伯骙等攻击农会的一派胡言，剥夺了黄觉群、黄天泽县农协正、副主席职务，并大叫大嚷："县党部、农协、工会的领导，不能给共产党人担任"，"县事重大决策共产党人不能参与"。因陈独秀右倾投降主义路线毒害了全党，黄觉群一时失去警觉，只强调国共两党合作一面，忽视国民党右派反共一面，逆来顺受，并"动员"受右派攻击最强烈的共产党员邓国章退出县党部执委。但杨复生、黄天泽、黄自强却不管陈伯益那一套，他们依靠组织力量，团结国民党左派，充分发挥县党部、农协、工会的威力，与陈伯益展开针锋相对的斗争，使其无所施其技，陷于孤立。不久便假借往省汇报工作，离开龙川，这是斗争的第二回合。

1926 年 10 月下旬，为县农民讲习所招生开学的时间，但自称"讨赤粤军"的东江著匪梁季平率部配合东水土匪于该月中旬攻占老隆、佗城，焚毁机关，勒索商民，梁耀宗县长惊走，县农讲所便推迟了时间开学。

1927 年春，于县城郑家祠举办龙川县农民运动讲习所。原县党部执委中落选的右派骆汝骦一伙等，与大地主恶霸沆瀣一气，不断制造摩擦，促使国共两党裂痕越来越深。新任县长罗俊超老奸巨猾，假做和事佬，比其前任县长陈逸川更为阴险。"四一二"事变不久，清党委员陈伯益复受命返回龙川。他与罗俊超可谓同穿一条裤，磨刀霍霍，准备向共产党人和其他革命分子开刀。他重回龙川后依样画葫芦，剥夺了共产党员黄自强等的县党部常委职务后，指令全县国民党员办理登记手续，县区党部进行大改组，将共产党员及国民党左派逐批逐出各级党部领导岗位。为了预防国民党反动派的突然袭击，10 日间，特支进行改组，由杨复生担任特支书记。黄觉群到四甲上印以代课身份加紧山区党组织建设。

同年 9 月，陈伯益一伙经过一番策划，以黄蔚文、黄振汉、骆汝骧、骆汝骏等一伙为头目的大地主豪绅、旧政客、变节分子粉墨登场，塞满了各级党部。一个革命的政党突然变成右派党、反革命党、狗苟蝇营的党。但中共龙川特支与国民党左派，如彭泽霞、戴凤章、李子廷等始终携手合作，肝胆相照，患难与共，对陈伯益、罗俊超、黄蔚文一伙搞党员登记、搞各级党部改组决予抵制，分别揭露。全县 2 100 多名国民党员去登记的寥寥无几，县城四五百名国民党员重新登记的只有一二十人。陈伯益一伙只好亲自出马，分头到各地去游说，甚至采用极为卑劣的手法，将年过古稀只字不识的裁缝师、理发师哄骗出来登记，丑态百出，威信扫地。

为配合陈伯益一伙的清党行动，县内外骆伯骙、沙宝璜、邓连史、黄竹卿、巫仰先、张香谷等 10 余名大地主恶霸，公然诬陷黄觉群、杨复生、黄天泽、黄自强等一批共产党员和县区农协干部"搞农会过火""扰乱人心"，联名向省工农厅、惠州警备司令部、龙川驻军领导机关多次告状。同年 10 月间，由惠州警备司令胡谦密令县长罗俊超会同驻军宋世科团包围县区农协会，解除农军武器，封锁街道路口，禁止行人走动，展开全面搜索，将来不及撤退的黄自强、黄日初、黄思岳、陈济平、黄居伟 5 名县区农协领导干部逮捕入狱，严加审讯，妄图逼出机密，打开缺口，一网打尽共产党人。特支面对这股凶猛的反共逆流，更是一往无前，逆流勇进，他们分头深入各区组织集会，进行声讨。县城工农商学各界 2 000 余人举行示威，抗议陈伯益等破坏孙中山的三大政策，要求立即释放被捕人员。陈伯益、罗俊超、黄蔚文等一伙，慑于革命群众威力，被迫将黄自强等 5 人由邓鸿芹保释出狱。

黄自强等 5 人出狱不久，县城大地主、大右派黄蔚文接任县长。此人更加推行反共政策，上任不久即委任在陈炯明部任过团长的黄仿彪担任县警大队长，积极扩充与编练各区反动民团，宣布解散农会，停止"二五"减租。复派军警搜捕黄自强等5人，指使右派张贴反共标语，呼喊反动口号。黄蔚文搜捕黄自强等5人不获，盛怒之下奈何保人邓鸿芹，将之逮捕入狱。经中共龙川特支发动县内外人士营救，坚决与之斗争，才将邓鸿芹无罪释放。在反动派迫害邓鸿芹的同时，三区团队反动头目张培珊、张月舫、黄元增一伙，在陈伯益、黄蔚文指使下，积极策划镇压该区平摊筹备委员黄瑞庭、叶卓、钟彪、李子廷等一批共产党员和国民党左派。张培珊等探悉平摊筹委会于11月初在鹤市善堂召集筹备委员开会，便暗中勾结县反革命武装将鹤市街包围，全面搜查。因30多名筹备委员早上得到情报便没有赴会，幸免于祸。但筹委主任、共产党员黄瑞庭家住鹤市街边，没有走避，被敌人逮捕，解往县城惨遭杀害。尽管陈伯益、黄蔚文丧心病狂从排挤到屠杀共产党人；但黄觉群等能及时组织革命群众，宣传革命形势，抗击敌人白色恐怖。是年冬，中共东江特委巡视员刘琴西化名张生，秘密来到四甲上印向龙川县特支领导成员黄觉群等传达了有关建立革命根据地，以革命武装回击反革命武装的指示。11月间，黄觉群等与刚从广州受命赶回龙川的共产党员叶卓、钟彪等组成一支精干队伍，深入到四甲和鹤市的仙寨、东山、芝野等山村创建红色革命根据地。先在欧江建立了仙寨乡苏维埃政府，以革命武装反击反革命武装的屠杀，这是斗争的第三个回合。三个回合较量的结果，不是龙川共产党人被消灭，而是共产党人重新组织力量掀起更为磅礴的革命风暴。

叶送青（1921—1993），龙川赤光镇大洋村人，龙川县人大常委会原副主任。曾参与编写《龙川县志》《龙川县地名志》《龙川县教育志》和《龙川县文物志》等专业志书。

龙川县苏维埃政权在四甲诞生

黄大史　整理

继海陆丰建立苏维埃政权后，1927 年 12 月下旬，黄克受中共广东省委派遣，到龙川筹建苏维埃政权，开展革命武装斗争。黄克到龙川后，首先在四甲、铁场等地开办农运班，培养农运骨干。同时，积极联络革命力量，与广州起义前后秘密回到龙川的共产党员黄觉群、钟标、叶卓等取得联系，继续发展了龙川各地的党组织，加强了党对地方的领导。年底，在鹤市芝野村秘密召开中共龙川核心党员会议。钟标主持，参加人员有黄克、叶卓、黄觉群、黄天泽、黄德初、黄自强、杨复生、戴文达，改选了龙川特别支部，黄克任书记。会上，讨论了成立龙川县苏维埃政府和举行武装暴动等事项。几天后，中共东江特委派特派员刘琴西，专程从紫金来到四甲上印，向中共龙川特支领导人传达了中共中央八七会议精神，研究部署龙川武装暴动事宜，并指示由黄克负责筹备农民武装暴动和苏维埃政权的组建工作。

黄克接受指示后，即着手建立革命武装队伍。首先是发动群众，在村农会的宣传鼓动下，四甲有 200 余名青壮年自愿报告参加自卫军。其次，借助各种关系和势力，改造一支活跃在龙河边境即四甲与乐村一带的"绿林"队伍。这支队伍为农民自发武装组织，有近 120 人枪，为首的有邹铁强、黄秉章、黄亚辣。他们打着"劫富济贫"旗号，夺取地主钱财，救助穷人。为了改造这支队伍，黄克不顾个人安危，找他们谈心，向他们宣传革命道理，使他们对革命有了初步的认识，表示愿意归顺，接受黄克指挥。黄克认为时机已经成熟，经特支研究决定，整编了"绿林军"。

同时，将龙川鹤市、通衢、登云、黄布等地区革命武装力量合编为东江工农革命军第一军，有400余人，中共东江特委特派员刘琴西任军长。农军组建后，在四甲上印寨日夜进行军事训练。

四甲上印寨（亦称寨顶），位于上印村南边一个小山头，背负群山，面临交通，可察全村之动静，扼进退之咽喉。1928年3月6日，龙川县七个乡农会代表、四甲分区农会会员和东江工农革命军在四甲上印寨举行隆重集会，成立龙川县苏维埃政府。大会推选黄克、黄觉群、杨复生、陈济平、邓雨田、黄日初、黄自强、钟彪、黄天泽9人为政府委员，黄克为政府主席。下设4个股：财政股主任陈济平，委员黄日初、邓雨田；宣传股主任杨复生，委员戴文达；农运股主任黄觉群，委员黄天泽；军事股主任黄克（兼），委员黄彩亭、邹铁强。

上午10时左右，苏维埃政府主席兼军事委员会主任黄克庄严宣布：龙川县苏维埃政府暨东江工农革命军第一军正式成立。顿时，红旗飞舞，锣鼓喧天，人们扬眉吐气，尽情为苏维埃政府的诞生而欢呼。会上，黄克代表苏维埃政府颁布革命纲领，提出打倒土豪劣绅，没收地主土地，废除苛捐杂税，实行耕者有其田，改善农民生活，一切权力归苏维埃等革命目标。

会后，工农革命军举行了武装检阅和示威游行，高呼"拥护孙中山三大政策""打倒蒋介石""苏维埃政权万岁"等口号，浩浩荡荡，惊天动地。

此文选自《四甲苏区红旗飘》（2004年3月），稍有删改。
黄大史，龙川四甲人，河源市统战部退休干部。

回忆龙川县委抗日救亡活动的概况

李健行

1938 年 10 月下旬，我奉省委的指示，到龙川开展党的地下工作，成立了龙川党组织重建以后的第一届县委。县委的成立，使全县的党组织有了统一的领导机构。党的统战工作，龙川的抗日救亡运动从此开拓了新局面。

（一）

1938 年夏末秋初，抗日战争开始了新的高潮。广州沦陷以后，广东各地包括东江的龙川，群众抗日的情绪非常高涨，保家卫国的要求十分强烈。广东人民对国民党军队不战而退，四天就失了广州，很义愤。国民党从内到外压力重重，日本攻占了广州以后，其他华南的统治受到了更大的动摇，广大人民对其更加不满。相反，我们共产党的威望一天天提高。在这种情况下，国民党内外交困，感到毫无办法。余汉谋为了巩固其在广东的统治地位，不得不扯起抗日的旗号，并希望进一步跟我们共产党合作。表面上，他们是为了抗日，实际上是为了笼络人心。但不管怎样，这对我们党提出的抗日民族统一战线有利，对国共两党的进一步团结抗日有利。我们党利用这一有利时机，积极发展党的组织，扩大党的影响，建立抗日根据地。

在广州沦陷前夕，省委为了完成当时的历史任务，根据中央的指示，决定分兵几路，把当时在广州工作的（当时省委设在广州）党员分派到各地去，进一步向全省撒开党的种子。一路从省委的总部到韶关，一路到东江，一路到西江，还有一路到香港、澳门、中山、珠海一带和湛江地区。此外，还有派到沦陷区去的。

我当时被分派到东江这一路。

我分派到东江，主要是我认识张凤楼及其父亲张文，省委想通过我同张文先生的关系，到东江去找个公开、合法的立足点，从事发展党的组织，并通过张文这个反蒋的民主人士来掌握当时以国民党名义搞的那个"东江游击指挥部"。张文曾任过李济深的参谋长，第一次国共合作分裂以后，李济深成了蒋介石的对立面。蒋曾经玩弄过阴谋，扣留过李济深，并削了李的兵权。早在1932年冬，当国民党的抗战将领蔡廷锴、蒋光鼐为了反对蒋介石的不抵抗主义和"攘外必先安内"的反动政策，在福建成立人民政府时，李济深就成了蔡廷锴和蒋光鼐的主要支持者。抗战全面爆发以后，李济深拥护我党提出的抗日民族统一战线。而张文，作为李济深的参谋长，是始终跟着李济深反蒋的。广州沦陷前夕，张文认为时机已到，就主动跟我们取得联系，希望我们帮助他"出山"。

张文有个儿子，名叫张凤楼，很早就同我认识。我们在广州一起搞过工人运动，在广州市榨油工会一起工作过，他思想进步，表现好，我介绍他参加了中国共产党。这样，由于张凤楼的关系，我认识了张文。在张凤楼的帮助下，我们对张文做了许多工作，使他逐步了解我们。后来，张文接受余汉谋的委任，以"广东省民众抗敌动员会"的名义到东江去筹备组织东江游击指挥部，并当指挥部主任时，就通过其儿子张凤楼，向党组织提出要我一同随他们去。

余汉谋委任张文去筹建的那个东江游击指挥部，原打算设在惠州。但因当时惠州属于前线，而改设在老隆。这里，还有一个情况，就是余汉谋虽然同意委任张文为指挥部主任，但在正式委任状上却不写明，只写由他去筹备。因为余汉谋已经知道张文跟我们党有某些联系，所以不完全信任他。日寇占领广州以后，它在华南的战略进攻已告一个段落。为了巩固广九铁路这条交通线，还从博罗、惠阳、增城一些地方撤兵，集中兵力到广九铁路沿线上去，并实行"怀柔"政策。这样，余汉谋看到日寇不再进攻，就改变主意，将"东江游击指挥部"由惠州改设到老隆，并降一级，不叫指挥部，而叫"东江游击指挥部老隆命令传达所"，叫张文当所长。这个命令传达所，作为国民党"四战区"和省绥靖公署同东江的国民党军队联系机关，只有传达命令的权，没有指挥部队的权，对外没有招牌，只有内部的行文。它的职责只是给东江各县国民党军政机关如龙川师管区司令罗梓材等传达省的指示。准备收编的那个所谓"东江游击队"，实际上大多数是土匪，例如惠阳的骆凤翔、罗坤，博罗、河源的梁桂平，东莞的徐东来等，共有三个支队。这些军队是属于第四战区余汉谋指挥的，余汉谋要下达命令，不直接通过"四战区"，而通过老隆命令传达所，然后再由传达所传达到各个游击支队。因此，这个传达所只起着承上转下的作用。

我们是在 1938 年 10 月 20 日晚 11 时，即日本侵略军占领广州前五小时离开穗城前往老隆的。同张文一起去的，除我以外，还有张文的两个儿子张凤楼、张凤亭，张文的两个表侄女，一个姓邓的日本留学生、国民党军官及其老婆，张文的警卫员，以及我们带去的广州市原榨油工会工作的两个工人，共十多二十个人。当晚，我们分乘三辆小汽车出发，22 日下午抵达老隆，住在冠华酒店二、三楼上。从此，我就用这个传达所为立足点，以"广东省民众抗敌动员会"咨议室少校咨议的合法身份，在老隆从事党的工作。

（二）

其时的老隆，在广州沦陷以后，是东江后方的政治、经济、军事的中心，又是连贯潮汕、韶关、梅县等广东后方的转运点，因此，不光"命令传达所"设在那里，国民党省级的一些重要机关也摆在那里。汽车多、妓女多、酒楼茶室生意兴隆。虽然国难当头，日机经常出没，但整个老隆却笼罩着一片醉生梦死的升平景象。工农群众和青年学生以及一些爱国的上层人士，虽然有很高的抗日热情，但由于我们党的地方组织力量薄弱，又远离省委领导，再加上国民党的重重压迫，致使老隆以至整个龙川的抗日救亡工作仍未能有力地开展起来。

龙川地方党的组织，在1938年3月省委派麦文同志进行重建，发展黄慈宽、刘春乾、余进文同志入党，成立党的支部以后，有了很大的发展，党的人数迅速增加到二三十人。但在广州沦陷前后，跟省委联系中断。所以我到龙川时省委是没有介绍信给我去找龙川地方党组织的，这是在我到老隆前夕，省委派一个同志对我说："组织上决定你跟张文到东江去，作为党派到张文那里去工作的。因为时间紧迫，现在给你联系符号，去到老隆等候消息，将来省委派人去跟你联系。"为此，我到老隆以后，没有去找地方党的同志，只能等省委派人来同我联系。但一个星期以后，省委还没派人来。面对那时的严峻局势，怎么办？我想到自己担负的使命，便设法开展工作。一天，我向张文提出：四战区余汉谋司令长官既然没有任务下来，我们不能光等，不做工作。张文却说："我也想开展工作，但他们没有任务给我们，又没钱发给我们，连枪和制服都不发给，怎么开展工作？"我又对他说："余汉谋不交任务给我们，但我们可以利用传达所的名义来做工作。他问："怎么做呢？"我说："传达所里成立一个政工队，先搞抗日救亡宣传，把群众发动起来。"他想到国民党军事机关有这样的组织，倒无所谓，说："好呀，搞吧！"我说："要作个决定。政工队要出去搞宣传活动，你要发个通告，通知龙川、老隆地区的军政机关。"他照着做了，并把他在老隆的故旧以及龙川的上层人物，例如管区司令罗梓材、伪县长邓鸿芹及张化雨、张禄川等召集起来，开了个座谈会，宣布政工队成立。还通过各种关系，给予活动经费。

从此，我和张凤楼同志便天天带着政工队下乡演剧，宣传，大讲抗日救亡的大好形势，大讲抗日民族统一战线，到处点火，发动群众起来保家卫国，大受群众的欢迎。因为政工队是公开、合法的组织，国民党的右派也不敢怎么样。整个老隆的抗日救亡局势一下轰动起来。

我们在老隆以传达所政工队的名义开展了一段时间的工作后，到 11 月下旬，省委派饶彰风同志来了（当时，他是省委委员）。按照约定的联系符号，他先派人到传达所找到张凤楼，约我到他住的地方（老隆老街的一间大埔高陂人开的瓷器店里）接头。在广州，我俩就认识。见面后，我向他汇报了工作。汇报后，他约我第二天跟当地的同志会面。第二天，黄慈宽同志来了，从此，我就跟龙川地方党正式接上了关系。饶彰风同志说；省委决定，要成立全县性的党的统一机构。先成立临时工作委员会——中共龙川县临时工作委员会，并叫我们酝酿准备。

三四天以后，中共龙川县临时工作委员会在老隆小学背面的一座小山上（即虾公岭头）成立了。会议由饶彰风同志主持。经协商，黄慈宽同志任书记，我任组织部部长，张凤楼同志任宣传部部长。县临工委的成立，作为龙川县党史来说，是抗日战争期间龙川党重建后的第一个全县性的党的统一领导机构。

临工委成立时，饶彰风同志代表省委向我们交待了任务。第一，积极发展党的组织，建立党的基层机构；第二，通过公开、合法的斗争形式，进一步扩大和巩固龙川县的统一战线和国共合作关系，并扩大我们党的政治影响；第三，放手发动群众，进一步开展抗日救亡的群众运动，建立各界抗日救亡群众组织，如青年的，妇女的，等等。作为我和张凤楼同志来说，省委还给了另一个任务，就是掌握好张文的情况，通过与张文的关系，更好地发展党的组织，做好罗梓材、邓鸿芹等当权人物的工作。

县临工委成立后，各项工作都是在它的领导下有步骤地进行。我和张凤楼同志仍在政工队活动，搞公开的抗日救亡的宣传；而发展党的组织，则由临工委通过黄慈宽同志及各党支部去做。

到 12 月下旬，即临工委成立后一个月时间左右，尹林平同志来到了老隆。在黄用舒担任校长的老隆小学里，尹林平同志叫我汇报龙川的工作情况，并宣传省委的指示，要将临工委改为县委。在尹林平同志的主持下，中共龙川县委正式成立了。我任县委书记，黄慈宽同志任组织部部长，张凤楼同志任宣传部部长。县委成立后，尹林平同志强调要放手发展党组织，巩固龙川地方党。同时，要密切注意龙川统一战线趋势。因为，这时张文先生已受到余汉谋的怀疑。在这样的情况下，张文先生的政治态度将发生什么变化？会不会向着不好的方面发展？都得注意和掌握。尹林平同志叮嘱我们，一方面要充分利用张文先生的关系，用公开、合法的身份开展党的工作，同时，要稳妥、慎重。

龙川县委的正式成立，党的力量大大加强，党员人数不断增加。不久，在老隆、龙母、水贝、佗城、涧步、龙川一中等地，陆续成立了党的支部，佗城、龙母区委也相继成立，涌现了像黄慈宽、刘春乾、余进文、魏南金、叶惠南、刘波、魏则鸣、魏洪涛、魏治平、张民选、温振强、曾瑞祥等一批党的骨干力量。党员曾瑞祥，家是地主，为了解决党的活动经费的困难，他将他爱人的陪嫁嫁妆都统统拿出来。

（三）

龙川县委成立以后，为了完成省委的任务，更好地开展党的工作，我们对当时龙川几方面的力量，也就是敌、我、友的情况作了分析，以动员一切力量做好抗日救亡工作。

关于我方力量的情况，除龙川县各级党组织，全体党员外，1939 年 1 月前后，由方云生带领的东江华侨回乡服务团第六团，方少逸、张克明、黄杏文带队的中山大学战地服务团相继来到了龙川。龙川青年抗日先锋队总队宣告成立，各乡农会的组建等，都是党直接领导下的有生力量。同时，那时还有个揭阳青年战时工作队来到老隆，驻在命令传达所里，上街、下乡演剧、搞宣传，尽管活动时间只有两个月，但也起了一定的作用。

关于友方力量的情况：开明绅士、老同盟会员张化雨，对我们党一直抱诚意的态度，是龙川的开明人士中的一个代表人物。他是个大地主，卖了田地，在老隆开办平民医院，搞慈善事业，赢得了群众的信任。我们通过张文对他做工作，后来张克明同志又亲自跟他经常接触，使他为我党，为抗日事业做了不少的工作。

老同盟会会员、龙川国民党的上层人物张禄川也是进步人士。他在政治上比张化雨还激进，但没有什么群众基础。张化雨所以能对我们党做些工作，是跟张禄川的帮助分不开的。他们两人关系密切，常接近我们，态度也比较诚意。

国民党五（华）、河（源）、和（平）、兴（宁）、龙（川）五县师管区司令罗梓材，虽然不掌握军权，但掌握着财和物的实权。他跟张文一样，是反蒋抗日的。他的政治基础比较脆弱，迫于形势，他跟张文的关系比较好，在反蒋问题上是一致的，也支持我们的工作。我在政工队的活动经费，包括衣服，枪支都是他发给的。在龙川的国民党县府中，他有一定的威信，他决定要办的事，连县长邓鸿芹也不敢不同意。

邓鸿芹也可算作友方。那时，他是支持我们工作的。据说，这个人参加过大革命，大革命失败后，跟着国民党走。"七七"事变后，革命形势好转，他又倒回来，以后政治逆流一来，他又倒过去，是个动摇派。但在1938年冬，他还是支持抗日的，龙川当时有关抗日的许多工作，得到他的县政府的支持。

关于敌方的力量，当时龙川的反动势力有三个方面：一是龙川三区的原任省教育厅厅长黄麟书的地方实力分子，二是以老隆师范校长王培才为首的一部分思想反动的青年学生。这两部分人都是反对我们的，但在抗日救亡的形势下，不敢公开唱对台戏。三是龙川的土匪势力。冠华酒店老板黄坤是龙川过去最大的匪头，那时虽然已经"收山"，但在土匪帮中有很大影响，他想投靠张文搞个游击支队长之类的官当，天天给张文拍马屁。在车田、义都一带也有很多土匪活动，蹂躏群众，危害商旅，是一股破坏力量。他们的种种破坏活动，在老百姓中造成了很大的危害。

县委根据上述敌、我、友三方面的情况，为了搞好抗日救亡工作，壮大党的组织，扩大党的影响，积极开展了各种活动。

首先，举办各种类型的学习班、训练班。县委考虑到，当时的形势对我们党很有利，但是党员、干部的数量跟不上。要发展党组织，就要把党员、骨干培养好。为此，县委成立不久，就费了不少力量，在老隆师范学校的一个刚建成而未用的饭堂里办了一期学习班。参加学习的有三四十人。主要是小学教师，这是公开动员的，另外还有我们党的发展对象及群众运动中涌现的积极分子，学习内容包括党的统一战线、游击战争、抗日救亡运动、辩证唯物主义和形势问题等。办了20天时间，学员集中食宿。经费来源，平民医院张化雨先生拿来一点，我们从罗梓材那里领来的工资也几乎全部拿出来。学习班结束后，学员都回到各自的工作岗位，开展活动。

其次，为了进一步扩大政治影响，做好经常性的宣传工作，县委决定办了《龙川日报》。这个报纸，对外是统战性质的，经国民党龙川县政府同意并立了案的。由张克明同志亲自负责，邓鸿芹、张化雨、张文都参与支持。那时，全东江就这个县办起日报。报社设在平民医院。这个报实质上是县委的机关报。饶彰风、张克明、魏南金和我都亲自为报纸撰写过社论。当时，省委、特委对《龙川日报》的评价很高，说一个县能办起这样一个日报不容易。

最后，召开了各种类型的座谈会。如保家卫国座谈会，各界代表座谈会等。这是我们搞统一战线、动员各方力量的一种形式，扩大党的影响。把县委的一些决定通过座谈会形式贯彻下去。这些工作都为扩大党的影响，发展党的组织打下基础。

1939 年 2 月间（春节期间）中共东江特委在紫金古竹宣布成立，直接领导东江各县县委的工作，龙川县委在特委领导下，继续向前发展。

李健行，广东惠阳人，1939 年曾任龙川县委书记。

关于九连地区三年武装斗争的简要情况

魏南金

（一）公开号召武装斗争，拔除敌人据点，破仓分粮，发动群众

在南方分局扩大会议期间（1946 年 12 月至 1947 年 1 月间），

成立九连地区工委，以严尚民、魏南金、钟俊贤、曾志云组成。严尚民为书记，魏、钟为常委，曾为委员，统一领导东江上游各县的武装和地方党。分局给的任务是，以九连山区为中心的附近十个县的赤色割据，武装斗争先小搞后大搞。武装是东江纵队第三支队留下的骨干约60人，加上钟俊贤领导的原后东武装，后又有发展，当恢复武装斗争时已有三个大队建制，人数不足，500人左右。在河源黄村区和龙川县鹤市区活动的大队长叫王彪；在连平、和平两县交界九连山区活动的大队长叫曾志云；在和平东部、龙川北部地区活动的大队长叫林镜秋，都是分散以群众武装名义活动。全区党组织由钟俊贤负责，党员不到1000人。我于1947年2月进入黄村区，住在连队20多天，严尚民、钟俊贤等人才到，在那里开了一个会，传达贯彻分局扩大会议精神。响应伟大领袖毛主席"迎接中国革命的新高潮"的伟大号召，决定公开恢复武装斗争。又根据敌人主力北调本区空虚和群众反蒋情绪高涨等条件，决定把分散几个县的主力集中打开局面，并整顿部队。于是率领王彪队骨干渡东江河，在上莞与曾志云队会师，秘密进至和平东区与林镜秋队集中，经过一番整顿，5月，打敌人据点彭寨，歼敌100余人，乘胜打东水（老隆外围据点），守敌一个连慑于我军威力而投降，继打林寨、白土（以上各点属和平县）、三河（属河源县）等据点，敌人闻风而逃。我们进入九连山区和平县的青州和热水两个乡后，所到之处，破敌粮仓分粮给贫苦农民，并公开宣传蒋贼内战、独裁、卖国的罪恶，号召群众起来武装斗争，跟共产党和毛主席闹革命，和平、连平、河源、龙川等县群众极为振奋，敌人非常惊惶，群众说："红军又回来了。"我们在山内休整短期，针对当时情况，根据毛主席著作指示，分兵发动群众。7月，王彪队、林镜秋队仍回原区，另派吴振乾、黄日等到河西区，曾志云等在连和边区，各边区成立统一领导的党委（相当县委），另有紫金县委（魏灵基负责）、五华县委（张日和负责）等。全区党、军领导系统基本建立起来。

不久，我们以曾志云队为主力，打忠信，由于侦察不准，突破口未选对，火力网不了解，曾进入市区，但不能歼灭敌人，我阵亡一人，伤数人，结果主动撤出，这是我们第一次失利。当时觉得九连山区地形很好，只是活动范围小，应付敌人"围剿"有困难，决定打开连平县上坪地区与江西省虔南、龙南、定南那边的局面，于是进军这些地区，群众欢迎，由于情况不熟，又无地方党协助，在江西虔南县打了一仗，无缴获，考虑群众基础差，留下武工队活动，主力回九连山。未得休整，九月敌人"扫荡"开始，从外地调来的伪保五团为主力，加上地方反动武装700～800人，乘我立足未稳，直插九连山区，想与我主力一拼，当时我们只有曾志云大队约300人（包括热水队）在身边。根据毛主席"打不赢就走"的指示，给敌人以一定杀伤后，留下连和工委地方中队和武工队跟敌人周旋，主力大队和指挥部转到河源县河西边区，不久敌人发觉，敌人又进入河西区。河西区党和群众基础较好，敌人无法找到我主力，反而到处挨打，敌人仍分散把守据点。敌人兵力不足，重点"扫荡"九连山区和河西区，其他地区敌无兵力。为了加强其他地区领导，指挥部决定适当分散，严尚民、曾志云等坚持原地区斗争，魏南金到龙川、和平边区，钟俊贤到龙川、河源、五华边区，进行全面的广泛的武装斗争，并在此基础上扩大骨干队伍，结果迎来了武装斗争烽火遍地开展。

（二）减租减息，土地改革，武装群众

1947年9月，敌人有计划地进行重点"扫荡"后，为了补充他们的兵力不足，全面组织县、区、乡交通要道的反动武装，其中有的是被迫，甚至强迫群众站在阵地前面，另外派遣特务进入我游击区搞情报和破坏活动。为了粉碎敌人阴谋，我们决定：第

一，广泛开展减租减息运动，重点（黄村、河西、古寨）搞土改，组织农会和民兵，发展地方性的武装，这对于发动群众，粉碎敌人阴谋起了积极作用，但由于我们缺乏经验，地区又不稳定，有些地方发生强迫命令，加上在减租减息界线不清，以致有些地方损害中农利益，部分地方增加了我们工作困难。第二，巩固和扩大骨干队伍，打法上执行毛主席十六字诀，开展游击战争，以对付敌人主力，使敌疲于奔命，不能久留，但对反动地主武装积极打击，能吃的就吃掉，打破敌人封锁，坚决镇压敢于组织武装与我对抗的恶霸地主、土豪劣绅。第三，纯洁队伍，同时粉碎敌人特务活动，各地都处决一批特务和反动地主。第四，开辟新区，扩大回旋地区。执行结果，深入发动了群众，广泛组织武装民兵，龙川、五华、紫金、连平等县相继开展武装斗争，向全区性武装斗争形势发展。根据这个做法，我在龙和边区住了 4 个月，帮助整训骨干队伍、扩大民兵、武工队、减租减息和土改试点，巩固和发展游击区，曾袭击贝墩圩敌据点，未成，主动撤退；并派出龙川骆仰文为首的龙川北部武工队和以魏洪涛为首的川中武工队，以后各发展成川北和川中两个大队，骆仰文、魏洪涛分任大队长，建立新游击区，威胁敌在东江上游重镇老隆。我和陈苏曾带一个连到龙川县、和平县和江西省定南县交界处活动，了解地形，惩办伪乡长，扩大政治影响，建立与群众联系。年底敌重点进攻龙、和边区，虽然敌人利用"三光"政策，但敌仍无法立足，不得不龟缩在县城。由于部队发展了，加上战争频繁和敌人封锁，这时部队给养非常困难，1947 年冬季，绝大多数指战员都没有冬衣。这个时期全区武装力量、群众组织和游击地区都在斗争中有很大发展。但敌人仍然嚣张，"围剿"和封锁，斗争仍在进行。

（三）成立军事统一指挥机构，组织全区性主力，迫使敌人处于防守，但敌人不甘心失败，增调兵力，妄图夺回主动权

一年来，武装斗争胜利开展，当时虽然还很困难，但从主客观形势分析，我们认为应进入"大搞"时期。于是，1948年春节后，我们领导机构由分散到集中，我从龙（川）和（平）边区回到九连山区，钟俊贤也从黄村回到九连山区，商议成立九连地委和军事指挥机构问题，中共粤赣湘边区党委负责同志梁威林来指导工作，经上级批准成立中共九连地委，从山东回来的黄中强、郑群等同志参加领导机构，地委由魏南金、钟俊贤、黄中强、郑群、曾志云为常委，以魏为书记，钟为副书记，另王彪、吴震乾、骆维强为委员。同时决定成立中国人民解放军粤赣边支队司令部（后改东二支队），以钟俊贤为司令员、魏南金为政委、郑群为副司令员、黄中强为政治部主任、曾志云为参谋长，积极创造条件，准备公开。严尚民同志调升上级，但仍留下指导工作。当时我们已有电台，我们伟大领袖毛主席领导全国解放战争的伟大胜利鼓舞着我们，毛主席的指示和解放区的经验，我们很快就知道，我们更有信心。地委在梁威林、严尚民同志的指导下，对工作做了全面考虑与安排：第一，总结了双减和土改经验，土改了的10多个乡，对建立根据地起了作用，但考虑战争频繁、骨干少，决定停止土改，继续实行双减。纠正了一些偏差，获得群众欢迎，有些地方对瓦解地主武装起了一定作用。同时加强地方党、农会和民兵建设，进一步巩固和发展游击根据地。第二，建设全区性主力，准备建立全区统一指挥机构，彻底粉碎敌人"围剿"与封锁，同时发动全区性游击活动，控制东江河和主要公路线，袭击敌重镇老隆。第三，加强经济工作，保证部队供给。但是我们还未全面展开，敌人又组织大规模"扫荡"，仍以伪保五团为主力，纠合各县反动武装，重点为九连山区、河西区，其他的配合，目的仍在寻找我主力，但与前两次不同的是，"扫荡"为保卫和平、连平县城，带有以攻为守的意图。我们仍然避免与主力决战。按毛主席的军事思想，以游击战对付他们，这次我们的显著特点是群众武装战斗力大大加强，敌人以一个营兵力打不下船塘乡老围村，打了一天一夜，又怕我主力袭击，结果敌人宵遁。这次敌人"扫荡"又失败了，敌人烧杀抢更引起群众愤恨，敌人对乡村反动武装也失去信心，不得不将他们主力分散守据点，在各交通要道筑碉堡，分割我们。打破敌人"扫荡"后，我们根据毛主席"集中优势兵力，各个歼灭敌人"指示，抽调全区主力（不削弱而要加强各县各边区的游击战）约3 000人于河西边区集训，搞诉苦，进行阶级教育，学习毛主席的军事思想，学习人民解放军整军经验，加强"三大纪律，八项注意"教育，以老部队为骨干，编成4个主力团，三团以曾志云兼团长，郑群兼政委；四团以王彪为团长，张华基为政委，张日和为政治处主任；六团以林镜秋为团长，骆维强为政委（三三制）；七团以魏洪涛代团长，黄日为副团长，郑风为政治部主任（两个营）；另成立江防大队，控制沿江，以邹建为大队长；成立光明大队，以黄锐为大队长。后经上级批准，中国人民解放军粤赣边支队司令部，于8月7日正式成立（原定8月1日成立，因事推迟），并布告全区军民，坚决执行伟大统帅毛主席和中国人民解放军总部命令，英勇杀敌，解放全区，对全区军民鼓舞极大；为了扩大宣传，办《粤赣报》（油印）转载新华社电讯，以全国胜利，鼓励全区军民，为迎接解放后需要人才，办东江公学，由钟雄亚同志任校长，以训练各县送来的革命知识青年；为了打开局面，打出军威，主力整训后便"扫荡"一些反动据点，根据毛主席打歼灭战指示，首战太湖敌，把九连山区和河西边区之间太湖乡的一个敌加强连在运动中消灭掉，使九连山区和河西区连成一片，游击区扩大了。太湖战斗胜利，无论政治上、军事上都有巨大意义，它标志着我军转入打运动战，武器弹药过去从缴获地方反动武装补给，现在从敌人主力缴获补给，第一次缴到机关枪，迫使敌人处于挨打地位。

根据毛主席建设根据地的指示，在原来各边区建立区、乡政权基础上，进一步加强区、乡政权建设（有30多个乡政权），并在此基础上建立县政权，如河西县人民政府，连和县人民政府。它们担负支前工作、征收爱国粮、收税、动员参军、发行全区统一的人民币、镇压特务和反革命的破坏等任务，对部队作战作了贡献，尤其是经济工作方面。但敌人不甘失败，妄图夺回主动权，从惠阳调伪保安十三团（美式装备）来我区"扫荡"，伪团部驻于河源县城与龙川县城之间的蓝口圩，重点"扫荡"我东江河以东的紫金县、河源县、龙川县、五华县边区的游击区，烧、杀、抢，我四团主力采取外线作战。不但主力无损失，反而消灭新、河、五、紫边的反动武装，扩大了边区，军民配合打得敌人不敢久留，以后敌转向河西边区"扫荡"，在骆湖一仗消灭了敌一个连，敌不敢深入，在东江河边几个乡转一转就缩回去。这时我连和边区部队想打破九连山区敌人分割，曾第二次打忠信，由于轻敌又不成功。敌人为保住和平、连平两个县城，曾纠集江西伪军，对九连山区"扫荡"。当时由我们配合作战，敌人不得不龟缩县城和九连山据点。由于全国胜利的鼓舞与影响，我全区人民愈战愈勇，当时全区部队约6 000人，全区性游击战已经形成，敌区乡武装基本瓦解，车田乡敌起义后，川北大部解放，敌人到处挨打，士气低落，无法夺回主动权，处于防守。1948年冬，粤、赣、湘边区党委副书记黄松坚也来我区指导工作，加强对我们的领导。

（四）以老隆为中心的战争，彻底粉碎敌人"围剿"，解放龙川、和平、连平等县

在全国解放战争伟大胜利的鼓舞与影响下，在贯彻执行伟大统帅毛主席"将革命进行到底"的伟大号召下，我们提出"大胆向敌后跃进"的口号。1948年底1949年初，我区敌我形势有很大变化，经过两年频繁而艰苦的战争考验，我部队得到很大锻炼，由于我们遵照毛主席的建军路线，主力逐步扩大，质量尚好，虽在极度困难下，主力队伍仍稳定上升，斗志高，从会打游击战转到会打运动战。我区主力壮大，而且由于部队大，在山区给养困难，逐步加强平原和大村庄活动，破敌粮仓和打地主要粮，特别加强东江河两岸和老隆至兴宁公路沿线活动，设税站收税或没收官僚资本家物资，敌人在东江河上游重镇老隆陷入重围，武工队甚至进入老隆内活动。因此，敌人主力逐步转至东江河和老隆镇为重点布防，其他地区由各县反动武装防守。伪保安第四师师部设在老隆，以一个营守老隆，一个营守老隆至兴宁中间的岐岭镇，团部带一个营守老隆北部龙川与和平水陆交通咽喉东水镇（东江河边），伪保十三团团部带一个营驻老隆南面约20千米的东江河边蓝口圩，一个营驻东水，一个营驻东江河护航；河源县驻伪一九六师，当时我们主力的战斗力加强，敢于主动寻找敌人主力打。敌人这样分散兵力也便于我们各个歼灭，1949年1月，我军在东江河西岸的大人山，按毛主席"我军必须集中绝对优势的兵力"的指示，把伪保安十三团的炮兵营，固在山头，经过肉搏战，全部歼灭之，取得重大胜利，我牺牲连长魏强等10多人。不久，我大军"百万雄师过大江"，伪十三团团长曾天节动摇，派人来谈判起义，我们要他掉转枪口与国民党反动派作战，否则就歼灭他。5月，他听从我们意见，把残部开进老隆，把伪保安第四师师部和伪保五团的一个营包围，该营不愿投降，伪保五团通知在外的两个营向老隆救援。当时我军主力一个团开进老隆，并在东水、老隆的乌石坝把伪团长列应佳亲自率领的一个团部和一个营全部歼灭，我无损失。在老隆的伪保五团被围的一个营绝望，只好投降，守岐岭的一个营起义。我各县部队主动出击，歼灭反动地方武装。于是，以老隆为中心的几个县广大乡村和市镇都解放了。歼灭伪保安四师师部和两个保安团，彻底粉碎了敌人的"围剿"。因为龙川是全省第一个解放的县，上级要我兼挂龙川县人民政府县长名义，以便组织力量"扫荡"龙川残敌。老隆解放后，边纵副司令黄松坚、副政委梁威林、政治部主任左洪涛，参谋长严尚民集中在老隆，边纵政治部、后勤处，文工团等机关也来到老隆，边纵党委决定：为了配合大军进军广州，在老隆筹建两个边纵主力团，以我区主力为主，加上抽调北一支、二支、东三支部分主力合组而成。原来骨干也作了调整，有的留下，有的参加主力南下，三团番号不变，团长仍是曾志云，政委黄业（从北江调来的），将四团改名六团，团长仍是王彪，政委陈中夫（从北江调来的）。在老隆解放前，我支队领导作了调整，我调边纵政治部，郑群任支队司令，钟俊贤任政委，张华基任政治部主任，林镜秋任参谋长。伪保十三团起义后，建立第四支队，司令员曾天节、调郑群任政委。

敌人是不甘心失败的，正当我们整编调整力量时，敌人组织对老隆反扑。7月，胡琏兵团从北向兴宁、潮汕逃窜，原集结在龙川北部的两个伪龙川县大队（营）和一个独立中队，纠集其他反动武装，约1 000人，由新任伪县长黄道仁（前伪县长被俘，黄道仁原是伪县大队长）率领乘机进驻离老隆30千米的龙母圩，驻河源伪一四九师，也配合从南向北进攻，离老隆也是30多千米，妄图夺回老隆，作垂死挣扎。当时留驻老隆的我军机关和整训主力转至和平县林寨，严尚民、黄业、曾志云新编三团进驻五华县，起义部队向南反击伪一四九师。黄松坚同志令我和陈苏副团长指挥一个主力营及县内各部队，对付集结龙母之敌。这部敌人比伪保安团不同，都是地头蛇，由极端反动的伪军官、特务、逃命地主、兵痞等组成，他们血债累累，人民恨之入骨，这批残敌还有当地封建势力，地主武装支持与配合；如诱出他们来打，不易歼灭他们，很可能跑散为匪。另敌分三处防守，成掎角之势，又在三汊河口，兵力不好展开。所以我们采取夜间偷袭打法，出敌不意，在夜间将敌外面警戒吃掉，并突击中间薄弱的伪独立中队，很快把它解决，使敌两个大队各陷于孤立境地，我们集中兵力先打左翼谢鸿恩大队，包围右翼黄道仁大队，敌据碉堡顽抗，打了几天，我们用炸药强攻歼灭谢队，全部俘虏；无一漏网，黄队见势不妙，突围逃跑，在我军民追击下溃散，多数俘虏，黄道仁等少数敌人窜入胡琏兵团，我获得重大胜利，我方牺牲副连长欧阳珍等六位同志，至此龙川全县解放。南下大军进抵赣州，伪一九六师看无法挽救，夹着尾巴向惠阳逃窜，河源也解放了。这时和平、连平、五华等县都解放了。我们在老隆开了几万人庆祝八一节和胜利大会，大规模地开展劳军运动。

（五）进军珠江三角洲

1949 年 9 月初，我从老隆至和平县林寨向纵队首长黄松坚、梁威林等报到，不久随主力南下。南下主力有新编的三团、六团，由于纵队几位首长北上参加赣州会议。南下配合解放广州到部队，由纵队参谋长严尚民指挥，我代政治部主任，负责政治工作。至河源县、博罗县交界处石坝圩附近与边纵司令员兼政委尹林平所指挥的主力一团（团长何清）、二团（团长阮海天，已故），会师，并与伪一九六师打响，敌稍战就缩回惠州镇（广州解放后，它投降）。尹林平同志参加赣州会议去了，主力按计划南进，绕过惠州，渡东江河，经紫金县、惠阳县南部，直插宝安、东莞；

当时大军已进广州，敌人逃跑，我们不发一枪，解放东莞，随即从水路进取番禺县城市桥，以何清为前锋，不发一枪俘虏敌人一个营，解放市桥。后由严尚民统率边纵队配合两广纵队解放珠江三角洲。我于11月调广东军区工作，在十五兵团政治部办公（兵团兼军区工作）。六团和三团一部调广州担任警卫工作，后大部转为公安部队。

魏南金（1914—2001），龙川龙母镇永和西和岭村人。1938年冬参加中国共产党，曾任中共龙川县委常委兼宣传部部长、龙川中心县委常委兼青年部部长、广东省委书记张文彬的秘书、南雄中心县委书记和特派员、北江特委副特派员兼组织部部长等职。1944年初，曾赴广西桂林开展粤北敌后抗日武装斗争，恢复党组织活动。中华人民共和国成立后，曾任龙川县委书记、县长、海南行政区党委常委、副书记、革委会主任、行政公署主任等职，著有《宝岛足迹》等著作。

二、大事记

●1912 年

2 月，成立龙川县临时议会。

3 月，设立龙川县临时政府。

12 月，选举国会，王汝嬴（龙川籍）当选众议院议员。

●1913 年

3 月，彭赤霞当选国会参议院议员（1917 年任护法国会参议院议员）。张化如奉命组织讨龙（济光）军第十支队，任队长，后担任闽粤军营长、统领、团长、阳江警备司令、旅长等职。

9 月，在县城西门城隍庙创办龙川县立中学。

●1915 年

4 月，县知事周德馨怂恿县城豪绅煽动群众争夺城隍庙校地，砸学校，殴辱师生。后经学界人士多方抗争，不久复课。

●1917 年

10 月，护法军北伐时，桂系莫擎宇部投靠北洋军阀，阻止粤军援闽，与粤军金国治部激战于铁场、石狗岭、合水，莫部败退兴宁。

●1919 年

6 月，县城中学师生示威游行，抵制日货。县城、老隆、鹤市部分工商界自焚日货，倡卖国货。

●1920 年

春，县青年学生骆开先、彭思华、黄焕章、邹世俊 4 人赴法勤工俭学。

9 月，援闽粤军总司令陈炯明奉孙中山之命率军回粤驱逐桂系军阀，进驻老隆，与桂系军阀小战官坑，大战马喉莲。

●1921 年

春，在广州的龙川人士组织留省同乡会，出版《雷声》抨击县内时弊，推动乡梓变革。

●1923 年

7 月，陈炯明叛变后，率其一部驻老隆，强派军饷，店户不得安宁。

8 月 23 日，农运领袖彭湃等到老隆，即与农民代表之资格去见陈炯明。是年 10 月底至 11 月初，彭湃又专程来隆见陈炯明，与陈谈论革命，了解龙川农运情况。

12 月，黄居仁创建新学生社铁场支社。

●1924 年

9 月，鹤市欧江人黄超凡于广州农民运动讲习所毕业后，回乡组织龙川第一个农会——塘耙屋农会，同年加入中国共产党，次年随东征军宣传队开展宣传工作。

●1925 年

10 月，国民革命军第二次东征，程潜率东征军第三纵队追击陈炯明部至老隆，龙川籍共产党员黄觉群受广东区委派遣随军返乡和国民党人张重耳数十人留驻龙川县城、领导县工农运动。

同月 31 日，黄林祥（即黄麟书）任民选县长。

11 月，中共龙川县特别支部委员会（简称"中共龙川特支"）、社会主义青年团龙川县特别支部委员会和国民党县党部相继成立。

12 月，龙川县第一（佗城）、第三（鹤市）、第十（车田）区农民协会成立。

●1926 年

3 月，龙川县农民协会筹备委员会成立。

同月 12 日晚，川中师生编演白话剧《烟长末日》，讽刺国民党龙川县长陈逸川吸食鸦片、贪污枉法劣迹。陈看后暴怒，勾结驻军搜捕，并率县大队包围县立一中，将副校长张镇江、学监戴凤章、学生谢汝尧、教育局局长黄国俊等 9 人逮捕下狱，引起民众公愤，学生罢课。15 日，县党部、农民会、学生会电控陈氏 15 宗罪。4 月 1 日留省学会工商联合会，革命同志会电程军长汕头绥靖委员何经上告后，东江行署行政委员周恩来主任电饬称"被告人吸食鸦片，失公民资格，不堪作吏"，随后将陈撤职查办。

5 月，龙川县召开第一次农民代表大会，成立县农民协会。

6 月，在中共龙川特支领导下，龙川县农协会在佗城朱家祠成立农民自卫军总队。

同月，龙川县总工会、妇女解放协会、青年同志会、商民协会相继成立。

同月，县公署明令实行"二五"减租。

●1927 年

1 月，在佗城叶家祠举办龙川县农民讲习所，招收学员 100 名，因国民党右派不断制造摩擦，仅学习 2 个月结业。

5 月，县长罗俊超、清党委员陈伯益奉命解除县农军总队武装，逮捕共产党员黄自强等 5 人下狱。

10 月，黄蔚文接任县长，不久即宣布解散全县农会组织，停止"二五"减租，全面接管农军武装。

11 月，仙寨乡苏维埃政府成立。

●1928 年

1 月 4—19 日，张发奎部与李济深部激战在龙川，双方伤亡各万人。

2 月，龙川县革命委员会于四甲上印寨成立，将四甲、坪田及鹤市、通衢、登云、黄布等地革命武装合编为东江工农革命军。

3 月 10 日，黄克等率东江工农革命军攻占鹤市街，后被县警大队、当地民团、地主武装合围截击，退回四甲。

5 月 22 日，团广东（两广）区委书记黄居仁与其爱人张雪英在广州被捕遭杀害，夫妇光荣牺牲，黄居仁年仅 24 岁。

8 月，罗屏汉、陈锦华率 20 余人奔袭兴宁大坪，缴获一批枪弹后，在回龙大塘肚成立东江游击大队。

●1929 年

1 月，中共龙川县临时工作委员会和龙川县临时革委会在大塘肚成立，同时建立县游击大队。不久，中共东江特委确定以大塘肚为五兴龙三县革命中心根据地。

3 月，五兴龙三县工农兵代表大会在大塘肚召开，成立五兴龙县苏维埃政府，决定将东江、龙川、兴宁县游击大队合编为五兴龙县游击大队。

同月,大塘肚苏区实行土地革命,按人分等计口分田。

6月,县警大队长蔡雷鸣纠集民团400余人进犯大塘肚苏区,激战五昼夜。游击队和赤卫队被迫撤退进山。

8月,五兴龙县苏维埃政府在大塘肚创建兵工厂。

12月,召开中共龙川县第一次党员代表大会,成立中共龙川县委和县苏维埃政府。

● 1930 年

8月,创办县乡村师范学校。

10月,县警大队长蔡雷鸣纠集兴宁、龙川、五华、平远、和平等县武装1 800余人分三路进攻大塘肚苏区,进行"五县大会剿",中共五兴龙县党政机关游击队被迫转移兴宁南扒村。大塘肚被洗劫一空,烧毁房屋34座。

12月,中共闽粤赣边五兴龙县委在南扒村成立,同时改组五兴龙县苏维埃政府,将三县革命武装统一整编为五兴龙县游击总队。

● 1932 年

6月,撤销中共五兴龙县委、县苏维埃政府,另组成兴龙县委、县革委会。

8月,陈济棠一部及龙川、兴宁、五华、平远、寻乌、定南、和平县武装5 000多人对上坪茶活苏区实行"七县大会剿",茶活乡长黄正卿等率区乡干部、赤卫队员和群众32人据守炮楼两天两夜。后因炮楼中弹,黄正卿等10余人掩护部分战士、群众突围后,自焚炮楼壮烈牺牲。

9月,县各界群众集会示威游行,抵制日货。川中学生自发军训,请缨杀敌。

● 1933 年

二三月间,彭德怀带了一支驳壳队,从江西苏区来到龙川细坳黄麻布苏区巡视工作，检查驻军纪律。因中央苏区反"围剿"斗争激烈，他没有久留，只住了几天就赶回江西。

6月，兴龙县委领导曹进洪率赣南挺进队到龙川，与兴龙游击队并肩战斗，逐步恢复了下拳、园田、马布、冷水坑、双桥、洋塘等老苏区。

11月，闽粤赣边区游击纵队司令员、粤赣军区政治部主任罗屏汉，率领1个步兵连、1个机枪连和2个驳壳枪连，从江西门岭出发，回师兴龙边境坚持游击战争。

● 1934 年

2月，陈济棠部唐拔团配合上坪民团 300 余人，突然包围驻上坪兴龙县游击大队 70 余人。游击队仓促应战，伤亡很大。

3月，唐拔团纠合龙川、和平、定南三县武装 1 000 多人攻占黄麻布苏区。

8月11日，赣南挺进队政委曹进洪和兴龙县委委员邹高景在锦归冷水坑召集部分游击队员开会时，遭国民党邓龙江师吕炽营与五华、龙川两县警卫队共 500 余人的包围。突围中，曹进洪等 7 人牺牲，邹高景数人被俘，惨遭杀害。

冬，县公众捐稻谷 900 石，设立县仓 1 所。

● 1935 年

3月初，中共第一方面军总前委秘书长古柏从江西安远到龙川上坪鸳鸯坑，向龙寻边境的干部、游击队员传达上级指示。由于叛徒告密，驻上坪县警中队和自卫队员 100 余人突然包围了鸳鸯坑。突围中，古柏等 3 人牺牲。

6月，罗屏汉率游击队从寻乌转战龙川，一路遭敌狙击围攻，伤亡很大。到达径口时，被国民党军 400 余人包围，罗屏汉指挥最后 12 名男女战士与敌英勇搏斗，全部壮烈牺牲。罗身负重伤后饮弹自戕。

同月，省立老隆师范学校创办。县乡村师范学校并入这间学校。

8 月，赣南挺进大队长李大添率 80 余人转战上坪枫树园，被陈济棠 1 个团的兵力包围，李大添率部英勇冲杀，全部壮烈牺牲。至此，龙川县共产党和游击队停止了活动。

●1937 年

7 月，"七七"事变，县内爱国青年走上街头，宣传抗日救国。

10 月，龙川县民众抗敌后援会成立，发动全县民众捐输钱粮，支援抗日战争。

●1938 年

3 月，中共南方工作委员会派麦文到龙川重建党组织。

5 月，中共龙川县支部委员会成立。

6 月，龙川一中学生魏南金在龙母永和组织龙川青年抗日救亡先锋队，油印刊物《大家干》，宣传抗日救国。

8 月，国民党县党部指令县、区成立文化救亡协会，以抵制共产党领导组织的青年抗日救亡先锋队。

同月，成立中共龙川中心支部委员会。

9 月，黄烈在广东省立体专毕业后在省立老隆师范担任体育教师，受革命思潮影响，放弃教学工作，奔赴延安抗大入伍，后在贺龙部下一二〇师工作。该年，龙川人赴延安的还有郑文生（萧殷）、马维忠（马俊）、张增文等人。

10 月中旬，日本飞机轰炸大江桥、老隆师范及老隆镇等地。4 年后被炸的大江桥用杉木支撑连接通车。

同月，日军攻陷广州，龙川县震惊，龙川中学迁车田，老隆师范迁鹤市社坑，广州及省各贸易团体纷纷迁往老隆。

11 月，日本飞机再次轰炸县城、老隆等处，伤亡 20 余人。

同月，建立中共龙川县临时工作委员会（含和平党组织）。同年12月，改称中共龙川县委员会。

●1939年

1月1日，创办《龙川日报》，同年5月28日停刊。

同月21日，中共龙川县委在隆师礼堂举办龙川青年自我教育学习班，学员50多人，2月中旬结束。

2月，龙川青年抗日先锋队成立。

3月，东江华侨回乡服务团在龙川成立第六团（龙川分团），中山大学战地服务团也相继抵达龙川，开展抗日救亡运动。

春，一群在押囚犯行至龙川一中草场（今佗城中学门口）时遭日军战机袭击，4名在押囚犯被炸死。

6月21日，日机轰炸县城（今佗城）渡船头，"抗先"队员刘伟汉为掩护群众被炸死。

同月中旬，日机飞抵老隆镇、隆兴（宁）公路上空盘旋，轰炸老隆四角楼民房数间，机枪狂扫公路行人，打死20余人，炸毁民房30余间，桥梁1座（洋溪桥）。

同月下旬，日机轰炸老隆镇，老隆谷行街整街被炸成废墟，有80余人在轰炸中死伤。

7月，中共龙川中心县委成立，下辖龙川、五华、和平三县党组织，同时撤销中共龙川县委。

●1940年

9月，中共龙川中心县委管理范围扩大到龙川、和平、连平、紫金、河源、五华、新丰等县以及兴宁、揭阳的一部分中共党组织，并恢复中共龙川县委。

12月1日，日机轰炸龙川，共投8枚炸弹，炸死民众3人。

同月18日，4架日军战机飞抵龙川县城（今佗城）上空投放炸弹10余枚，炸毁民房数间，死伤民众3人，同时轰炸隆兴公路沿线民房，炸毁合路口（今牛屎坳）民房、茶亭5间。

同月21日，2架日本飞机飞至老隆镇背阴山新茶亭投弹，炸毁民房2间。

同月24日，日机在佗城渡船头上空投放燃烧弹2枚，烧毁瓦店铺15间，茅屋5间。

冬，成立中国工业合作社协会老隆印刷社。

●1941年

2月，中共东江后方特别委员会在老隆水贝成立，同时撤销中共龙川中心县委。

11月，撤销中共龙川县委员会，委员制改为特派员制。

●1942年

3月26日，涧步村共产党员陶伍娣在刘波、叶春等帮助下逃避包办婚姻。陶回家后，在其叔父陶瑞安的威逼下泄露了党内机密，国民党县政府将共产党员张克明、刘波、叶春等人逮捕入狱。此事件被称为"陶女事件"。

●1943年

是年，广东省政府部分机关和中山大学、师范学院部分学系班级因抗日战争搬迁龙川县境。

●1944年

4月，县政府发动300余名知识青年投笔从戎，参加抗日战争。

9月，根据后东特委指示，中共龙川党组织逐步恢复活动。

●1945年

8月15日，日本投降。县城、老隆群众舞龙舞狮，庆祝抗战胜利。

●1946年

1月，成立中共川南县工作委员会。

8 月，撤销中共川南县工作委员会，成立中共龙川县临时工作委员会。

●1947 年

4 月6 日，县自卫中队长徐洪率70 人枪窜犯四甲老苏区，被游击队伏击，毙16 人，俘24 人，缴获枪弹一批。

8 月，成立中共川北工作委员会。

10 月，恢复中共川南工作委员会，同时撤销中共龙川县临时工作委员会。

●1948 年

2 月，四甲老苏区进行停租废债，土改分田，同时废除乡、保、甲制，成立农民协会，实行“一切权力归农会”。

3 月5 日，国民党龙川县自卫总队长黄道仁纠集700 余人分两路进犯宦境、增江布游击区，被击退。

同月23 日，广东省第六行营少将曾举直组织省保五团、县自卫总队、县警大队等800 余人，分路“围剿”茅輋、石福等游击区。游击队采用外线作战，利用有利地形，以少胜多打击敌人。

8 月，粤赣边支队独立第一、第三大队在牙沙嶂活动时，被黄道仁纠集地方武装1 000 多人围攻。独一、独三大队利用有利地形，将敌击退。

●1949 年

1 月1 日，广东人民解放军粤赣边支队改称为中国人民解放军粤赣湘边纵队东江第二支队，龙川人民武装直属东二支队领导。

4 月13 日，东二支队部分主力开赴车田。国民党车田乡公所与自卫队60 人携枪起义，燃放鞭炮迎接解放军，宣告车田解放，成立了车田乡人民政府。

5 月12 日，国民党广东省保安十三团接受共产党领导，全团官兵移师佗城。次日，保十三团团长曾天节配合东二支队领导林镜秋扣留国民党龙川县长黄学森，独二大队奉命查封国民党龙川县党部、县政府、县档案和粮仓，收缴县警武器，和平解放了龙川县城——佗城。

5月14日，省保安十三团团长曾天节率领全团官兵起义，并配合东二支队主力团解放老隆。是日，龙川县宣告解放。

6月1日，中共龙川县委、龙川县人民政府在老隆成立。从此，老隆成为龙川县治所在地。

6月，建立龙川县公安总队，成立龙川县人民政府卫生院。卫生院于1956年改称为龙川县人民医院。

7月24日，龙川解放后，国民党龙川县自卫总队长黄道仁、副总队长谢洪恩卷土重来，纠集残部窜到龙母。边纵四团第一营、县公安总队以及地方民兵围歼了盘踞龙母的黄道仁、谢洪恩残部，黄见势不妙，逃至兴宁。谢凭借邓屋楼角负隅顽抗，激战三天三夜，谢部300多人全部被歼。

同月下旬，龙川县支前工作委员会成立。各界人民献粮、献物、踊跃参军，支援南下大军解放广州。

同月，成立龙川县人民政府政治工作队，协助农村建立乡、村政权、农会组织和进行收缴民枪、清匪反霸、迎军支前等工作。

8月29日，龙川县公安总队整编为东二支队第二团。

同月，中共龙川县委召开扩大会议，研究部署减租减息、清匪反霸、整顿乡村政权、动员群众参军参战等工作。

秋，龙川县第一届妇女代表大会在老隆召开，成立龙川县民主妇女联合会（简称"县妇联"）。

10月1日，中华人民共和国成立。县委、县政府在老隆召开各界群众大会，热烈庆祝。

同月，成立龙川县人民武装大队，1951年8月改编为人民武装部，属人民解放军派出机构。

是年，全县开展减租退押和实行"二五"减租。

●1950 年

2 月，第十五兵团政治部主任肖向荣来龙川视察工作。

10 月，全县开始土地改革运动。

同月，全县开展大规模镇压反革命运动。运动分三期进行，至 1953 年 5 月基本结束。

冬，全县各界人民为抗美援朝捐献购飞机大炮款。5 000 余名青年积极报名参军，其中有 3 000 多人被批准参加中国人民志愿军，开赴朝鲜战场。

●1951 年

1 月，县公安干警、武装民兵围歼上坪孙锦芳为首的匪特，生擒 18 人，缴获长短枪支及其他罪证一批。

4 月 28 日至 30 日，龙川县第四届各界人民代表会议召开，动员广大人民参加抗美援朝爱国捐献运动。

6 月，全县开展清匪反霸，退租退押的"八字运动"。

同月 26 日至 31 日，在老隆召开县工会首届会员代表大会，成立县总工会。1953 年 5 月易名工会联合会，1956 年 6 月复称总工会。

同月，全县开展土改复查运动，翌年 11 月结束。

●1952 年

1 月，全县评选烈军属、荣誉军人、复员转业军人模范与优抚工作模范，开展全县拥军优属活动。

●1953 年

4 月，全县机关、企事业单位开展以新"三反"（官僚主义、命令主义、违法乱纪）为内容的春耕整队运动。

●1954 年

2 月，龙川县选举委员会成立，开始第一届人民代表大会代表普选工作，至 6 月上旬结束。

●1955 年

是年，县人民武装部改编为兵役局，1959 年 1 月复称人民武装部。开始实行义务兵役制，全县首批征集适龄青年 401 人到部队服役。

●1956 年

6 月 18 日，在县城召开革命残废军人、复员军人、军烈属建设社会主义积极分子代表大会，进行评功表模。

是年，龙川县划属惠阳地区专署。

●1957 年

11 月 26 日，县整风领导小组成立，全县开展整风运动，后转向反右派斗争。运动分四个阶段（大鸣大放、大整大改、大是大非辩论、组织建设）进行，翌年 6 月基本结束。

12 月，撤区并乡，设 30 个乡、1 个镇。

●1958 年

9 月，全县人民群众、学校师生、机关干部和职工 15 万多人上阵，投入"大炼钢铁"运动。

10 月 1 日，撤乡建社，全县成立 11 个人民公社，不久调整为 13 个人民公社。

11 月，"大办民兵师"。县组建一个民兵师，下设 11 个民兵团。

●1959 年

1 月，县成立地质队，普查县境矿产资源。

同月，上板桥水库动工兴建，至 1965 年春建成。

6 月 11 日至 15 日，暴雨成灾，全县各地山洪暴发，东江河水上涨至 68.8 米。

10 月 1 日，县委、县人委召开大会，隆重庆祝建国 10 周年，同时举办工农业、文化技术革命的巨型展览会。

是年，龙川第一中学学生李杰和为抢救国家资财与洪水搏斗，光荣牺牲，被县人民政府追认为烈士。

是年，陈选材代表龙川一中、林华甫代表龙川农校出席全国教育系统群英会。

是年，县供销社土产经理部王沛君、油料加工厂罗思发（单位代表）出席全国工交、基建、财贸系统先进代表大会。

是年，龙川县改属韶关地区专署。

● **1960 年**

10 月，为纠正人民公社化后出现的"一平二调"及"大跃进"中的"五风"（共产风、浮夸风、命令风、干部特殊风、对生产瞎指挥风），广东省委副书记张根生带领省委工作组来龙川开展整风整社运动。

● **1961 年**

冬，龙川被广东省列为重点油桐基地县。

● **1962 年**

12 月 18—21 日，县政府召开烈军属、荣誉军人、复退、转业军人和老根据地人民积极分子代表大会。

● **1963 年**

1 月 16 日，侦破铁场粮管所以陈玉祥、钟佛佑、曾毅英为首的贪污、盗窃粮食 5.5 万千克的集团案。

9 月 16 日至 20 日，县召开第五届人民代表大会第一次会议。

10 月 28 日，全县始在机关、企事业单位和农村基层单位分别开展"五反"（反贪污盗窃、反对投机倒把、反对铺张浪费、反对分散主义、反对官僚主义）运动。

是年，大旱，连续 8 个月未下过透雨，全县早造受旱面积1.4 万公顷。

●1964 年

5 月，全县干部、职工掀起学习毛泽东著作运动高潮。

9 月 22 日，全县第一次贫下中农代表大会召开。

11 月 19 日，在县城机关、企事业单位开展"小整风"运动，解决"和平演变"问题，同时在农村进行"小四清"运动，次年 1 月 10 日结束。

●1965 年

3 月 16 日，第一批 120 名城镇知识青年上山下乡，奔赴农业生产第一线。

7 月，县电影管理站站长骆春阳，作为广东省电影放映单位的唯一代表出席全国文学艺术先进工作者代表大会，并受到毛泽东、刘少奇等党和国家领导人的接见。

是年，创办龙川县矿泉水厂。1968 年停办，1973 年复办。1984 年，该厂在惠州建立矿泉饮料二厂。

是年，全国著名矿泉专家陈炎冰教授来龙川矿泉水厂考察指导。

是年，广州军区司令员江燮元到龙川矿泉水厂视察。

●1966 年

5 月 28 日，县委、县人委组织学习中央"五一六"通知，拉开龙川"文化大革命"的序幕。

6 月 6 日，中共龙川县委"文化革命领导小组"成立，9 月 12 日撤销，改由县委常委负责。

●1967 年

1 月 3 日，中共龙川县委在老隆灯光球场召开县城机关干部、职工大会，动员干群投入"文化大革命"运动。

4 月，龙川县军事管制委员会成立。解放军"支左"实行军管。

●1968 年

2 月 22 日，成立龙川县革命委员会（党政合一机构）。嗣后，县属各级组织也相继成立革命委员会（下称"革委"）。

4 月 11 日，县革委党的核心小组成立。

7 月 17 日，县革委工作机构设四大组（即政工组、生产组、保卫组、办事组），行使原县人委职权。

10 月，响应毛泽东主席"知识青年到农村去"的号召，广州等市及县内知识青年上山下乡，接受贫下中农再教育。至 1977 年，全县上山下乡知识青年 3 226 人，插队落户 278 户、929 人。1974 年至 1983 年，对上山下乡和插队落户的知识青年分批收回城镇安置，共安排 4 146 人。

●1969 年

3 月，全县农村全面开展以整党建党和"清理阶级队伍"为内容的"斗、批、改"运动。

●1970 年

8 月 31 日至 9 月 6 日，中共龙川县第三次党员代表大会召开。恢复中共龙川县委。不久，全县各公社党委全部恢复。

9 月 27 日，经上级批准，取消龙川县革命委员会党的核心小组。

11 月，县委、县革委响应省革委作出的进一步开展"农业学大寨"群众运动的号召，作出《关于在两年内把我县建设成"大寨县"的决定》，并制订"学大寨，赶昔阳"的十条规划。

是年，全县开展"一打三反"（即打击现行反革命、反对贪污盗窃、反对投机倒把、反对铺张浪费）运动。

●1971 年

10 月，传达中共中央 68 号文件（内容为林彪、叶群叛逃事件）。县委、县革委组织群众声讨林彪叛党叛国罪行。不久，全县开展批林整风运动。

●1972 年

9 月，恢复成立龙川县人民法院。

冬，铁场公社红旗生产队改造阿婆麻坑低产田，获大幅度增产。这一经验得到省、地领导机关的肯定并予推广，《阿婆麻坑——改造山坑低产田经验》曾刊登在全国及省办的《农田基本建设》简报和《南方日报》上，受到中央及省领导的好评。

●1973 年

1 月 20 日，县"农业学大寨"劳动模范代表大会在老隆召开。

同月 29 日，县委成立落实案件领导小组，对"文革"初期的冤假错案开始给予平反纠正。

3 月，恢复成立中共龙川县委党校和县直属机关党委。

同月，撤销军事管制和"四大组"，恢复县委、县革委下属办公室、组织部、宣传部、文教办公室等机构。

●1974 年

10 月 22 日，枫树坝至老隆 35 千伏线路工程暨输变电站工程破土动工，翌年竣工使用。

同月，全县先后出动 10 余万人次改造龙母河。改河工程分三段进行，全长共约 5 000 米，至 1976 年夏结束。

●1975 年

7 月，龙川县氮肥厂破土兴建，1977 年 2 月建成投产。

9 月 15 日，县委书记翟成明被推选为代表，出席在山西省昔阳县举行的全国"农业学大寨"会议。

10 月，县教育局、总工会、妇联、团县委、卫生局等单位联合举办"龙川—北京"（2 636 千米）象征长跑活动，全县有 5 万多人参加。

冬，全县开展"反击右倾翻案风"运动。

●1976 年

9 月 17 日，中共龙川县委在老隆人民广场隆重举行万人追悼大会，深切悼念伟大的无产阶级革命家毛泽东主席逝世。

10 月，全县人民热烈庆祝粉碎"四人帮"的伟大胜利。

●1977 年

春，大旱，0.33 万公顷农田无水插秧，全县出动 10 万多人次抗旱。

3 月 5 日，国营红星林场二队发生山林火灾，烧毁山林面积 333.33 公顷，本场职工邓旭凡和知识青年徐宝华、江伟雄、秦东伟、叶国强在扑救山火战斗中壮烈牺牲。

9 月 23 日，湘、粤、赣、闽护林联防委员会第一联防区会议在老隆召开。

冬，全县各公社进行整党整风。

是年，全县掀起大搞"阿婆麻坑式"改造山坑低产田的高潮，整治山坑田面积 0.5 万公顷，完成水利配套工程 670 宗，开林带 0.45 万公顷。

●1978 年

8 月，恢复龙川县人民检察院。

12 月 10 日，县革委召开三级干部会议，传达学习中共十一届三中全会公报精神。

●1979 年

是年，县委贯彻落实中央文件精神，组织专门力量，给改造好的"地、富、反、坏"四类分子摘帽。

●1980 年

1 月 2 日，恢复成立龙川县革命根据地建设委员会。

7 月 14 日，龙川县革委会发文《关于加强我县革命老区建设的通知》。

同月，龙川县革命委员会改称龙川县人民政府。

是年，全县农村开始实行家庭联产承包责任制。

●1981 年

1 月 23 日，县人民政府成立老隆镇"三整顿"领导小组，整顿老隆镇的交通秩序、社会治安和市场物价。

10 月 19 日，枫树坝至老隆 110 千伏线路升压工程动工。

同月 22 日，老隆至惠阳传真通讯正式开通。

●1982 年

是年，全县党政机关实行机构改革，一大批中青年知识分子走上领导岗位。

●1983 年

5 月 12 日，县老干部管理局成立。

11 月，撤销公社，设区（镇），全县设 28 个区和 1 个区级镇（老隆镇）。

●1984 年

6 月 14 日，县政府批准登云中学易名为叶卓中学。

10 月 9 日，中共中央总书记胡耀邦对新华社记者反映龙川矿泉水开发情况作了重要批示，并转在《内参》刊物上发表。

●1985 年

1 月 18 日，成立龙川县志编纂委员会，下设办公室，筹备纂修《龙川县志》。

同月 21—24 日，县委、县政府召开三级干部会议，重点研究部署深入改革开放，进一步振兴龙川经济的问题。

5 月 12 日，成立龙川县贫困地区山区工作领导小组，指导实施扶贫工作。

●1986 年

6 月，中国人民解放军龙川县人民武装部由中国人民解放军序列改为地方建制。

●1987 年

6 月 5 日，全国著名文艺评论家萧殷雕像在老隆文化公园落成，广东省委宣传部、惠阳地区和龙川县有关负责人及北京、广东文化界的知名人士 300 多人出席揭幕式。

●1988 年

1 月，撤销惠阳地区专署，分设惠州、河源、东莞、汕尾 4 个市（厅级）。龙川隶属河源市。

同月，国务院副总理田纪云为龙川矿泉水厂题词："积极发展山区经济，不断改善人民生活。"

4 月，文化部部长王蒙为龙川矿泉水厂题诗："龙川有矿泉，饮之何陶然。洗去尘与土，还我美少年。"

4 月 20 日，龙川县天然矿泉水被评定为亚洲第十一届运动会标志产品。

9 月，国务委员谷牧为龙川县矿泉水厂题词："充分利用山区资源，开拓脱贫致富新路。"

11 月 30 日，龙川县天然矿泉水荣获全国旅游商品研评会金奖。

●1989 年

1 月，枕头寨电厂扩建工程开工，计划三年完成。改建后，发电装机容量由原来的 1 468 千瓦提高到 1.25 万千瓦，总投资预计 6 138 万元。

●1990 年

2 月，龙川邮电局开通了 JDD06A 长途全自动拨号，可直拨全国、全世界各地。

3月13日，广东省贫困地区工作会议在龙川县城召开。

同月23日，第十一届亚运会指定饮料——龙川矿泉水，被北京钓鱼台国宾馆选用，作为接待外宾的饮料。

●1991 年

3月，龙川矿泉三厂生产的"龙维福"主料——维梅素，荣获全国保健产品银奖。

5月2日，由国务院发展研究中心、《管理世界》杂志社、中国企业评价中心、国家体委、中国桥牌协会、广东省政府体制改革办公室等单位联合主办"龙川矿泉杯"名人桥牌赛在北京人民大会堂举行，全国人大常委会委员长万里、副委员长黄汉斌、中共中央书记处书记丁关根等中央首长参赛，县长张鉴林、矿泉水厂厂长魏其珍等一行17人参与协办。

同月29日，在北京民族文化宫，由中国贫困地区经济开发服务中心主持，召开全国最大的科技扶贫项目——龙川县矿泉三厂生产的"龙维福"高营养饮料汇报会。参加会议的有国务院贫困地区经济开发领导小组、中国扶贫基金会、轻工业部、财政部、林业部、国家体改委、中国人民银行等单位的负责人和首都部分新闻单位记者60多人。龙川县委书记李万源、矿泉三厂厂长邹锡炎等参加汇报会。

7月1日，中共龙川县委员会隆重举行中国共产党成立70周年庆祝会，编撰出版《龙川英烈》。

8月13日，河源市人民政府老区建设委员会发布《关于补划老区村庄的通知》，补划龙川县金龙等45个村庄为老区村庄。

●1992 年

3月6日，龙川县第二批农村社会主义思想教育工作队进村。

同月11—12日，龙川县委、县政府隆重举行18个项目奠基竣工庆典活动，邀请中央、省、市有关领导，友邻县、驻龙部队和县属各乡镇、部、委、办、局负责人，中央、省有关新闻界人士及港、澳、台同胞、侨胞等贵宾 1 000 多人参加。10 日晚，在县城进行了隆重的烟花燃放活动。

●1993 年

7 月 2 日，河源市人民政府发文《关于评划解放战争、游击根据地的批复》，批准龙川县岭西等 156 个自然村（或管理区）为解放战争游击根据地。

9 月 15 日，经省政府批准，龙川县锦归、附城、义都、石坑、郑马、新田、岩镇 7 个乡改为镇建制，分辖原乡的行政区域。

同月 20 日，省政府批准龙川县铁场镇分设谷前镇。

11 月 5 日，县老区建设办公室完成评划解放战争游击根据地申报工作，经省民政部门批准，全县共补划革命老区 156 个。至此，全县老区数共有 246 个，老区人口 39 万。

●1994 年

6 月 21 日，经省民政厅批复，龙川县石坑、赤光、锦归、丰稔、黄石、佗城、附城、车田、上坪、谷前、龙母、黎咀、通衢、郑马、登云、四都、义都、紫市、回龙、贝岭、麻布岗 21 个镇为革命老区镇。

6 月 17 日，广东省常务副省长张高丽到龙川考察，县委书记张鉴林、县长陈谭孙等有关部门领导陪同考察。

11 月，《龙川县志》由广东人民出版社出版发行。

●1995 年

1995 年，广东省副省长钟启权到龙川考察，县委书记张鉴林、县长陈谭孙等有关部门领导陪同考察。

11 月 17 日，中共中央政治局委员、广东省委书记谢非到龙川考察，县委书记张鉴林、县长陈谭孙等有关部门领导陪同考察。

●1996 年

7 月 1 日，中共龙川县委举行纪念中国共产党成立 75 周年暨全县先进基层党组织、优秀共产党员表彰大会。会上，表彰全县 110 个先进基层党组织和 232 名优秀共产党员。

9 月 1 日，京九（北京至九龙）铁路全线客货运开通。

●1997 年

2 月 19 日，邓小平逝世。25 日，龙川县组织广大干部群众收听和收看中共中央在北京人民大会堂隆重举行的邓小平追悼大会实况转播。追悼大会当天，各党政机关、企事业单位、学校下半旗志哀，并停止一切娱乐活动。

4 月 22 日，由国家文化部、铁道部组织的"京九文化列车艺术团"在县人民广场进行慰问演出，著名歌唱家李谷一、董文华、万山红、阎维文、张也等同台献艺，观众有 4 万多人。

●1998 年

1 月 4 日，龙川县举行建县 2 212 年庆祝大会。会间同时举办客家首迁和龙川建县 2 212 年研讨会，举行招商引资和东江老隆二桥、广播电视大楼、隆师教友楼、一中校友楼等项目的竣工剪彩，晚上举行大型烟花燃放和文艺演出等活动。

9 月 17 日，中共中央政治局委员、广东省委书记李长春到龙川考察，县委书记张鉴林、县长陈谭孙等四套班子领导及有关部门陪同视察赤光镇杂优水稻育种基地。

●1999 年

4 月 30 日，广东省委副书记黄丽满到龙川考察，县领导王海、张志君、张运祥、钟汉承陪同考察。

5 月 8—9 日，在县城老隆举行庆祝龙川解放 50 周年系列大型活动。

10 月，龙川县被评为广东省水利建设先进县。

●2000 年

1 月 19 日，省委常委、副省长卢钟鹤，省教育厅厅长江海燕以及参加省"改薄"（改造薄弱学校）工作会议的 21 个地级市、23 个山区县主管教育工作的负责人一起抵达龙川，对金安中学、仁里小学、大佳小学、欧江小学、华城小学、培英学校等单位进行参观检查，对龙川"改薄"工作给予高度评价。

1 月，广东省副省长汤炳权到龙川考察，县委书记张鉴林、县长陈谭孙等四套班子领导及有关部门陪同考察。

8 月 18 日，龙川县委、县政府作出《关于深入开展"千干扶千户"活动，进一步密切干群关系的决定》，要求县直、镇每个干部挂扶一户贫困户，帮助实现脱贫奔康目标。此后，全县有3 000 多名副股级以上干部深入到 30 个乡镇、356 个村开展"千干扶千户"扶贫活动。

11 月 14 日，龙川县被国家体育总局评为"全国体育先进县"。

●2001 年

5 月 21 日，经省政府批准，原广东省老隆师范学校改制升格为大专院校，易名为河源职业技术学院。

同月 29—31 日，省委常委、常务副省长欧广源等一行抵龙川视察农业龙头企业。

6 月 15—17 日，龙川县举办首届龙舟节系列活动，特邀国内外嘉宾 800 多人参加。

7 月 16 日，登云镇天云村党支部获得"全国先进基层党组织"称号。

●2002 年

4 月 1 日，京九铁路龙川至东莞东复线开始铺轨，同年 12 月全线贯通。

同月 28 日，霍山景区创国家级 AAA 景区通过省评审，并同意霍山旅游风景区申报国家 AAA 级旅游景区（点）。水坑景区创国家级 AA 景区通过省评定，并通过国家 ISO14001、ISO9001 认证，省旅游局随即下发文件，批准水坑生态旅游娱乐区为国家 AA 级旅游景区（点）。

●2003 年

3 月，根据广东省民政厅的批复，龙川县撤销锦归镇建制，原锦归镇辖区全部并入通衢镇。

4 月 6—7 日，全球龙川同乡会联席会议第一次会议在深圳举行。

同月 19 日，龙川县委、县政府在广东省迎宾馆举行《魏南金》一书的首发式。

●2004 年

1 月 7 日，龙川县在县城举行纪念黄居仁 100 周年诞辰暨铜像揭幕典礼，缅怀黄居仁烈士。

9 月 2 日，中共中央政治局委员、广东省委书记张德江到龙川考察，市领导梁伟发等领导及有关部门负责人陪同考察佗城、龙川新一中。

●2005 年

1 月 7 日上午，中共龙川县委召开干人动员大会，部署干部下基层驻农村暨在党员中开展"理想、责任、能力、形象"教育活动。会后，全县第一批 1 006 名干部，下到 25 个镇、325 个村开展工作。

2 月，凤凰卫视播出的专题片《正月里走进客家园》推介龙川 2 000 多年的历史文化名城——佗城。

3 月 29 日，《人民日报》以《做爱国守法公民，树诚信知礼新风》为题，报道龙川开展现代公民教育活动。

●2006 年

1 月，全国政协原副主席叶选平到龙川视察，市领导龚佐林、刘嘉文、县长段邦贤、县政协主席张志君等陪同参观考察了佗城。

6 月 26 日下午，中共龙川县委召开纪念中国共产党成立 85 周年大会，总结先进性教育活动，表彰各条战线的先进基层党组织及优秀共产党员、党务工作者。授予 38 个基层党组织为"先进基层党组织"，授予 54 名党员为"优秀共产党员"和"优秀党务工作者"。

11 月 11—12 日，全球龙川同乡会联席会议第二次会议在龙川县城举行。全球各地的 800 多名龙川乡贤出席会议。随后举行项目签约仪式，投资总额 3.98 亿元。外出乡贤还为龙川县人民医院建设捐款 300 多万元。

●2007 年

2 月 8 日，龙川县被国土资源部确定为国家基本农田保护示范区。

●2008 年

1 月 7 日，龙川县举行文化体育公园开工典礼。是晚，在东江影剧院举行庆祝河源建市 20 周年文艺晚会。

2 月 23 日，龙川县召开"客家古邑·人文龙川"理论研讨会，邀请北京、武汉、广州等地的 20 多名专家、学者参会。出席研讨会的专家学者还参观了佗城的越王井、越王庙等遗迹。

8 月 20—21 日，龙川举行建县 2 222 年纪念暨经济社会发展论坛活动。

●2009 年

2 月 23—25 日，县政府副县长孔德胜率龙川县老促会理事长张志君、副理事长袁坤林及县农业局领导到中国老促会汇报龙川县革命老区建设情况，请求中国老促会支持龙川县发展老区油茶种植项目，此事得到中国老促会重视和支持。

8 月底，龙川县被国家发改委、国家林业局列为"国家油茶产业发展试点县"。

10 月，中共龙川县委办公室发文《关于加快革命老区建设的意见》。

12 月 7 日，经中国地名文化遗产专家委员会评审，龙川被认定为"中国地名文化遗产——千年古县"。

同月 19 日，全球龙川同乡会联席会议第三次会议在惠州举行，来自美国、加拿大、日本、澳大利亚、马来西亚等国家，以及中国内地、台湾、香港、澳门等地的 600 多名龙川籍乡亲出席会议。

●2010 年

6 月 8 日，中央电视台《千年古县》大型文献专题片摄制组到龙川，开始为期 10 天的实地拍摄。

8 月 17 日，联合国地名专家组中国分部在北京举行颁牌仪式，联合国地名专家组中国分部主席、中国地名研究所所长刘保金代表联合国地名专家组中国分部、地名文化遗产保护专定委员会宣读认定证书，并向龙川县颁发中国地名文化遗产"千年古县"牌匾。龙川成为广东省继增城、四会、东莞之后获联合国地名专家组中国分部认定的第四个"千年古县"。

11 月 29 日，世界客属第 23 届恳亲大会在河源举行。30 日，参加世恳会的 400 多名客属乡亲到佗城参观。

●2011 年

1 月上旬，县档案局、县烈士陵园、佗城旅游区、老隆福建会馆、水贝黄氏大宗祠、五兴龙县苏维埃政府、苏维埃政府纪念馆及黄克故居等 7 个单位被命名为第三批市级爱国主义教育基地，并在四甲县苏维埃政府纪念馆举行授牌仪式。

3月6日，中国老促会陶量副会长一行7人在完成对广东汕尾市革命老区的情况调研后，对龙川县进行了为期3天的调研。

4月1日，龙川县被中共中央党史研究室确认为原中央苏区县，恢复龙川县在土地革命战争时期的历史地位，使龙川县成为全国为数不多的中央苏区县之一。

同月25日，由河源市委、市政府邀请的第二批国内知名党史专家学者专程到佗城四甲龙川县苏维埃政府纪念馆等地调研红色文化。

7月1日上午，县委在县东江影剧院召开庆祝中国共产党成立90周年暨表彰大会。

8月23日，县委、县政府在回龙镇大塘肚村举行闽粤赣边五兴龙县苏维埃政府旧址（大塘肚）修缮竣工暨革命史迹陈列布展揭幕仪式，在铁场镇桥头村举行黄居仁故居修缮竣工暨革命史迹陈列布展揭幕仪式。

8月30日，修缮后的福建会馆、解放广场和萧殷公园三大红色革命遗（旧）址正式对外免费开放。

●2012 年

5月下旬，麻布岗镇大长沙村、细坳镇小参村、上坪镇青云村、丰稔镇黄岭村、黄布镇欧江村被认定为第三批广东省古村落。

6月5日下午，广东省发改委在龙川组织召开广东省"中央支持赣南原中央苏区振兴发展意见"讨论会。

6月13日，省长朱小丹到龙川调研森林碳汇工程建设并植树，在县领导段邦贤、邓谷香等陪同下，到通衢镇华城村金坑造林示范点察看已种上的各种乡土阔叶树苗，并参加植树活动。

9月15—16日，全球龙川同乡会联席大会第四次会议暨广州龙川县联谊会成立25周年庆典在广州召开。来自美国、加拿大、日本、澳大利亚以及港澳台等20多个国家和地区的1 300多位广东省龙川乡亲出席盛会,共叙乡情,共商家乡发展大计。

●**2013 年**

1 月 22 日,龙川荣获"全国粮食生产先进县"称号。

同月 30 日,第二轮编修的《龙川县志(1979—2004)》出版发行。

10 月 21 日,省老促会会长陈开枝率省老促会同志到龙川老区调研。在市老促会副会长丘如九、县老促会会长张志君等陪同下考察广东历史文化名城——佗城。会长陈开枝对佗城的保护开发和革命老区村枫深村发展作了充分肯定。

●**2014 年**

1 月 22 日,龙母战斗指挥部旧址修缮竣工暨魏南金塑像揭幕仪式在龙母镇大塘村大塘小学举行。

3 月 20 日,为加快赣闽粤原中央苏区振兴发展,国家发改委按国务院办公厅的批复印发《赣闽粤原中央苏区振兴发展规划》,龙川被纳入规划范围。

3 月 28 日上午,县委书记段邦贤率县四套班子领导、县法院院长、县检察院检察长到县福建会馆、县苏维埃政府纪念馆开展"红色教育"主题实践活动。

8 月 21 日,中共中央政治局委员、广东省委书记胡春华到龙川调研。省委常委、秘书长林木声,副省长林少春,市委书记何忠友,市委常委、秘书长黎意勇,县委书记段邦贤等领导参加调研。在听取县委书记段邦贤有关县城规划修编、城市扩容提质方面的汇报后,调研人员前往龙川一中高中部、深圳宝安(龙川)产业转移工业园、佗城调研视察。

8 月 21 日,纪念红军长征 80 周年暨《烈火忠魂——罗屏汉、张瑾瑜夫妇烈士》首发座谈会在人民大会堂广东厅召开,副县长黄春彭率队参会。

10月29日，省委党史研究室主任杨汉卿率队到龙川调研，深入到广东省党史教育基地——福建会馆等地考察，了解龙川党史教育基地建设、地方党史二卷的编写情况。

●2015年

3月12日，龙川召开加快原中央苏区发展工作会议，县长黄添胜对苏区工作进行部署，要求各部门及时搜集政策文件，做好项目规划，推进龙川经济社会跨越发展。

6月23—24日，周宏林（周纯全上将之子、民政部原部长助理）、张粤飞（中央办公厅原顾问张中之子、机电部原司长）抵龙川调研。在县长黄添胜、副县长黄春彭、政协副主席魏勇军陪同下，先后到回龙镇大圹村闽粤赣边苏维埃政府旧址、佗城详细了解龙川悠久历史和革命斗争史，并就龙川申报建设中央苏区留守红军纪念馆等相关事宜进行研讨和把脉。

8月4—6日，省政府文史馆、市委党史研究室、市社科联组成调研组一行10余人到龙川开展"龙川与中央苏区"专题调研。

8月11日，为纪念中国人民抗日战争胜利暨世界反法西斯战争胜利70周年，龙川推出《抗战纪念》系列专题片新闻报道，以每日一集的方式进行连播，为期1个月。

8月18日，县四套班子领导到上坪镇金龙村仰天堂"毛泽东同志到龙川"的旧址进行实地调研，要求各有关部门尽快启动对革命旧址的抢救性保护工作，宣传好"毛泽东同志到龙川"的革命故事，提振龙川自信，推动龙川振兴跨越发展。

9月1日晚，县东江影剧院举行"铭记历史，向英雄致敬"纪念抗战胜利70周年朗诵会。

10月16日，省经信委主任赖天生率队到挂钩的通衢镇葛藤村开展对口帮扶工作，先后到葛藤村安全饮水工程、文化活动中心、千亩油茶种植基地、村委综合大楼等实地察看，详细了解葛藤村扶贫开发工作落实情况，县长黄添胜陪同活动。

10月22日，龙川县召开旅游名片专家评审会，评定"千年古县，多彩龙川"为龙川旅游新名片，选出佗城景区、霍山风景区、九龙潭瀑布、五兴龙苏维埃政府旧址、枫树坝青山湖、细坳小参古村、鹿湖生态旅游区、龙川油茶基地为龙川新八景。

12月31日，河（源）惠（州）东（莞）高速公路龙川至紫金段先行工程在上坪金龙村举行开工建设仪式，该项目全长为151.7千米，龙川县境内约104.8千米，全程双向4车道，设计时速100千米。设上坪、麻布岗、岩镇、赤光、龙母、霍山、龙川北、登云枢纽、鹤市、黄村、康禾、紫金互通立交12处，服务区3处，停车区2处。

12月下旬，龙川越王井、南越王庙、考棚、胜利塔（新塔）和闽粤赣边五兴龙苏维埃政府旧址等5处文物保护单位入选广东省第八批文物保护单位。

是年，龙川县老促会被国家老区建设促进会评为"革命老区减贫贡献奖"并获奖牌、荣誉证书。

● 2016 年

3月19日，省老促会会长陈开枝和中国教育电视台《走进老区》摄制组一行到上坪仰天堂革命遗址进行调研采访。其间，召开原中央苏区仰天堂革命旧址保护建设座谈会。

4月2日，闽粤赣边五兴龙县苏维埃政府旧址，被定为广东省爱国主义教育基地，市委常委、宣传部部长吴善平等领导出席挂牌仪式，并为基地揭幕。

4月22日，县政府印发《龙川"旅游名片"和"新八景"评选结果的公布》。经专家评定和县政府常务会讨论通过，龙川"旅游名片"评定为"千年古县，多彩龙川"，龙川新八景评定为佗城景区、霍山风景区、九龙潭瀑布、五兴龙苏维埃政府旧址、枫树坝青山湖、细坳小参古村、鹿湖生态旅游区、龙川油茶基地，对应名称为"佗城古韵""霍山雄奇""九龙叠瀑""回龙星火""青龙湖影""小参漫道""鹿湖禅钟""茶山花海"。

4月27日，县委书记率队拜会省委党史研究室领导，与省委党史研究室主任杨建伟、副主任李淼祥等进行交谈，汇报近年来龙川县革命史迹保护和开发利用等情况。省委党史研究室表示将继续支持龙川社会主义事业建设，协助红色文化项目建设，丰富苏区红色历史文化。

5月10日，龙川县革命老区建设促进会与中共龙川县委党史研究室对龙川县革命史迹进行普查，形成《龙川革命史迹普查资料汇编》和龙川革命史迹普查报告。

5月31日，省长朱小丹到龙川调研精准脱贫工作。市领导张文、章权，县领导黄添胜等领导参加相关调研活动。朱小丹在听取宝安龙川产业转移园建设情况后，还仔细察看工业园区的监控体系实时运作情况。其间，到通衢镇梅东村和葛藤村检查指导扶贫工作和走访贫困户。

9月18—20日，中共中央政治局委员、广东省委书记胡春华到龙川调研。省领导马兴瑞、徐少华、任学锋、邹铭、袁宝成，深圳市长许勤及河源市委书记张文，宝安区委书记黄敏，县领导黄添胜、杨利华等参加调研活动。胡春华来到深圳宝安（龙川）产业转移工业园，深入广东迈诺厂区、纽恩泰新能源科技发展有限公司了解企业发展情况，并听取县委书记黄添胜就龙川精准扶贫、精准脱贫及宝安区对口帮扶龙川情况汇报。之后胡春华又到丰稔镇丰联村看望贫困户，并与困难群众谈心，了解他们的生产生活情况，勉励困难群众树立信心，勇于面对，相信在党委政府的帮助下，日子会一天天好起来。

10月21日，省老促会会长陈开枝率省老促会同志到龙川县调研，在市老促会副会长丘如九，县政府副县长邓谷香，县老促会会长张志君、副会长袁坤林及县老区办等相关部门领导的陪同下，先后到东征军指挥部旧址福建会馆、义都镇红星老区村南药谷中药材种植基地进行考察调研。在听取义都镇镇长张平的汇报后，并就龙川保护修缮革命遗址和老区人民脱贫奔康提出意见和建议。

12月4日，中央苏区留守红军纪念园奠基仪式在龙川举行，老革命后代陈毅元帅之子陈小鲁，张云逸大将之子张光东及夫人，中央政治局原常委、中央委员会原副主席李德生之子李南征，周纯全上将之子周宏林，开国将军郑旭煜之女郑中华，中央办公厅原顾问张中之子张粤飞，以及广东省委党史研究室原副主任叶剑英研究会会长陈弘君，国务院扶贫办原主任刘光祖，全国妇联书记处原书记关涛之子刘屹，中央苏区红军留守处主任罗屏汉，张谨瑜烈士夫妇亲属罗荣等革命后代及项目相关负责人参加这次奠基活动。其间，在县松林宾馆召开中央苏区留守红军纪念园规划建设研讨会，并先后参观福建会馆、回龙镇大塘肚五兴龙苏维埃政府旧址及霍山风景区。

12月20日，宝龙东江大桥建成通车。该桥全长3.32千米，其中大桥长385.74米，按2级标准建设。2014年9月动工，项目总投资6 300万元，宝安区出资2 000万元。

12月22日，赣深高铁在河源动工，胡春华、朱小丹见证项目开工。这段高铁工期4年，计划2020年赣深高铁将建成通车。正线全长436.37千米，其中广东省境内301.8千米，广东省境内新建车站7座，分别为和平东站、龙川西站、东源站、河源东站、博罗北站、惠州北站、塘厦站。

是年，龙川县老促会被广东省老促会评为"全省老区建设促进会系统先进集体"，并获奖牌、荣誉证书。

●2017 年

2 月 10 日，中建二局深圳南方实业公司与龙川签订投资合同，拟投资 20 亿元在龙川产业园建设高端建筑产业园项目。

2 月 17 日，全市产业发展大会战现场会在龙川召开。广东名格光电科技有限公司、中科和盛光电有限公司等 7 家光电显示企业在深圳宝安（龙川）产业转移工业园集体动工，市委书记张文及县四套班子领导等参加现场会，并为龙川县光电显示集群项目揭幕。

2 月 22 日，龙川召开泰嵋新区规划建设工作会议。国家信息中心"东南五镇协同发展研究"课题组立足于目前深圳宝安（龙川）产业转移工业园的规划情况，全面分析龙川东南五镇（紫市、鹤市、通衢、黄布、登云）的地理位置、交通、农业等情况，对新区发展的战略定位、基本思路、主要目标、重点任务和实施保障等规划情况进行汇报。

2 月 28 日，第二届中国空气能大会开幕式暨空气能产业发展高峰论坛在龙川召开，来自空气能行业内的企业风云人物、技术专家以及各地经销商，就空气能产业未来的发展进行沟通与交流，为龙川建设中国空气能产业基地开拓新的思路。

3 月上旬，龙川第一中学、登云中心小学、黄石中学入选第一批省级青少年校园足球推广学校。

3 月 13 日，由广州铁路集团公司主导，县政府与广梅汕铁路有限责任公司合作的广梅汕铁路龙川货场改造工程动工建设。

同日，龙川召开佗城景区规划设计初步成果汇报会，听取中营都市设计院对佗城文化旅游产业园规划设计初步成果汇报，并就如何完善佗城景区规划方案进行讨论。

4 月 7 日，全省电子商务进农村综合示范工作推进现场会在龙川召开，与会人员一行参观龙川电子商务产业园和县电子商务公共服务中心。其间召开座谈会，通报全省电子商务进农村综合示范项目在推进过程中存在的问题，部署下一步工作。省商务厅巡视员罗练锦，调研员谭光明、温少俊，河源市商务局、梅州市商务局、潮州市商务局、平远县政府、平远县经信局、饶平县政府、饶平县经信局、县政府、县经信局等单位负责人参加会议。

4月18—19日，中国第一代钢琴家巫漪丽回龙川谒祖。县委、县政府召开宗亲座谈会对其表示欢迎和致敬，并安排其回家乡紫市镇新南村鹿水洞恳亲。19日晚，县委、县政府在县东江影剧院举办"梦圆龙川行·巫老师钢琴音乐会"。5月18日，巫获第十五届世界杰出华人艺术家大奖。巫漪丽是年86岁高龄，祖籍龙川，师从意大利著名音乐家梅百器，与傅聪、吴乐懿等钢琴家同门。

4月19日，由中建二局投资20亿元建设的广东建设基地有限公司项目在深圳宝安（龙川）产业转移工业园举行开工奠基仪式。

5月5日，市委书记丁红都率队到龙川调研，先后到纽恩泰新能源、景旺电子、迈诺工业、中建二局广东建设基地以及苏区大道等现场项目，了解龙川产业园区发展和城市规划建设情况，听取龙川经济社会发展情况汇报。

5月10日，省老区建设促进会会长陈开枝率队到龙川调研经济社会发展及贯彻落实原中央苏区扶持政策的情况。陈开枝先后到回龙镇五兴龙苏维埃政府旧址、岐岭村、赤光镇龙川绿油农业发展有限公司等地调研，其间召开座谈会，听取龙川经济社会发展和贯彻落实原中央苏区振兴发展政策落实情况汇报。

5月下旬，在2017年全国"最美家庭"评选活动中，龙川胡珍一家被评为全国"最美家庭"。

6月28—29日，市委书记丁红都率队到龙川调研县域经济发展情况。调研期间，丁红都一行先后到佗城、幸福新城、龙川火车站北编组站、绿誉农业、深圳宝安（龙川）产业转移工业园、名格光电、昆腾电子、空气能检测中心等地，调研龙川城市规划、旅游开发、交通物流规划、特色农业、产业园区建设规划、产业定位等工作，听取龙川经济社会发展情况汇报。

8月18—19日，第三届国际现代绿色农业博览会在深圳会展中心举行，龙川组织10家农业龙头企业参展。展会期间，现场合同订货金额130余万元，签约项目2个。县农业局被组委会授予"最佳组团金奖"，义都镇桂林鳌顶峰茶叶种植农民专业合作社、龙川绿油农业发展有限公司被组委会授予"农业技术成果创新金奖"。

9月24日，市长叶梅芬率队到韩江流域龙川段调研，现场察看鹤市河的支流雅寄河、金鱼水河，以及绿洞河等河流治理情况，了解治理措施及治理成效。县委书记黄添胜、县长杨利华参加调研活动。

10月23日，中马国际旅游文化产业园项目签约仪式在紫市镇举行，合同按国家AAAA级景区标准在紫市建设，总投资6.6亿元，分三期建设，打造文化休闲旅游产业园和健康旅游产业集聚区。第一期将于2018年年初动工，预计2020年建设完成。

11月2日，广东省企业联合会40多家省500强企业到龙川参观考察，考察团先后到中建二局建设现场、迈诺公司、纽恩泰新能源、景旺电子等工业园区企业了解其发展情况。其间召开座谈会，龙川与考察团就产业融合发展、风力开发、房地产、产业转移等投资事项进行交流。

11月17日，全国精神文明建设表彰大会在北京召开，佗城镇东瑶村获得"全国文明村"称号。

12月1日，数字龙川地理空间框架项目通过专家验收正式开通上线，项目完成支撑环境建设，以及一库、一机制、一平台、六个应用、一村一镇一地图建设，建立全县地理信息共建共享机制。

12月28日，龙（川）连（平）高速公路正式通车。龙连高速是龙川至怀集公路组成部分，全长127.47千米。起点与梅河高速公路程江至蓝口段相接，经河源龙川县、东源县、连平县，终点位于韶关市翁源县龙仙镇，接龙怀高速连平至英德段，其中在龙川设佗城出口、义都出口。

三、红色歌谣、歌曲

苏区干部好作风

苏区干部好作风，自带干粮去办公。
日穿草鞋干革命，夜走山路访贫农。

注：1929年春，闽粤赣边五兴龙县苏维埃政府在龙川大塘肚成立后即开展打土豪、分田地等革命活动，这是广泛流传于龙川苏区的革命歌谣。

一条古道曲弯弯

一条古道曲弯弯，肩挑食盐上赣南。
支援朱毛闹革命，虽然辛苦涯心甘。

注：土地革命战争时期，龙川苏区向中央苏区腹地输送了大量食盐、药品、洋油等军需物资，这是贝岭地区当地民众创作并广泛流传描绘挑夫担食盐上江西情况的客家山歌。

四、重要革命人物选介

龙川具有光荣的革命传统，这片红色的土地上孕育出许多心系家国、无限热衷共产主义事业的仁人志士，如"东江三杰"之一的黄居仁等。他们自龙川而起，赤子之心付中华，在民族危难时刻敢于抛头颅、洒热血，有的在前线征战沙场，有的在后方建筑统一战线，有的马革裹尸还，有的文章醒国民。他们捐躯赴国难，视死忽如归。他们撑起了中华民族的脊梁，风骨卓然，对国家民族的拳拳之心，殷殷之情，青史当留名。本节选录 13 名最具典型的革命人物予以记述，以告慰黄泉英灵，秉承先人遗志，铭记历史，警示后世。

（一）黄超凡：创办龙川首个农会组织的广州农讲所第一届学员

黄超凡（1900—1926），原名作凡、钦明，黄布镇金鱼村人。自幼家贫，小学毕业后，以挑担度日为生。1917 年，投孙中山的护法军；翌年，编入援闽粤军。其间，作战勇敢擢任连部文书。1920 年，转入孙中山卫队宪兵部，执法严明多次受表扬。1922 年，黄超凡目睹陈炯明背叛孙中山，遂不愿继续军旅生涯，解甲归田。

1924 年 1 月，国民党全国代表大会在广州召开，确立"联俄、联共、扶助农工"三大政策。6 月，黄超凡赴广州。7 月，参加首届广州农讲所学习，毕业后任广州工团军分队长。10 月，广州商团叛乱，他率工团军分队投入战斗，为平靖商团叛乱作出贡献，同时加入了中国共产党。

是年冬，受党组织派遣，黄超凡回乡组织农会。他在家乡建立了龙川第一个农会组织"塘耙屋农会"，并任农会会长。12 月，奉命返回广州参加第三届农讲所学习。其间，黄超凡奉命率 10 多

黄超凡

名学员组成的宣传队参加东征军开赴海丰县，广泛宣传发动群众支援东征军。1925 年 4 月 3 日，第三届农讲所举行毕业典礼，他被委任为国民党中央农民部农运特派员，奔赴惠阳县开展农民运动。

他在惠阳的淡水、平山、白芒花等地发动农民组织区农会的同时，还积极从事建立发展党组织工作，先后吸收戴云芳等一批先进分子入党。1925 年 5 月，广州的滇、桂军阀杨希闵、刘震寰发动叛乱，东征军回师平叛。此时，淡水、平山土豪乘机反攻倒算。黄超凡面对逆流，组织农军反击，摧毁民团堡垒，惩治土豪劣绅，并在淡水街头张贴"打倒土豪劣绅""一切权力归农会"等标语，有效地打击了敌人嚣张气焰。与此同时，农会发布各种法令，使农运趋向高潮。

6 月 19 日，省港大罢工爆发。黄超凡组织惠阳农民自卫军支援罢工斗争。组织农民纠察队加强巡逻，封锁水陆要道，严惩奸商走私货物。10 月 14 日，第二次东征军攻克惠州。黄超凡在淡水一带开展农运取得显著成效，获东征军总政治部主任周恩来的表扬。11 月中旬，在阮啸仙主持下，黄超凡积极参与筹备与组织召开了惠阳县农民协会第一次代表大会。

1926 年 7 月初，黄超凡组织农军配合省港罢工纠察队在淡水南门外截缉一批偷运香港的走私货物，逮捕了两名走私主犯。而早与走私犯有勾结的陈炯明残部罗志彪，唆使当地土豪到纠察队驻淡水办事处寻衅，武力要挟纠察队放人，却遭黄超凡等坚决拒绝。7 月 15 日，罗志彪纠集商团武装 200 余人包围淡水办事处，并抓走 10 多名纠察队员，且黄超凡亦同时被捕，不久惨遭杀害。

（二）黄居仁："东江三杰"之一

黄居仁（1904—1928），铁场镇洋贝桥头村人，广东早期青年运动先驱和领导人，曾与阮啸仙、刘尔崧一起被誉为"东江三杰"。

黄居仁

1920 年，黄居仁就读于龙川县立中学（今龙川一中）。1921 年考入广东省立第一甲种工业专科学校，在阮啸仙、刘尔崧等共产党人影响下，积极参加校内外反帝反军阀爱国运动。1923 年秋，加入广东省新学生社和社会主义青年团后，成为社、团骨干。1924 年，黄居仁和周文雍等进步学生向广东省教育委员会揭露校方专制独裁教育和贪污校款的肮脏行径，却被校方以"好惹是非、无心向学、不堪造就"为由开除了学籍。从此，黄居仁专职从事广东青年运动，同年 11 月当选为团粤区委组织部部长。

1925 年 3 月，黄居仁转为中共党员，任共青团广州地委书记兼组织部部长。1926 年，先后任共青团广东区委组织部部长、代理书记，中共广东区委青年运动委员会书记、国民党中央农民部特派员等职。1927 年广州"四一五"反革命政变后，黄居仁临危受命，任中共汕头特（市）委书记，与赖玉润（曾任中共广东区委秘书长）一起组织汕头武装暴动，迎接南昌起义军入汕，并建立了"潮汕七日红"革命政权。后来省委考虑到黄居仁曾在汕头有过组织城市武装起义的经历，特调其回广州协助周文雍组织发动工人赤卫队参加广州起义。起义期间，黄居仁在总指挥部负责后勤及工人赤卫队撤退时的殿后掩护工作。

广州起义失败后，黄居仁调任由省委直辖的惠阳县委书记。1928 年 2 月，在黄居仁主持下，建立了惠阳县苏维埃政府。随后与恽代英、杨石魂等组织第三次平山起义。同年 5 月，调任省委特派员，协助广州市委恢复发展党团组织。是年秋，联系、恢复广州地区党团组织工作时，与妻张雪英（团广州市委副秘书长）一起遭敌特逮捕，解押至广州南石头特别监狱。面对酷刑，黄居仁夫妇坚贞不屈，誓死不出卖组织和同志。夫妇俩于广州红花岗就义，黄居仁时年 24 岁。

（三）黄觉群：龙川中共组织的创建人

黄觉群（1879—1943），原名秉杰，别字俊平，化名日安，龙川县黄布欧江人。早年在广州从事工运，先后参加社会主义青年团、中国共产党。1925 年 10 月，随第二次东征军回龙川领导工农群众开展革命斗争，与张重耳以国民党广东省党部特派员身份，从事领导与开展龙川国民革命运动。同年 11 月，黄觉群与黄天泽发展黄日初、杨复生、黄鸿良、黄伯隆、邓国章、黄自强、陈增翼、罗一如等人加入中国共产党，并在龙川县城戴家祠创立了中共龙川县特别支部委员会（简称"中共龙川特支"），黄觉群任特支书记，直属中共广东区委领导。

黄觉群

1926 年 5 月，龙川县第一次农民代表大会在县城（今佗城）召开，成立了县农民协会，黄觉群当选为县农协主席。1928 年 3 月，组织鹤市武装暴动失败后，避难至南洋以教书为职业。太平洋战争爆发后，重踏革命征途，参加当地革命团体，发动客籍华工组织游击武装，配合盟军打击日本侵略者。

1943 年秋，黄觉群在北婆罗洲（今马来西亚沙巴州）病逝，享年 64 岁。黄觉群历任中共龙川特支书记、县农民协会主席、县革命委员会委员等职，是龙川工农革命的先驱，龙川党组织的创建人。

（四）黄克：鹤市武装暴动总指挥

黄克（1905—1928），字新发，别号新强，龙川县佗城镇四甲村人。1922 年投身革命，从事青年运动。1924 年被选送到广州农民运动讲习所，参加第二期学员学习班，并加入中国共产党。毕业后任国民党中央农民特派员，在东江、北江从事工农运动。

黄克画像

1927 年，黄克参加广州起义。广州起义失败后，受命回家乡改组中共龙川特别支部，并担任书记。1928 年 2 月初，黄克在四甲上印寨其祖屋组织召开附近乡农会、县农协会和农民自卫军代表大会，成立龙川县苏维埃政府。黄克当选县苏维埃政府主席，并将四甲、坪田及鹤市、通衢、登云、黄布等地革命武装合编为东江工农革命军第一军，任东江工农革命军第一军总指挥。

1928 年 3 月 10 日，为配合东江年关大暴动，黄克率 400 余革命军武装人员攻占鹤市，打响了龙川工农革命第一枪。因密送情报人员被捕，暴动队伍得不到援助，在地方反动武装反打时，队伍被迫撤回四甲坚守。几天后，与战友黄德初前往紫金苏区途中被捕，被押回龙川佗城惨遭杀害，时年 23 岁。

（五）叶卓：临危受命的五兴龙临委书记

叶卓（1891—1930），原名卓庆，龙川县登云东山人。1915 年，叶卓离家往广州拉人力车，后去香港做工。五四运动爆发后，叶卓于 1922 年回广州加入石行工会，投身工人运动。1924 年春，进入由彭湃、廖仲恺、阮啸仙等支持举办的惠州十属夜校学习文化、政治，翌年春加入中国共产党。

叶卓

1925 年，省港大罢工爆发，叶卓积极参与罢工斗争。1926 年 10 月，赶回家乡协助整顿双桥乡农会组织，开展"二五"减租斗争。不久，重回广州担任石行工会主席。1927 年 10 月，叶卓复回县参加革命，当选为县革命委员会委员，积极参与筹划鹤市武装大暴动。

1928年春，暴动失败后，叶卓潜往梅县组织龙川籍苦力工人和军警等70余人，投入由叶剑英领导的梅城起义。1928年5月，在霍山成立中共五兴龙县临时委员会，被推举为书记。翌年1月兼任中共龙川县临时委员会书记，同年12月兼任中共龙川县委组织部部长。

1930年7月，在龙母田北不幸被捕，同年12月在佗城遇害，时年39岁。1949年后，叶卓被追认为烈士。1983年，登云中学改称叶卓中学，永志纪念。

（六）骆达才：从五兴龙苏区走出的红军师长

骆达才（1901—1931），又名芹香，龙川县田心田北祠堂角人。年少时在邻村甘陂、柳洞读私塾，勤奋好学，颇受老师钟爱。1919年春，骆达才在铁场高小读书。其时五四运动爆发，在进步学生邹太安、骆秋香等人影响下，骆达才发动同学罢课，游行示威，抵制日货。同年，骆达才被全校同学推荐为出席县学联会的代表。1921年，骆达才高小毕业后，离家远赴南洋谋生，翌年返乡就任小学教员。

1925年10月，龙川工农运动蓬勃发展，各地纷纷筹建农民协会，骆达才被选为农民协会筹备委员会委员。他深入农村发动群众，把祠堂角、张下塘、甘陂、上塔、棉羊、长坑6个乡村农会组织起来。1926年5月，代表龙母区出席龙川县首届农民代表大会；会后，参加龙川县农运干部训练班；同年加入中国共产党。

1927年，"四一二"反革命政变后，骆达才把祠堂角、张下塘、上塔、长坑等村的农军整编为赤卫队，转入地下活动。1928年夏，骆达才离开家乡，与中共五兴龙县临时工作委员会的领导人刘光夏取得了联系，参加了袭击大坪、罗中团防的战斗。不久

骆达才画像

担任小队长，并率队挺进龙母、铁场等地打击土豪劣绅，缴获枪支弹药及物资一批。翌年夏，任五兴龙县交通总站站长。

1929 年秋冬间，调任五兴龙游击队中队长。翌年任东江游击大队长，在五十二团配合下，一举攻克澄江，接着挥师北上再克寻乌县城。同年 10 月，东江游击队编入三十五军的一个团，他任团部军需长，不久改任团参谋长。12 月，蒋介石调集 10 万兵力对中央根据地发动第一次"围剿"，骆达才参加了南桥、石盘背、筠门岭、罗田、油水、小龙、上布、丰田、瑞金、石城、宁都等反"围剿"战斗 40 多次。在战斗中，他身先士卒，冲锋陷阵，肩膀负伤后，还继续坚持战斗，直至战斗胜利结束。

1931 年 3 月，受"王明路线"的影响，红三十五军从宁都移驻东固时，进行"内部肃反"，骆达才被诬指为"改组派""AB团"而遭杀害。中共十一届三中全会以后，骆达才被追认为革命烈士。

（七）谢火龙：首任红军造币厂负责人

谢火龙（1883—1929），又名荣勤，银匠出身，龙川县龙母镇洋田村人。20世纪20年代初，他与本族兄弟谢荣光、谢荣珍、谢路苟等人，在江西遂川县井冈山以打造银元为业，并与井冈山绿林首领王佐关系密切，还为王佐绿林军铸造过大量银元。

井冈山革命根据地建立后，为粉碎敌人对井冈山的经济封锁，1928年5月，毛泽东等人决定在上井村借用农民邹甲贵的住房创办红军造币厂。谢火龙从此参加革命工作，并被指派为红军造币厂负责人兼技术指导。他在本族兄弟及其外甥阿秋等人的支持配合下，克服了种种困难，因陋就简，白手起家，团结全厂工人，夜以继日地工作，为井冈山革命根据地制造大批"工"字银元，为缓解红军的军费困难作出很大贡献。

红军造币厂前展示的谢火龙等人铸造的"工"字号银元

1929 年 1 月底，湘赣两省敌军向井冈山革命根据地发动第三次大规模"会剿"。敌人窜进井冈山后，红军造币厂被敌人烧毁，谢火龙在撤退时负伤被冲散后，找不着本家兄弟和造币厂的工友。无奈之下，于同年 3 月初，谢火龙扶着拐杖艰难地回到老家洋田村。

当时，龙川仍是国民党统治区，一片白色恐怖。谢火龙对在江西井冈山参加革命的事守口如瓶，不敢吐露真言。对村里人只说江西形势很混乱，有一次被围困在山上，凭着求生的本能设法突围，结果死伤很多。突围时，他右胸中弹负伤，本族兄弟被冲散，后辗转回到家中。

谢火龙回到洋田后，虽对伤病进行医治，但由于伤势重，长达一个月时间得不到及时治疗，以致伤口糜烂，久治不愈。卧床数月动弹不得，于同年 12 月在家去世，时年 46 岁。

在当时特定的社会环境下，谢火龙在井冈山参加革命的事实不敢张扬，连家里人都不敢透露，以免遭灭顶之灾，以致其革命事迹一直湮没。1998 年，井冈山修复红军造币厂原址时，出土了谢火龙他们当年使用过的火炉、铁锤及银元压模等物。江西井冈山上井红军造币厂展览馆展出《谢火龙同志简介》，对其革命生涯予以褒扬，始被世人所悉。

（八）李同军：长征途中的炊事员

李同军（1895—1983），龙川县贝岭镇上盘村人。

1929 年 3 月，闽粤赣边五兴龙县苏维埃政府成立后，随即成立上（坪）贝（岭）浮（罗浮）联区政府。为保卫苏区，由原东江、龙川两游击队整编组建成五兴龙县游击大队。李同军由东江游击队转入五兴龙县游击大队。由于五兴龙苏区是中央苏区的游击区，1930 年，他所在的游击队伍在江西寻乌活动时，奉命调入中央苏区红军队伍。此时，李同军加入中共组织。

李同军

1934 年 10 月，跟随红一方面军参加长征抵达陕北。长征途中他一直担任炊事员工作。此后，随军参加抗日战争和解放战争，在军中任炊事员和炊事班长等职。

1953 年，李同军响应党的号召，志愿退伍，解甲归田，参加农村的社会主义革命和建设。他在家乡贝岭参加农业生产劳动，始终保持老红军的优良传统和作风。曾当选过龙川县人民代表大会代表，在社会主义革命和建设中立新功。后于 1983 年 5 月 20 日病逝于龙川县人民医院，享年 88 岁。

（九）黄益和：挑着书笼走完长征路的老红军

黄益和（1908—1984），龙川县田心镇东坑村人。出身贫苦，10 岁即随亲戚到江西信丰县一造纸作坊帮工谋生度日。

1932 年冬，蒋介石纠集国民党粤、赣、闽边区地方武装，对中央苏区红一方面军进行第四次大"围剿"。为反击敌人进攻，苏区广泛开展扩大红军队伍运动。1933 年 1 月，黄益和在安远县板石街参加红军队伍。由于他身材结实，忠诚厚道，被遴选到毛泽东身边做勤务兵，专司挑担毛泽东的书籍，并一直随毛泽东参加长征抵达陕北。1936 年 4 月，黄益和在山西康城加入中国共产

黄益和

党。以后，党组织送他到瓦窑堡步兵学校学习。

1937 年，黄益和在延安警卫营任班长。1938 年冬，他到供给学校学习回来后，任供给部科员。1942 年，黄益和任陕北盐业公司出纳员。1945 年冬，任供给部副科长，直至 1948 年在军需部办事处任副科长。1951 年冬，参加抗美援朝战争，曾在朝鲜十九兵站后勤处任保管员、副股长等职。

1953 年 8 月，回国后，黄益和主动要求复员回乡务农。他回龙川田心后，县政府为他建房，并妥善安排其工作和生活。他不怕苦、不怕累，始终保持老红军本色。1984 年 12 月 19 日，黄益和于龙母医院病逝，享年 76 岁。

（十）黄用舒："白皮红心"的老隆区长

黄用舒（1900—1978），龙川附城镇水贝村人。1925 年毕业于广东大学（中山大学前身）。1926—1939 年，曾先后任莲塘小学校长、广东大学农科蚕桑系技佐、广东茂名蚕中教师、东莞雁田农校校长、德庆悦城农校校长、广东老隆师范学校教师等职。1939 年春，加入中国共产党。1939 年至 1949 年 5 月，在中共组织安排下，黄用舒曾出任国民党龙川县第一区（老隆）区长、老隆电话所所长、龙川税捐处处长和龙川农业推广所主任等职。

黄用舒

抗日战争时期，按中共地下党的指示，黄用舒自筹资金在水贝黄氏大宗祠开办星光染织厂，解决中共地下党的活动经费；以经商作掩护，该厂既是中共粤北省委驻老隆交通站，又是后东特委机关驻地，为革命作出贡献。黄用舒长期担任莲塘小学校长，该校又是中共地下党组织进行革命活动的重要据点，且先后是支部、区委、县委机关所在地。他按中共地下党指示打入国民党政权机关任老隆区区长、电话所所长时，利用职务之便经常窃听敌情并及时向党组织通报，以便党组织及时调整、确定对敌斗争策略。1942 年，他利用职务之便为营送茅盾、邹韬奋、柳亚子等一大批中国文化精英从香港撤回内地，经老隆前往韶关及解放区作出贡献。他还按中共地下党的指示，积极推荐中共党员骨干参加国民党乡、村政权的竞选，从而当上乡长、保长，以至建立"白皮红心"的革命政权。

中华人民共和国成立后，曾任龙川县人民政府建设科科长、龙川县第一区区长、龙川农业学校教师、东江专员公署农场场长等职。

1953年起，受"左倾"错误影响，他被开除党籍和公职，回乡劳动改造。1956年恢复公职。1964年退休。1978年2月病逝于深圳，享年78岁。

（十一）张克明：中大走出的抗日文化战士

张克明（1913—2016），通衢镇华城村田心屯人。1930年考入中山大学附属高中。1933年，就读于中山大学文学院社会系本科。1936年，张克明参加了李济深领导的中华民族革命同盟，同年参加全国各界救国联合会，在何思敬领导下的华南总部开展抗日救国宣传活动。1937年，张克明从中山大学文学院社会系毕业后积极投身抗日战争，与冯伯恒、方少逸等组织中山大学战地服务团，随团在河南、江苏、山东、江西、广东等地抗日前线参加劳军服务。1938年，广州沦陷后，张克明随中山大学战地服务团到了龙川，加入中国共产党，曾任县委委员、统战部部长，1939年创办《龙川日报》兼任社长，同年筹组龙川青年抗日先锋队并兼任秘书长，多方开展龙川抗战文化传播、干部培养、民众动员工作。1940年8月，国民党顽固派不断掀起反共逆流，服务团被迫离开龙川。张克明前往香港，帮助千家驹出版《经济通讯》。香港沦陷后，张克明重返家乡龙川，被国民党县政府以"组织匪党，危害民国"的罪名，判其入狱10个月。出狱后，在龙川从事乡村水利及金安中学教学工作。

张克明

　　1946—1948 年，张克明积极参与筹办《民潮》月刊，任督印人；筹建三民主义同志联合会（简称"民联"）粤港澳总部，任宣传委员；参与民革的筹建工作。在民革成立大会上，张克明当选为民革中央候补委员、中央宣传委员兼秘书。1948—1950 年，他参与筹办香港《文汇报》，并赴云南策动国民党军政人员起义。

　　中华人民共和国成立后，张克明同志长期从事民革党务工作。1950 年，担任民革中央组织部副部长。1951 年，兼民革北京市委会秘书主任。1953 年，任民革北京市委会秘书主任、民革北京市委会副主任委员兼秘书长。张克明还先后担任北京市政协第一、二、三、四、五届副秘书长，第六届市政协常委，北京市人大代表，北京中山学院副院长。1978 年起，任第四、五、六、七、八届全国委员会委员。1980—1992 年，历任民革中央祖国统一工作委员会副主任、主任，民革中央学习委员会主任。1992 年被推举为民革中央监察委员会副主席。1996 年离休，任民革中央顾问，担任北京海外客家联谊会、北京河源客家联谊会、全球龙联谊会等社会团体会长（名誉）职务。

（十二）魏南金：九连地委书记

魏南金（1914—2001），龙川龙母镇永和西和岭村人。1934年，在广东省立一中（今广雅中学）读书。1936年8月，魏南金参加中共领导的地下学联组织，走上革命道路。

1938年冬，魏南金在龙川加入中国共产党，任中共永和支部书记。尔后，先后任中共龙川县委常委兼宣传部部长、龙川中心县委常委兼青年部部长、广东省委书记张文彬的秘书、南雄中心县委书记和特派员、北江特委副特派员兼组织部部长等职。

1944年初，为开展粤北敌后抗日武装斗争，恢复党组织活动，魏南金赴桂林寻找党的关系。时因广西党组织受破坏，与党联系中断，遂参加由田汉领导的抗日"文抗"队及暂在广西某中学任教师作掩护。1945年8月，奉中共广东党组织指示回粤，参加北江特委书记黄松坚主持的会议，决定建立粤桂边游击根据地，并决议魏南金为粤桂边特委常委兼管广西桂东地区党务。

魏南金

1946 年 8 月，魏南金回广东工作，任中共连连阳中心县委书记（连县、连山、阳山三县）。同年 12 月，参加方方、林平在香港召开的广东区党委扩大会，决定恢复广东武装斗争。1947 年 3 月，受党组织派遣到九连地区开展游击武装斗争。魏南金先后任中共九连工委常委、九连地委书记、粤赣边支队政委、粤赣湘边纵队政治部代主任。

1949 年 5 月，龙川解放，魏南金兼任龙川县委书记、县长。中华人民共和国成立后，先后任珠江地委常委兼组织部部长、华南财委副秘书长、粤东区党委常委兼粤东行署第一副主任、汕头专署专员、广东省委财贸部副部长等职。

1958 年后，任海南行政区党委副书记、海南行政公署第一副主任、主任等职。"文化大革命"中受冲击，但仍协助军管会组织生产工作。1971 年后，任海南行政区党委常委、副书记、革委会主任、行政公署主任等职。曾当选为第五届全国人大代表。1979 年南海西沙保卫战时任领导小组成员，负责后勤保障工作。

1982 年，魏南金调任广东省对外经济工作委员会主任。1984 年，任广东省委顾问委员会常委，1988 年离休，享受副省级、老红军待遇。2001 年 6 月，魏南金于广州病逝，享年 87 岁。著有《宝岛足迹》等传世。

（十三）魏强：战斗英雄

魏强（1925—1949），龙母镇白石村人。家境贫寒，靠祖尝资助勉强完成初中学业。1947 年春，九连工委作出"实行小搞，准备大搞"的恢复武装斗争决定。同年夏天，经党组织介绍加入中国共产党并参加了龙和人民义勇队任班长。同年秋，九连工委派他回龙川黄石地区组织武工队，搞经济给养。8 月建立了川中人民义勇队（又称河南队），并任队长。

1948 年春，广东国民党当局对九连游击区军民实行"清剿"。魏强率河南队活动于黄石、车田、贝墩、长塘、下车等龙和边境地区，生活极其困难，部队常以野菜度日，若分到一碗稀饭，他都让给病伤员吃。

1948 年 4 月，国民党龙川县警大队纠集各区联防队六七百人，"围剿"活动于牙沙嶂周围柳村、上营等地的川中游击武装队伍河南队、广州队等。魏强一边命令部队占据有利地形，一边率一个班迂回到敌人右侧，沿着山崖峭壁爬上去，出其不意给敌以猛烈射击，至敌狼狈逃跑。8 月，广东人民解放军粤赣边支队成立，河南队编入支队主力第三团，易名云南队，魏强任中队长。10 月，支队在白马战斗中缴敌一批军用物资，上级分给连队干部每人一件棉衣。魏强将他的棉衣让给体弱战士穿，战士们深受感动。11 月，支队发起鹤塘战斗。三团各连于河源鹤塘山区的东江两岸伏击广东保安第五团走私船队。桂林队负责正面阻击，云南、九江队迂回侧击。当敌发觉已中埋伏时，魏强令云南队趁势迅速跃起冲锋，打得敌人晕头转向。战斗中，魏强大腿受伤，鲜血直流，但他仍与战士们一起冲锋，直至战斗胜利结束。

1949 年 1 月，粤赣边支队改编为中国人民解放军粤赣湘边纵队东江第二支队，原主力三团仍为东二支队主力团队。元旦过后，国民党广东保安第十三团 700 多人，配备新式武器从河源城护送一支装载军用物资的船队溯东江而上。东二支队司令部决定在东江岸边的大人岭山为截击点打击敌人。1 月 9 日夜，主力三团各队奉令依时进入阵地待命。11 日中午发现敌人从西岸搜索前进，与此同时船队亦同步溯江而上。魏强一面召开战地会议，一面派人向指挥部报告敌情。战斗打响后，敌人占据主峰和两侧制高点，凭有利地形和优势装备作顽强抵抗。云南队离敌阵地最近，待兄弟连队赶到时将敌包围,成关门打狗之势。因敌顽抗火力甚猛,战斗十分激烈,指挥部几次组织进攻均未奏效。后来从各连队挑选组成突击敢死队,围歼龟缩山顶之敌。傍晚时分,魏强率李青等9名战士,沿河东面的峭壁爬至敌占领的主峰阵地,以配合南面兄弟连队的突击队合围山顶之敌。魏强指挥突击队冲进敌阵,短兵相接。经一番厮杀,终于消灭敌一个营和一加强连,胜利结束战斗。然而,在激烈的厮杀中,魏强等13人壮烈牺牲,37人负伤。

1949年1月13日,河西根据地军民2万余人,在上莞隆重举行祝捷庆功和公祭烈士大会。边区党委、九连地委和东二支队领导人严尚民、魏南金、钟俊贤、郑群等出席,并与各团领导人、战士代表等一起抬棺扶柩,在礼炮声中将魏强等13位烈士厚葬于上莞。

在龙川全县上下认真贯彻执行中共十九大精神，决胜全面建成小康社会之际，《龙川县革命老区发展史》经过近两年的努力，正式出版了，这是龙川县人民献给中华人民共和国成立 70 周年的一份贺礼，是龙川县人民政治生活中的一件大喜事。本书是对青少年进行革命传统教育的实用教材，让青少年了解龙川县人民在中国共产党领导下，前仆后继、不怕流血牺牲的革命斗争史，让青少年了解自力更生、艰苦奋斗、不怕困难挫折的龙川革命老区建设发展史；让全县人民总结经验，明确方向，不忘初心，牢记历史，奋发向上，开拓进取，继续前进，把龙川县建设得更加美好、更加富饶，与全国人民一道努力实现中华民族伟大复兴的"中国梦"！

在一年多的时间内，《龙川县革命老区发展史》能顺利地编纂出版，首先得到了国家、省、市老促会的关心及具体指导。2017 年 8 月上旬，编纂人员根据《关于编纂全国 1 599 个革命老区县发展史的安排意见》的要求，初步拟写了本书的编写提纲，并开会作了讨论。2017 年 11 月初，编纂人员认真学习了国家老区精神研究会下发的《关于老区县发展史编纂工作需要进一步明确的几个问题》的文件，结合龙川县的实际，对本书的编写提纲作了进一步修改。2018 年 1 月 23 日，又一次召开了编纂人员会议，认真学习了《关于印发编纂〈革命老区县发展史〉丛书有关文件的通知》，使编纂人员进一步统一了认识，廓清了思路，明确了要求。再一次修改了本书的编写提纲。在编纂工作过程中由于得到了上级老促会具体指导关心，本书的编纂工作每一步都进展得比较顺利。

二是得到中共龙川县委、县人民政府的高度重视。县委书记黄添胜同志收到广东省老区建设促进会《转发中国老促会〈关于编纂全国 1 599 个革命老区县发展史的安排意见〉的通知》后，作了批示："同意列入编纂，请老促会抓落实。"县老促会根据黄书记的批示，向县委、县政府提出《关于贯彻落实中国老促会有关文件精神编纂好〈全国革命老区县发展史·龙川卷〉的建议》。黄书记又及时作了批示："请党史研究室和老促会抓好落实。"这对如何编纂本书提出了要求，也明确了责任。紧接着成立了领导机构，县委书记黄添胜同志任编委会主任，县老促会理事长张志君同志任主编。同时，县政府也及时拨付了所需要的工作经费。从此，县党史办和县老促会就共同挑起了这副担子，也作了具体的分工，这样便做到了具体工作有人抓，编纂细节有人做。2017年 8 月 11 日，中共龙川县委办公室、龙川县人民政府办公室给县直有关单位下发了《关于紧密配合做好〈全国革命老区县发展史·龙川卷〉编纂工作的通知》。这就给编纂人员到县直有关单位调研时开了"绿灯"，使其能及时地收集到了中华人民共和国成立后，龙川县老区建设发展的宝贵素材。

三是得到了县直有关单位和各镇的紧密配合。2017 年 9 月 1日至 11 日，本书的主编和编纂工作人员到县直有关单位开展调研时，县直有关单位主要领导或分管领导亲自作了汇报交谈。9 月29 日前，县直有关单位和各镇按要求给本书编委提供了很有价值的书面材料和表册。我们经过纂写整理，把中华人民共和国成立后龙川县老区建设发展的巨大变化和先进典型较为全面地载入史册。

四是得到了社会热心人士的关心支持。1949 年前，龙川县在中国共产党的领导下有很多可歌可泣的革命斗争史迹，因年岁久远，搜集起来有一定的困难。在编纂过程中，我们得到了有关单位、有关人士的关心、支持、帮助，较为全面地搜集到龙川从土地革命战争时期到解放战争时期的具体史料，为编纂本书提供了史实保证。在此对关心、支持、配合编纂本书的领导、单位、人士一并表示感谢！

本书初稿形成后，编委会召开了多次会议讨论修改完善，最后形成终审稿，并于 2018 年 9 月送广东人民出版社出版。本书时间跨度大，涉及面广，加上编纂人员的能力和经验有限，难免有差错，敬请广大读者、方家理解！

本书编委会
2018 年 10 月